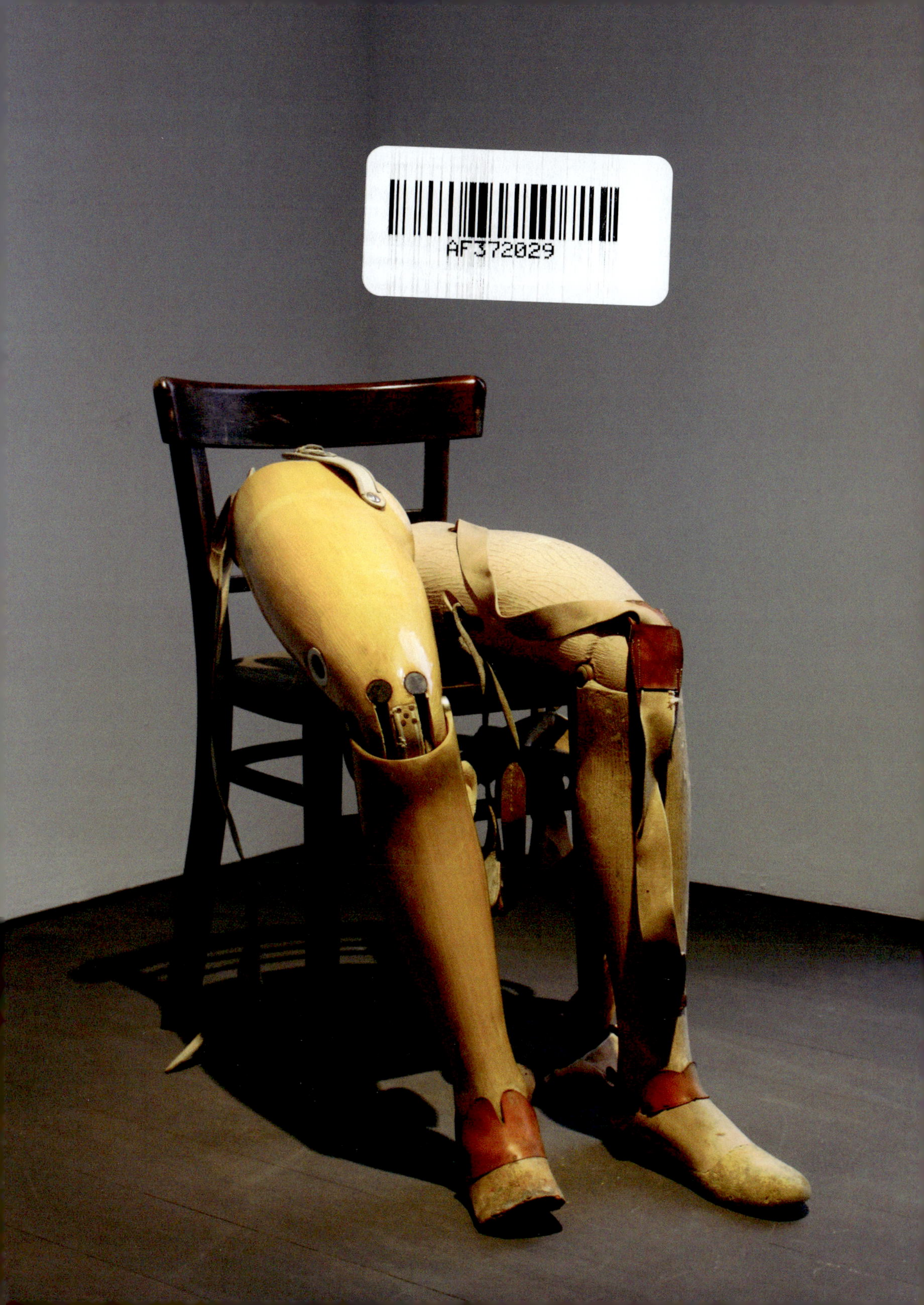

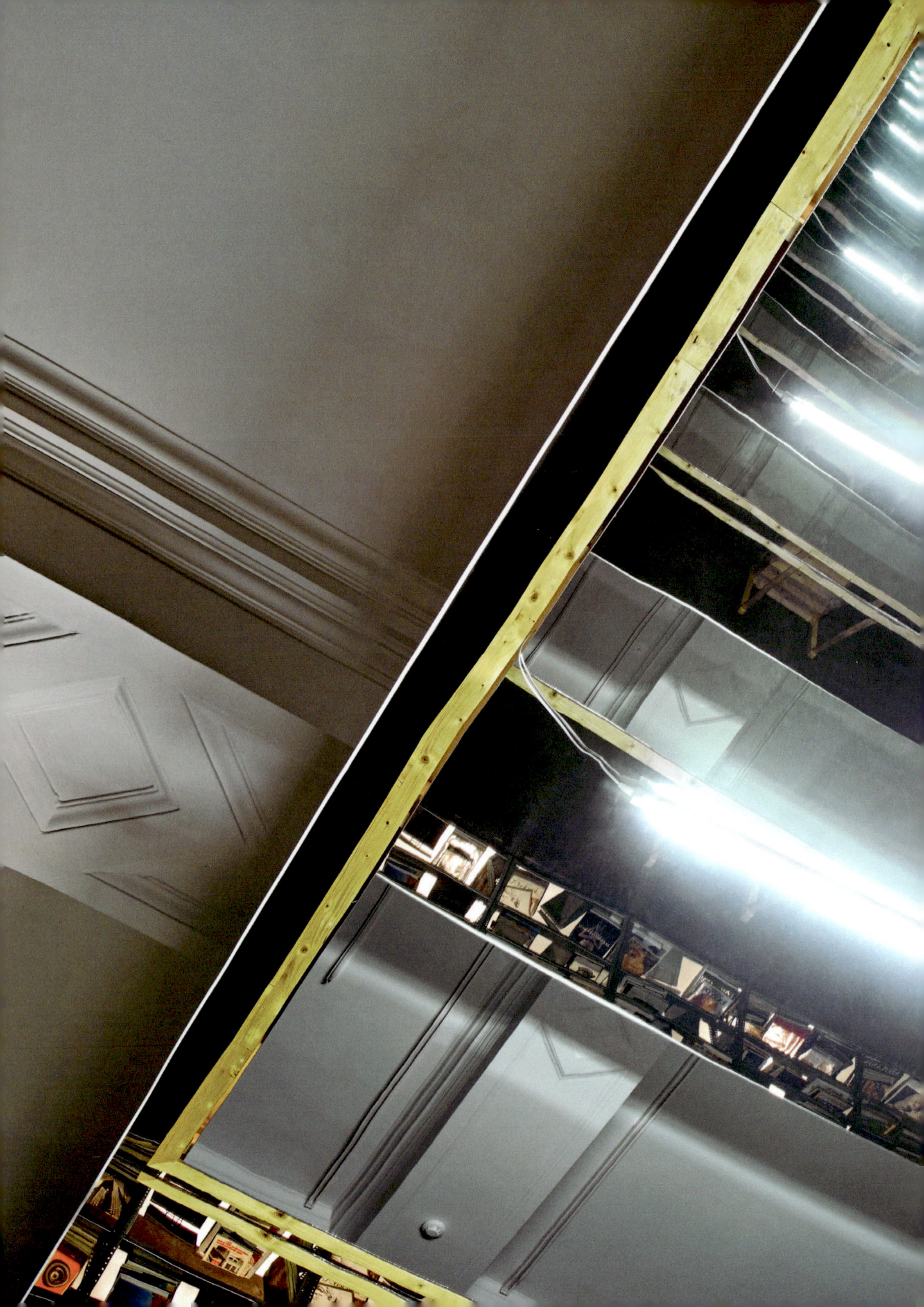

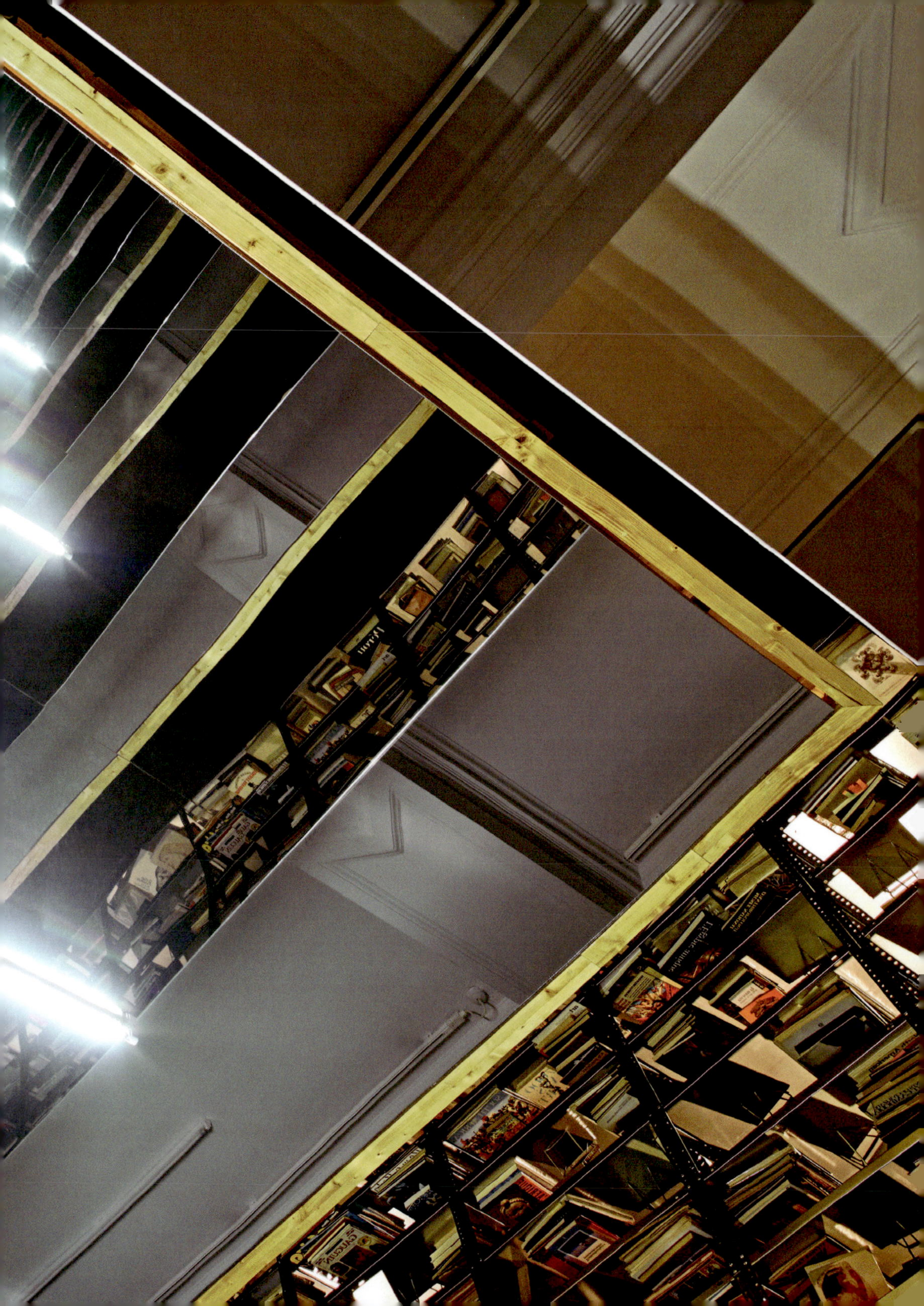

p. 1: *Untitled* [*Sin título*], 2024. Vista de instalación en—Installation view at SMAK, Gante—Ghent. Foto—Photo: Dirk Pauwels [Cat. 13]

pp. 2-3: *Continuum of Repair: The Light of Jacob's Ladder* [*Continuo de reparación: La luz de la escalera de Jacob*], 2013. Foto—Photo: Stephen White & Co. [Cat. 1]

Exposición organizada por el Museo Universitario
Arte Contemporáneo, MUAC, UNAM, en colaboración
con el Museo Amparo

—

Exhibition organized by Museo Universitario
Arte Contemporáneo, MUAC, UNAM, in collaboration
with Museo Amparo

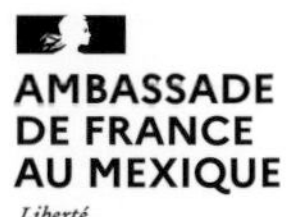
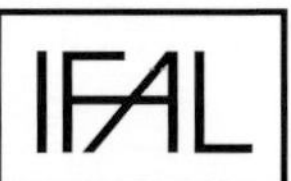
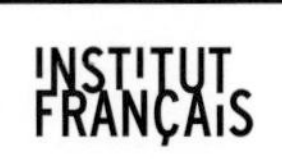
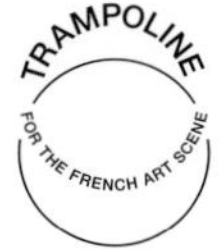
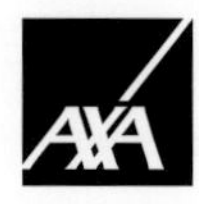

Catalogación en la publicación UNAM. **Dirección General de Bibliotecas y Servicios Digitales de Información**

Nombres: Attia, Kader, 1970- , artista, autor. | Medina, Cuauhtémoc, 1965- , autor. | Vázquez, Rolando, autor. | Fraga, Christopher Michael, traductor. | Soler Frost, Jaime, traductor. | Universidad Nacional Autónoma de México. Museo Universitario Arte Contemporáneo, institución sede. | Museo Amparo (Puebla), institución sede.

Título: Kader Attia : un descenso al Paraíso = Kader Attia : a descent into Paradise / textos = texts, Kader Attia, Cuauhtémoc Medina, Rolando Vázquez ; traducción = translation, Christopher Fraga, Jaime Soler Frost.

Otros títulos: Kader Attia : a descent into Paradise.

Descripción: Primera edición = First edition. | Ciudad de México : Universidad Nacional Autónoma de México, Museo Universitario Arte Contemporáneo ; Puebla, Pue. : Fundación Amparo I.A.P. ; Barcelona, España : RM Verlag, 2025. | "Publicado con motivo de la exposición Kader Attia. Un descenso al Paraíso (8 de febrero al 7 de septiembre, 2025) MUAC, Museo Universitario Arte Contemporáneo. UNAM, Universidad Nacional Autónoma de México, Ciudad de México = Published on occasion of the exhibition Kader Attia. Descent into Paradise (February 8 to September 7, 2025) MUAC, Museo Universitario Arte Contemporáneo. UNAM, Universidad Nacional Autónoma de México, Mexico City"-- Colofón. | "Publicado con motivo de la exposición Kader Attia. Un descenso al Paraíso (23 de agosto, 2025 al 04 de enero de 2026) Museo Amparo, Puebla". | Texto en español e inglés.

Identificadores: LIBRUNAM 2253822 (impreso) | LIBRUNAM 2253839 (libro electrónico) | ISBN 9786075870502 (UNAM) (impreso) | ISBN 9786072675735 (Fundación Amparo I.A.P.) (impreso) | ISBN 9788410290143 (RM Verlag) (impreso) | ISBN 9786075870489 (UNAM) (libro electrónico) | ISBN 9786072675728 (Fundación Amparo I.A.P.) (libro electrónico).

Temas: Attia, Kader, 1970- -- Exposiciones. | Arte -- Siglo XXI -- Exposiciones. | Arte francés -- Siglo XXI -- Exposiciones. | Instalación (Arte) -- Exposiciones.

Clasificación: LCC N6853.A832.A4 2025 (impreso) | LCC N6853.A832 (libro electrónico) | DDC 709.2 —dc23

Primera edición, 2025—First edition, 2025
D.R. © UNAM, Universidad Nacional Autónoma de México
Av. Universidad 3000, Ciudad Universitaria, 04510, Coyoacán, Ciudad de México
MUAC, Museo Universitario Arte Contemporáneo
Insurgentes Sur 3000, Centro Cultural Universitario, 04510, Coyoacán, Ciudad de México

D.R. © de los textos, sus autores—the authors for the texts
D.R. © de la traducción, sus autores—the translators for the translations
D.R. © de las imágenes, sus autores—the authors for the images

D.R. © Fundación Amparo I.A.P., 2 Sur 708, Centro Histórico, Puebla, Pue., México. C.P. 72000

© 2025, Editorial RM, S.A. de C.V./Ciudad de México, México
© 2025 RM Verlag S.L./Loreto 13-15 Local B, 08029, Barcelona, España
506

ISBN UNAM 978-607-587-050-2
ISBN Ámparo Fundación Amparo I.A.P. 978-607-26757-3-5
ISBN RM Verlag 978-84-10290-14-3

Impreso y hecho en México—Printed and made in Mexico

Kader Attia

Un descenso al Paraíso
A Descent into Paradise

MUAC · Museo Universitario Arte Contemporáneo, UNAM
Museo Amparo

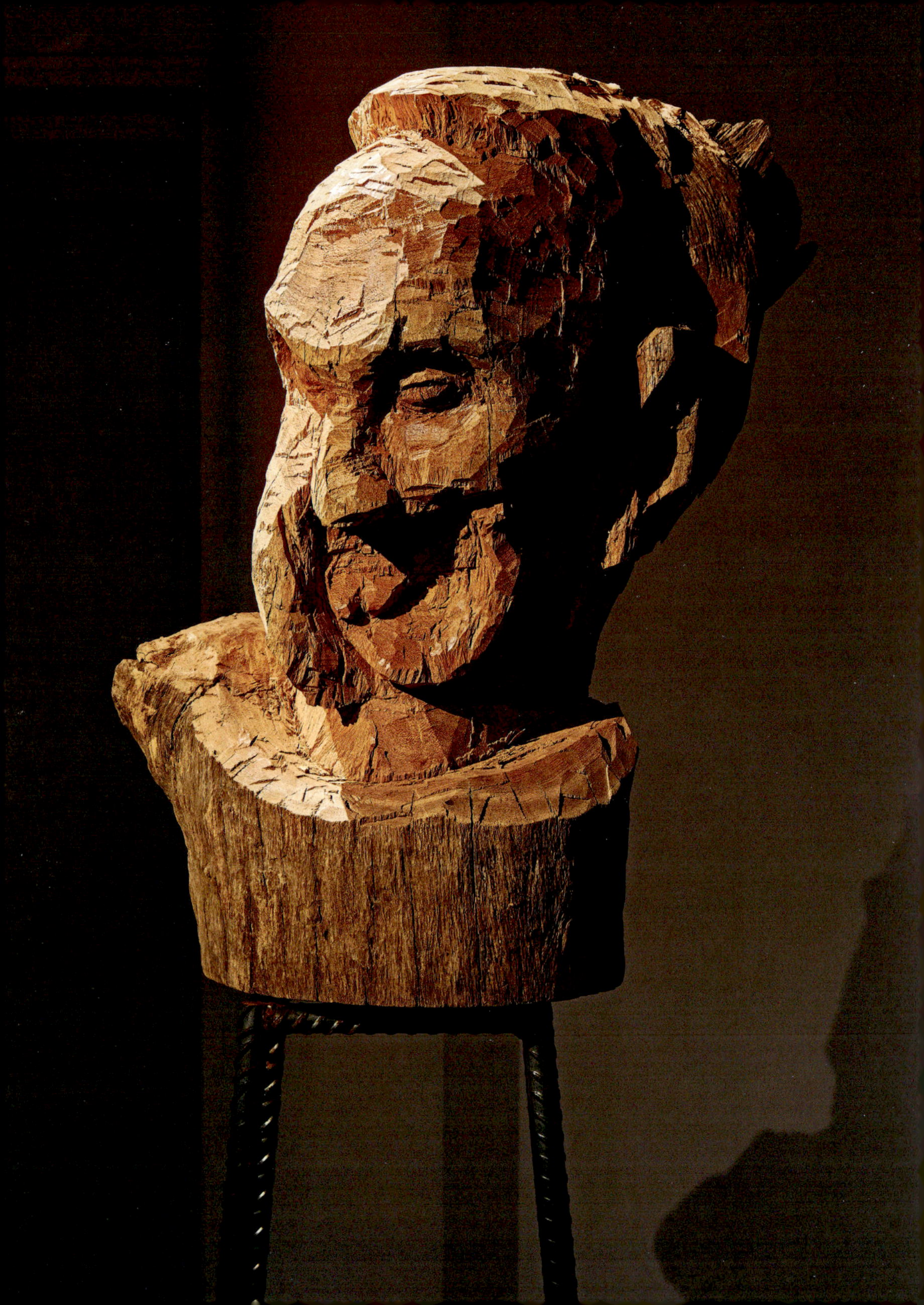

Inteligencias fabricadas: Kader Attia 10
Manufactured Intelligences: Kader Attia 126
—
Cuauhtémoc Medina

¿De quién son los sueños que soñamos? 22
Whose Dreams Are We Dreaming? 136
—
Kader Attia
Rolando Vázquez

Un descenso al Paraíso 38
A Descent into Paradise 122
—
Kader Attia

Semblanza 153
Artist Biography

Catálogo 154
Catalog

Créditos 156
Credits

Culture, Another Nature Repaired [*La cultura, otra naturaleza reparada*], 2024. Serie de esculturas—Series of sculptures. Busto de madera, soporte de metal—Wooden bust, metal stand. Detalle—Detail. Foto—Photo: Laurent Lecat. Cortesía del artista—Courtesy of the artist, Galerie Nagel Draxler y—and mor charpentier

Inteligencias fabricadas: Kader Attia

Cuauhtémoc Medina

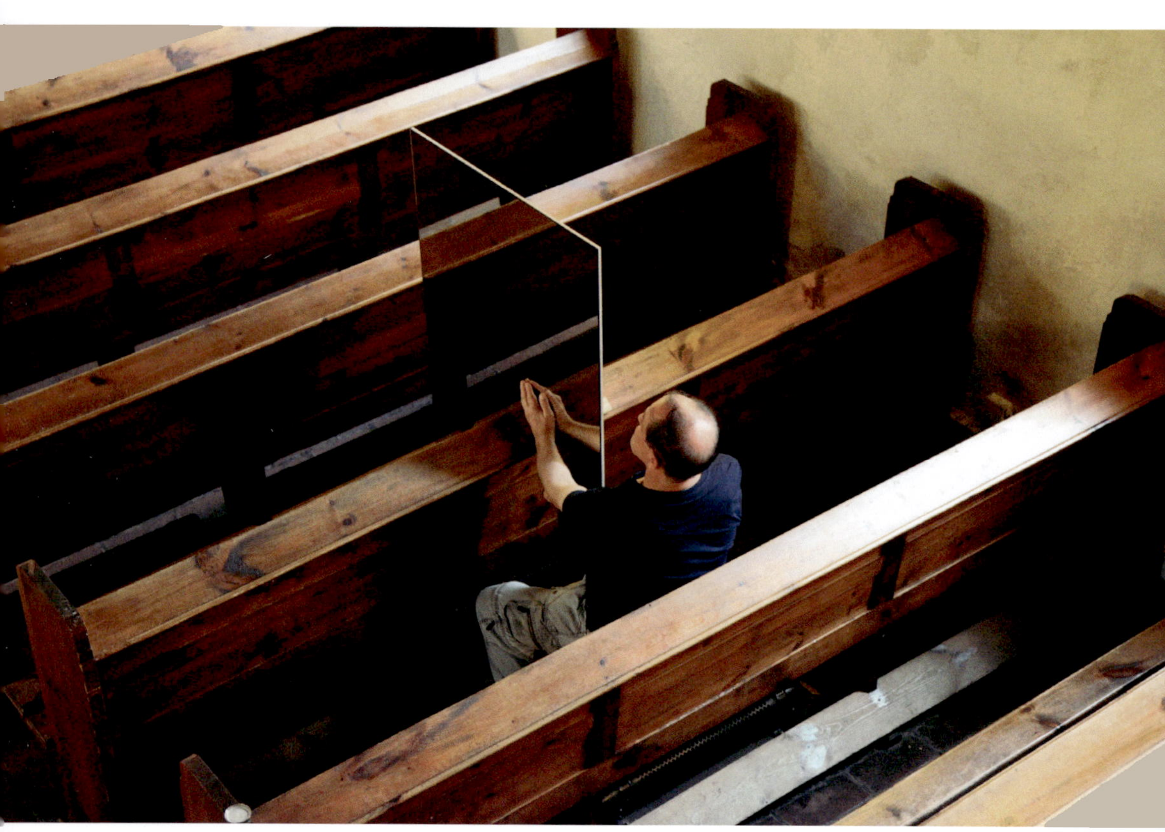

Reflecting Memory [*Memoria Refleja*], 2016. Video digital HD monocanal, color, sonido—Single channel HD digital video, color, sound, 45'56''. Fotograma—Still. **Cortesía del artista**—Courtesy of the artist

Como los espejos y máscaras que ha fabricado desde hace
una década, la obra de Kader Attia es un proyecto caleidoscó-
pico. Ofrece al espectador, aquí y ahora, y en el tiempo futuro,
una serie de imágenes y conceptos facetados, y un flujo de
ideas diversas y cambiantes acerca de la vida y el pensamiento
en la modernidad postcolonial, que no pueden tener resumen,
pero están atravesados por vectores y fugas. No importa si esas
imágenes, palabras, historias y aparatos cristalinos aparecen
documentados de modo explícito en las investigaciones a partir
de las conversaciones con toda clase de expertos y testigos que
comparecen en sus videos, o si se cifran en imágenes y objetos
de una significativa opacidad. Las obras de Kader Attia son
expresiones de un pensamiento orgullosamente heterogéneo
y en constante proceso de formación; un tejido que expande
su red, conformada por investigaciones y artefactos que sugieren
avenidas del pensamiento que cruzan capas de tiempo y diferencias culturales amplísimas. El hecho de que esa complejidad
ostente una mezcla de tecnologías relativamente baja y antigua
(en el caso de sus máscaras-espejo, mezclando el atavío chamá-
nico de las tradiciones africanas, el facetado cubista que inspiró
al arte europeo de inicios del siglo XX y la refracción de cuerpos
y luces de una esfera de espejos de un salón de baile) es, en sí
mismo, una toma de postura.

Kader Attia es un artista que, aun en un gesto mínimo,
busca contagiar a su espectador de un estado muy particular
de euforia, una excitación crítica, una curiosidad reiterada.
En ese sentido, encarna el opuesto exacto del dogmatismo
y resentimiento que el estereotipo atribuye a los críticos de
la hegemonía occidental. No me parece desatinado comentar
lo que los espectadores de las obras de Attia pueden constatar
en carne propia: la negativa contundente frente a la melancolía.
Su arte expresa la rara posibilidad de una crítica jovial, despojada
de ilusiones, pero también de catastrofismo; la aspiración
a documentar y fabricar iluminaciones profanas.

Una de las obras que mejor ejemplifican esa posibilidad es
la instalación *Continuum of Repair: The Light of Jacob's Ladder*
[*Continuo de reparación: La luz de la escalera de Jacob*] (2013),[1]
un laberinto de conocimiento objetivado, del que se desprenden
atisbos de un misticismo de tiempos, mitos y eventos científicos.

—

1— Véase esta obra en las páginas 56-65 de esta publicación.

En un primer momento, la obra se entrega al espectador como una arquitectura de libros, o mejor dicho, como una ciudadela-biblioteca. Cuatro paredes de estantes metálicos acumulan pilas de libros de una variedad enciclopédica, un despliegue, en cierta manera obsoleto, de la acumulación física de información que, hasta hace pocos decenios, fue el medio dominante de la memoria objetivada: la palabra impresa. La construcción materializa el concepto de la era de la *memoria vegetal* que, como Umberto Eco sostenía, glosando a Victor Hugo: "Compone el edificio más colosal de los siglos modernos", un "hormiguero de inteligencias" que se ensancha "en espirales sin fin: la segunda Torre de Babel del género humano".[2] Al interior de ese enclave, seleccionado para sugerir un saber acumulado multifacético, Attia hizo construir un gabinete circundado por una vitrina, iluminada con libros e instrumentos de la historia de la ciencia occidental. A un costado, Attia colocó una escalera de biblioteca que permite al espectador contemplar un auténtico abismo: la progresión, duplicada al infinito por un juego de espejos en el techo y el interior del gabinete, de una biblioteca que conecta el inframundo con el cielo.

Esta escenificación de la pesadilla del exceso de información, que ha definido hondamente a la cultura occidental,[3] está marcada por una imagen; como los fantasmas, puede o no ser evidente al espectador: la sucesión de los reflejos de las luminarias de tubo de neón en el abismo de libros debe evocar la visión del sueño de Jacob consignada en el *Génesis:* "Una escala que estaba apoyada en la tierra, y su cabeza tocaba el cielo", y en la que "ángeles de Dios que subían y descendían".[4] Attia llegó a ese pasaje al ver un grabado en una Biblia; la escena de la escalera entre las nubes que partía del sueño de Jacob y llegaba a Dios se representaba de un modo un tanto cándido. Más tarde, hizo un modelo de la caja de reflejos pensando en el experimento del nobel de física Serge Haroche que consiguió estudiar fotones

—

2— Umberto Eco, *La memoria vegetal*, Helena Lozano (trad.), Barcelona/México, Lumen, 2021, p. 30.

3— Al respecto, véase: Xavier Nueno, *El arte del saber ligero. Una breve historia del exceso de información*, Madrid, Siruela, 2023.

4— *Génesis* 28:12, en *La Santa Biblia. Antiguo y nuevo testamento* (versión de Casiodoro de Reina revisada por Cipriano de Valera), Nueva York, Sociedad Bíblica Americana, 1941, p. 25.

individuales en el interior de una caja reflejante,[5] lo que le permitió manipular sistemas cuánticos individuales. El dispositivo de su instalación es, pues, producto de un cortocircuito cultural que conecta una figura de la ciencia con una visión prestigiosa de una religión del libro. Para el artista, esto involucra, además, una progresión de "lo elemental hacia una complejidad interminable", una sinergia de la observación y la intuición.[6]

La misteriosa duplicación que producen los espejos puestos cara a cara ha sido una constante en la obra de Attia; desde *Holy Land* [*Tierra Santa*] (2008), la instalación de espejos con forma ojival simulando ventanas de barcos en la playa de Fuerteventura, en las Islas Canarias, que remiten al pasaje de la muerte de miles de africanos inmigrantes en Europa, hasta su uso como medio para hacer aparecer los *miembros fantasma* de personas mutiladas en el video *Reflecting Memory* [*Memoria refleja*] (2016). Los espejos en Attia no son un medio o material, tanto como un objeto del pensamiento: el medio de aparición de los fantasmas y de la idea misma de *reflexión*. Como ya hemos señalado, una serie particularmente importante en su obra son las piezas tituladas *Mirrors and Masks* [*Espejos y máscaras*] (2024)[7] en las que Attia cubre enteramente copias de máscaras Dogón con un mosaico de fragmentos de espejo, que reflejan al espectador su imagen como un ensamble cubista, una operación que subraya el carácter transcultural del origen de la pintura moderna en la apropiación de Picasso de la construcción de las máscaras africanas.[8] No es un dato en absoluto banal que Kader Attia haya confesado que siempre se ha sentido un tanto asustado por "la profundidad de dos espejos mirándose unos a los otros".[9]

—

5— Audrey Garric y Pierre Le Hir, "Serge Haroche: Il y a une contradiction entre le temps des politiques et le temps de la recherche'", *Le Monde*, 11 de octubre de 2012. Disponible en: https://www.lemonde.fr/sciences/article/2012/10/11/serge-haroche-il-y-a-une-contradiction-entre-le-temps-des-politiques-et-le-temps-de-la-recherche_1773818_1650684.html.

6— Ver el relato del origen de la obra en "In Conversation. Kader Attia and Magnus af Petersens", en Kader Attia, *Continuum of Repair: The Light of Jacob's Ladder*, Londres, Whitechapel Gallery, 2014, pp. 24-25.

7— Véase esta obra en las páginas 50-55 de esta publicación.

8— "Kader Attia and Raph Rugoff in conversation", en *Kader Attia: The Museum of Emotion*, Londres, Hayward Gallery Publishing, 2019, p. 17.

9— *Idem.*

Las suyas son iluminaciones que dependen de contemplar el
registro sublime de una profundidad: la constatación de que
el mundo tiene bordes mucho más extensos que los que la razón
instrumental moderna colonial desearía admitir.

En la última década, Kader Attia ha puesto particular énfasis
en rastrear la imbricación de saberes y tradiciones animistas y
chamánicas, psicoanalíticas y literarias, tradicionales y trasplan-
tadas, en relación con el desafío terapéutico, político y cultural
que involucra la brutal experiencia del trauma postcolonial. En el
video *Shifting Borders (Catharsis: The Living and the Dead Are
Looking for Their Bodies)* [*Fronteras movedizas (Catarsis: los
vivos y los muertos buscan sus cuerpos)*] (2018), Attia exploró
la memoria de la violencia de las masacres a manos del régimen
militar en Gwangju, Corea, en 1980, a la par que la significación
de la intervención de los chamanes tradicionales para aliviar
el trauma de las muertes y desapariciones, la cual proviene de
técnicas precoloniales de sanación que tienen una profundidad
milenaria.[10] En paralelo, ese mismo año, Attia realizó una serie de
entrevistas con terapeutas, filósofos y activistas, en torno a la
detención y violación de Théo Luhaka, un joven franco-congoleño,
a manos de la policía francesa: *The Body's legacies, Part 2: The
Postcolonial Body* [*Los legados del cuerpo, parte 2: El cuerpo
poscolonial*] (2018).[11] Esta pieza explora la incomprensión entre
la población hegemónica y la inmigrante, en relación con el
significado de la violencia policial, la incapacidad de los franceses
blancos de entender la continuidad de las prácticas colonia-
listas en Argelia y la brutalidad de las fuerzas del orden. Incluso
los videos sobre la detención y violación de Luhaka aparecen
sometidos a este paralelaje, que imposibilita una interpretación común. Como la militante decolonial Louisa Yousfi afirma:
"La imagen sin un discurso que la acompañe no es suficiente".
El cuerpo de los antiguos colonizados sigue atrapado entre los
fantasmas de los estereotipos coloniales y la falsa pretensión de
integración.

El radio de la exploración que Kader Attia abarca es extraordi-
nario: lo mismo ofrece al espectador una bella meditación sobre
las marcas que la lluvia hace en la superficie de los templos de
Chiang Saen en Tailandia, y su relación con la hibridación entre

—

10— *Ibid.*, p. 22.

11— Véase esta obra en las páginas 106-107 de esta publicación.

chamanismo y budismo en ese país, que el instrumento de control emocional que vincula los rostros de políticos y dictadores con cantantes y actores, en la teatralidad del dominio político y social de las sociedades actuales (*The Field of Emotion* [*El ámbito de la emoción*], 2018).[12] Para Kader Attia, esos rostros permiten atestiguar al gesto como huella del silencio que rodea los traumas de la historia moderna y el modo en que refluyen en aparente contradicción con la creencia en la ciencia, en términos del comunitarismo, aislacionismo, radicalismo y fundamentalismo que definen a la sociedad moderna. Para Attia, la radicalización de la política moderna, desde el "llamado del fantasma del califato", actúa en el cuerpo social musulmán como una especie de miembro fantasma. Fenómenos como el antisemitismo, las fantasías orientalistas sobre los musulmanes, tanto como las fantasías integristas de reparación de las identidades extremistas, y el nacionalismo son formas de esa denegación, que potencia la colonización del mundo por el capitalismo triunfante, en el auge pasional que describe la condición de la política y el entretenimiento contemporáneos. Attia no podía ser más preciso al respecto: "Nuestro mundo contemporáneo es acechado por las heridas del pasado".[13] Tanto afán de olvido sólo tiene por efecto que los traumas sociales nos acechen en la forma de los fascismos y fantasías restaurativas contemporáneas.

El mundo que Attia explora, el mundo postcolonial, con la creciente hibridación de sociedades tecnológicas y saberes animistas, y la constante invención transcultural que supone el choque de la diversidad cultural y la colonialidad, no es, como pensaban los surrealistas, siguiendo a Baudelaire, un *bosque de símbolos*. En realidad, es un almacén desplazado y disgregado de posibilidades de subjetividad; un territorio de transacciones frecuentemente clandestinas y denegadas entre seres humanos y no humanos, y entre presencias fantasmales y símbolos truncos. De ahí la necesidad de partir de una creciente colección de objetos y testimonios, documentos e imágenes, ruinas y símbolos, que Attia recupera como materia nutricia de su trabajo, y que luego escenifica en el espíritu museológico que toman sus obras mismas. Como Noémie Étienne ha señalado, su trabajo

—

12— Véase esta obra en las páginas 76-87 de esta publicación.

13— Kader Attia, "The Field of Emotion", 2018. Disponible en: http://kaderattia.de/the-field-of-emotion/

nos sitúa frente a una inversión del modelo clásico de representación universalista de la colonización: "Es como si hubiera desmantelado los pabellones de una Exhibición Universal para componerlos de vuelta a su propia manera".[14] El concepto que ha guiado tanto al proceso de coleccionismo de especímenes y evidencia de Kader Attia, como al foco de irradiación de sus obras, es también un operador clave de las sociedades postcoloniales: la búsqueda de técnicas, prácticas y experiencias de *reparación*.

Después de trabajar el concepto de la *reapropiación cultural*, Attia se percató de que el proceso de mimetismo colonial que ocurre entre los dominados y los dominadores occidentales, además de que tiene un valor hasta cierto punto recíproco, tiene como su centro conceptual la pretensión de una cierta reparación material y simbólica: la elaboración de técnicas y procesos de gran refinamiento en relación con la ruptura tanto de objetos como de heridas corporales y sociales. *Reparación* para Attia es mucho más que la forma en que las sociedades sometidas al trauma histórico buscan enmendar objetos, arquitectura, cuerpos, conceptos y espacios, una vez que la colonización, el estado y la razón del dominio han roto su integridad originaria. Para Attia, la reparación es la vida misma en el sentido histórico, lo mismo para objetos, modos de vida y cuerpos. La reparación involucra: "Mejoras, traducciones y, siempre, el cambio de un espacio-tiempo hacia otro que sublima, supera y crea las condiciones para el desarrollo. La reparación es la vida".[15] La búsqueda de Kader no es meramente erudita: contiene una persuasión acerca del poder histórico del arte: "Yo siempre he estado fascinado por el concepto de la reparación, por la idea de que los humanos están en una aventura extraordinaria, pero llena de lesiones. Esas heridas deben ser reparadas. ¿Cómo? [...] tal como lo veo, las artes tienen una habilidad increíble para cambiar el mundo y sus sistemas desde dentro, a través de un proceso de lento movimiento". [16]

—

14— Noémie Étienne, "Bodies, spaces and artifacts. Montage and reparation as forms of history", en *Kader Attia*, Zúrich, Musée Cantonal des Beaux-Arts de Lausanne-JRP/Ringier, 2015, p. 73.

15— "Kader Attia in Conversation with Briggitte Derlon and Monique Jeudy-Ballini, 'Seeing the World from a Different Perspective'". *Ibid.*, p. 129.

16— "Rachel Kent in conversation with Kader Attia", en *Kader Attia*, Rachel Kent (ed.), Sídney, Museum of Contemporary Art Australia, 2014, pp. 21-22.

Como el concepto de *transculturalidad* del antropólogo cubano Fernando Ortiz, la idea de *reparación* de Kader Attia es un instrumento para hacer valer la terrible y ofuscante creatividad que la experiencia de destierro, opresión y violencia que sufrieron las culturas e individuos sujetos a la colonización y modernización no puede más que mezclar, en palabras de este autor, "la pérdida o desarraigo de una cultura precedente, lo que pudiera decirse una parcial desculturación, y, además, significa la consiguiente creación de nuevos fenómenos culturales",[17] emergidos de un proceso de opresión y violencia. Estamos ante perspectivas llenas de ambivalencia: no sólo están guiadas por la persuasión que Walter Benjamin articuló —de la indisociabilidad de los logros culturales y las evidencias de la barbarie—, sino por la convicción ética y política de que es necesario contrarrestar uno de los principales rasgos de la modernización occidental: la instauración del olvido, la amnesia instituida, el ocultamiento de las huellas de la violencia:

> En el siglo XX, en el mundo moderno y occidental, cuando un objeto se rompe, uno debe repararlo, removiendo lo más que se puede todo signo del daño, hasta devolver al objeto su estatuto original [...] Es lo que yo llamo un mito, porque nunca regresamos al original [...] Es la denegación del daño; la denegación del tiempo, de la historia. Es también la fantasía de controlar el Universo tanto como podamos. El objeto tradicional, reparado de modo aproximado [...] tenía una vida, y todavía está vivo, y tiene una historia, y vive con esa arruga, si me permites decirlo así.[18]

El corolario de esta visión de las tensiones entre la modernidad occidental y las tradiciones no occidentales es de orden ético y estético: "El deber de la memoria". Para Attia, su trabajo conduce a una gran lección: "La gran tragedia de la sociedad contemporánea es la amnesia. Constante, permanente...".[19]

—

17— Fernando Ortiz, *Contrapunteo cubano del tabaco y el azúcar*, Enrico Mario Santí (ed.), Madrid, Cátedra, 2002, p. 260.

18— "Rachel Kent in conversation with Kader Attia", *op. cit.*, pp. 22 y 27.

19— "Kader Attia in conversation with Briggitte Derlon and Monique Jeudy-Ballini", *op. cit.*, p. 132.

Para Attia, "La reparación es un oxímoron que también incluye la herida: negarla es mantenerla".[20]

Es un lugar común —con frecuencia, también un ataque— señalar que el arte contemporáneo ha incorporado a su materialidad contenidos intelectualizados. No es extraño encontrarse con prácticas poéticas imbuidas de teoría, decoradas artísticamente, y el entendimiento de las obras mismas como intervenciones críticas. Éste es un momento en que el que se espera que el artista rescate, en un cierto grado, la maltrecha figura del intelectual público y nos ofrezca una experiencia de una época definida por la sobreabundancia de palabras e imágenes, más que exhibir su inteligencia o erudición, de la que rinden testimonio sus textos y conversaciones. Attia ejerce el raro oficio de producir, recolectar, enmarcar y resaltar artefactos, imágenes, materiales e incluso figuras de pensamiento, que apuntan a una inteligencia inesperada y heterodoxa, localizada en los objetos y las obras mismas.

En un momento en que el nuevo capitalismo cognitivo amenaza con destituir nuestro trabajo creativo e intelectual con la automatización de un plagio universal llamado *inteligencia artificial,* quizá una posibilidad del artista sea contraatacar con obras que aparezcan como inteligencias fabricadas: obras que no sean fruto de una mera acumulación y selección de saberes, sino medios por los que produzcamos un entendimiento sensible. Si de algo es capaz la baja tecnología del objeto artístico es de alojar la complejidad de la experiencia: darnos acceso a una historicidad y temporalidad mucho más profunda que la de los medios de comunicación, las redes sociales y los discursos políticos.

Lo radical de ese proceso es que el objeto artístico no aparece como un residuo comunicativo, sino como una especie de inteligencia objetivada. Como él mismo ha declarado: "Como artista, investigas también tu reflexión filosófica con materiales".[21] Ese "como artista" especifica las características de un *hacer* cuyo producto es un objeto pensante.

No se trata de que Attia traduzca a obras de arte conceptos del campo intelectual establecido, sino todo lo contrario. En una práctica que es heredera de una multitud de culturas, pero que también hace guiños a la herencia surrealista y postcolonial, Attia

—

20— Kader Attia, "The Field of Emotion", *op. cit.*

21— "In Conversation: Kader Attia and Magnus af Petersens", *op. cit.*, p. 24.

produce iluminaciones constituidas en y de materializaciones: artefactos que, en lugar de ilustrar pensamientos, constituyen los pensamientos mismos en su versión materializada y visual. Es crucial que, en efecto, éste es un hacer/recoger/ensamblar/imaginar que objetiva la inteligencia: "Las obras de arte —escritas, pintadas o actuadas— son espejos, para bien o para mal, de historias pasadas, presentes o futuras".[22]

Como sugiere el hermoso ramillete de historias colectivas y personales que explora el filme *La Valise Oubliée* [*La maleta olvidada*] (2004), mucho de lo que inicialmente se hubiera pensado bajo la figura todavía ofuscada del *azar objetivo* en el surrealismo, es más bien el modo en que la *gran historia* colisiona con las historias personales, al punto de que son hoy tramas necesariamente implicadas. Attia expone el caso de tres maletas ocultadas o extraviadas, que por diversas vías traen al presente los testimonios por demás complejos de las luchas anticoloniales argelinas, y que arriban al presente como envíos inesperados: una colección de documentos del controversial abogado Jacques Vergès, quien defendió a independentistas argelinos además de ser un agente anticolonial; una valija que activistas anticolonialistas depositaron hace más de medio siglo en manos del artista Jean-Jacques Lebel, en un momento en que él y otros aliados servían de *couriers* independentistas en la clandestinidad y, finalmente, una maleta con las fotografías de la propia familia de Attia, que el artista veía como un fetiche misterioso en casa de su madre. Como la luz de estrellas distantes, esas maletas son emisarios de una temporalidad cada vez más inalcanzable, y al mismo tiempo como medios para perforar la superficialidad de la perspectiva histórica de las luchas del presente. Es notable cómo los recuerdos que esos testimonios despiertan aluden a toda una gama de cuestiones de una gran complejidad: la absurda señalización de las disidencias anticoloniales como *terroristas,* la mezcla del discurso de la emancipación revolucionaria y la práctica de la violencia con las mujeres y los niños, el relato de la colaboración entre activistas europeos y coloniales que el purismo del activismo presente no alcanza a digerir. Para Attia, el poder de reflexión de las obras de arte es reparador, en tanto ofrece una catarsis al dolor histórico, pero también un cuestionamiento del poder presente:

—

22— Kader Attia, "The Field of Emotion", *op. cit.*

La obra de arte tiene un rol crucial en el proceso de reparación. Además de que, de hecho, constituye una reparación en sí misma, cuestiona el horizonte político tocando todas las categorías de la sociedad. Es siempre materia de debate, es incluso odiada, pero nunca carece de sentido. ¿Por qué? Porque encarna el campo de la emoción. Es, a la vez, una proyección y un espejo necesario de la sociedad que busca exorcizar su mal para encontrar la paz interior.[23]

Un proceso que, por supuesto, no tiene los visos de cálculo y predictibilidad de la visión instrumental de la razón moderna, porque tiene que ver más con entender que la fantasía era un síntoma, más que un objetivo deseable. Incluso obras aparentemente definidas por su valor contemplativo, como la instalación hecha con palos de lluvia activados con un artefacto mecánico que evoca el paso y ritmo del tiempo *Untitled (Rainsticks)* [*Sin título (Palos de lluvia)*] (2024), sugieren la posibilidad de la experiencia para reparar nuestra existencia maltrecha. Para Attia, no hay contradicción alguna en sumar el encantamiento a la crítica y la reflexión a la contemplación. Ésta es una práctica que asume el carácter oximorónico del montaje de culturas que nos ha heredado la modernidad colonial, a la vez que explora el potencial de cruces y mestizajes para entender un presente cada vez más paradójico. Un tiempo que, como sugiere el propio Attia, no puede ya aspirar a ascender la escalera de Jacob siguiendo los ángeles de la promesa celestial. Nos urge aceptar nuestro arribo al supuesto paraíso de la modernidad occidental como caída. Sólo en la reparación de esa herida podríamos encontrar, en medio de ese violento descenso, alguna clase de promesa.

—

23— *Idem.*

The Dogon Venus [*La Venus dogón*], 2024. Escultura—Sculpture. Reproducción de madera de una escultura Dogon, reproducción en mármol de la Venus de Milo—Wooden reproduction of a Dogon sculpture, marble reproduction of the Venus of Milo. Cortesía del artista y de—Courtesy of the artist and Galleria Continua

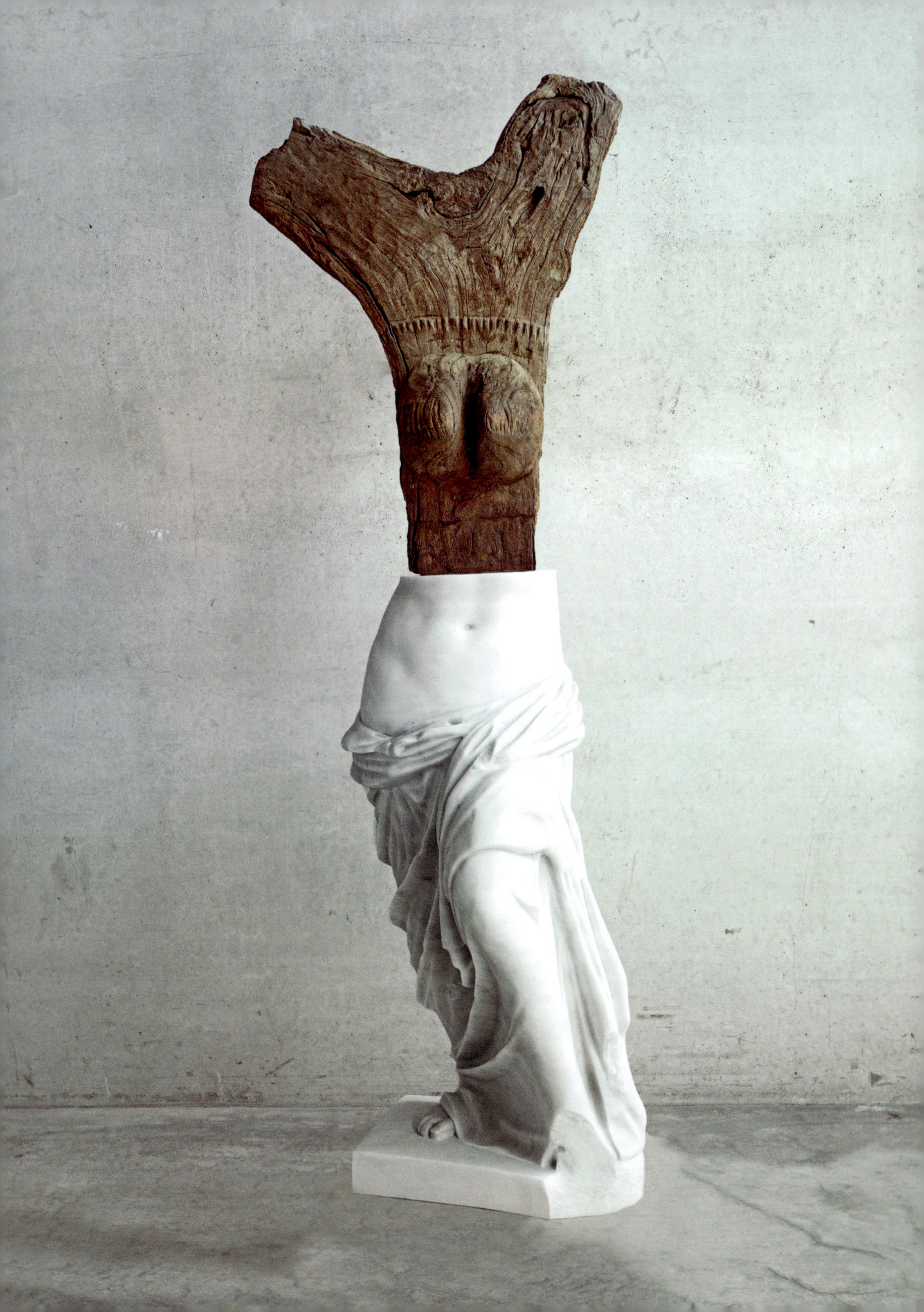

¿De quién son los sueños que soñamos?

—

Kader Attia
Rolando Vázquez

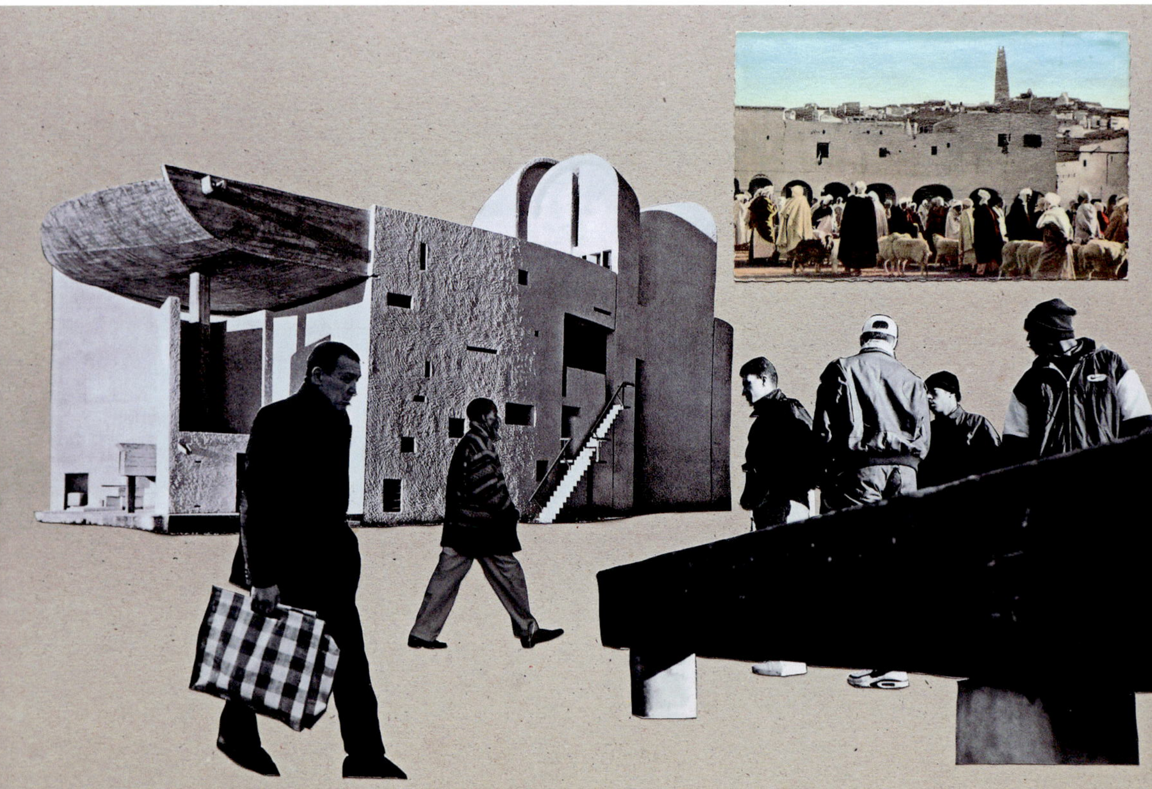

¿De quién son los sueños que soñamos?

Following the Modern Genealogy [*Siguiendo la genealogía moderna*], 2012. Collage.
Cartón, impresiones en plata, fotocopias—Cardboard, silver prints, photocopies.
80 × 100 cm. Cortesía del artista—Courtesy of the artist

Rolando Vázquez (RV): ¿Podríamos comenzar con la cuestión de la función del arte hoy, tomando en consideración una cita de Souleymane Bachir Diagne[1] y su advertencia respecto a los peligros del anticolonialismo y la deconstrucción: "Que le discours anticolonial ait souvent été lui-même une réponse piégée, c'est-à-dire un essentialisme colonial, la pensée critique s'emploie à le montrer. Mais il faut se garder d'une furie de la déconstruction qui ne verrait plus partout qu'une logique coloniale toute-puissante, insidieuse et ventriloque -dictant elle-même toujours les réponses qu'on lui oppose".[2]

Kader Attia (KA): Bachir Diagne tiene razón cuando cuestiona la trampa de volverse esencialista en la crítica del colonialismo. Desafortunadamente, la crítica anticolonial a menudo se ha perdido en un callejón sin salida que está trabada en el pasado, incapaz de reflejar el proceso actual de ocupación, explotación, asesinato y control del libre albedrío de la mente que está ocurriendo dentro del tecnoliberalismo neoliberal y el régimen capitalista. Una académica que me encanta, Shoshana Zuboff, que escribió *Surveillance Capitalism* (2019), compara el descubrimiento de comportamientos por parte de los ingenieros de Google al crear en 2003 un algoritmo llamado UPI (Información de Perfil de Usuario), que recopila todos los datos disponibles, con el llamado *descubrimiento* de Cristóbal Colón, cuando llegó a las islas del Caribe. La afirmación de que "habían descubierto un mundo" dio a los conquistadores la autoridad para controlar, matando a la gente como súbditos de la Corona española, pretendiendo que no había nada en la tierra antes de su llegada. La idea de administrar las llamadas *tierras vírgenes* resurge en la colonización digital.

Shoshana Zuboff señala que en la *recopilación de datos* se da por sentado que todos los datos ya estaban allí. Sin embargo, debemos entender que, para cosechar, hay que cultivar el

—

1— Souleymane Bachir Diagne, "Penser/faire l'Afrique", en Souleymane Bachir Diagne y Jean-Loup Amselle, *En quête d'Afrique(s): Universalisme et pensée décoloniale I*, París, Albien Michel, 2018, p. 207.

2— "El pensamiento crítico se esfuerza por demostrar que el discurso anticolonial ha sido a menudo en sí mismo una respuesta atrapada, es decir, un esencialismo colonial. Pero debemos tener cuidado con una furia de deconstrucción que vería en todas partes sólo una lógica colonial todopoderosa, insidiosa y ventrílocua, que siempre dicta las respuestas que le oponemos". *Idem.*

campo, hay que plantar las semillas y, por tanto, el peligro que enfrentamos es la transformación de las funciones cognitivas y elementales de la autonomía, como el libre albedrío... Hoy día, en ocasiones deberíamos preguntarnos al tomar una decisión si ésta es realmente nuestra o si ha sido inducida por la gobernanza algorítmica.

En ocasiones, cuando hay que atravesar una instalación de arte, es crucial mantenerse conscientemente vivo y no convertirse en un *proxy* de la gobernanza algorítmica que nos está aprisionando en todos estos miles de millones de dispositivos que existen ahora por todas partes: teléfonos celulares, relojes, etcétera. Muchos museos ahora ofrecen experiencias de realidad virtual, donde te pones un casco 3D y caminas por las salas donde puedes ver cualquier objeto, obra de arte, etcétera. Es decir, puedes visitar un museo virtual con un casco sobre tu cabeza ¡recostado en tu sofá en casa! Me interesa mucho ver si una nueva obra nos ofrece la capacidad de resistir esta experiencia que se desvanece, la desaparición de la experiencia social que es el arte.

Como artista, es particularmente importante no caer en la trampa del esencialismo cuando se trata de crítica anticolonial. Una de las preguntas cruciales que un artista debe hacerse es: ¿por qué traer una nueva obra de arte al mundo, al océano infinito de la industria cultural de exposiciones y bienales en la que estamos hoy día? La experiencia artística, en lo que a mí respecta, tiene que ser *física*, en términos de *espacio/tiempo*. Por eso estoy deseoso de producir instalaciones, esculturas y performances, aunque la experiencia física también ocurre con el cine o la pintura, porque todas las prácticas artísticas son, en última instancia, medios basados en el tiempo. Pero lo que me preocupa aquí es cómo continuar con lo que nos ha definido como animales sociales, el instinto gregario. El hecho de que, desde la caverna, incluso dentro de las cavernas, los primeros seres humanos se hayan reunido en comunidades para crear juntos... Ese instinto gregario es, para mí, lo que nos salva hoy de la fragmentación de la sociedad producida por la digitalización de la sociedad y de la información. El hecho de que, cuando quieres ver una película, o sobre todo una exposición, tengas que ir con tu cuerpo a un espacio para experimentar la obra de arte físicamente con otros cuerpos y mentes.

No se trata de que te guste o no una obra de arte... Incluso cuando no te gusta una obra de arte, la estás experimentando de manera física. Y no sólo la obra de arte, obviamente: estás experimentando tu carácter social como ser humano.

El lenguaje que uno usa en ocasiones no es fácil de comprender, porque trae consigo una nueva perspectiva a la pregunta, a la emoción, a la poesía. No hablo aquí del lenguaje idiomático específicamente, sino de una manera más abstracta del lenguaje del arte… Si inventas un nuevo lenguaje, enfrentas la incomprensión del público, o incluso puedes perderte en la traducción, tratando de darle sentido a ese momento, aun si el tiempo y el espacio lo postergan, ya que la necesidad de comprender o sentir el nuevo lenguaje no es inmediata.

Los artistas tienen la capacidad de crear reflexiones elípticas, y es ahí cuando ayuda la red social, que no puede posponer eternamente la relevancia de lo que están presenciando como obra de arte. Sólo quiero advertir que, si no nos preocupamos por la nueva obra que estamos creando, producimos una nada y perdemos el sentido de individuación colectiva que cada nuevo lenguaje potencia socialmente. Y creo que la cuestión de ser un artista contemporáneo es cómo crear conciencia del hecho de que sólo somos una capa en términos de una escala vertical de la historia. Somos sólo una nube en un cielo de acontecimientos. Y es por eso que la práctica del arte nos tiene yendo y viniendo de un campo de conocimiento y pensamiento a otro, y del pasado al futuro, etcétera.

RV: Es crucial preguntar *¿por qué?* en relación con la obra de arte hoy, y si somos meros cómplices o si sólo reproducimos la industria cultural y hacemos carreras individuales. Pero también podríamos considerar la obra de arte como un lugar de lucha sobre nuestra experiencia de vida. Por eso nos gusta utilizar el término *estesis* en lugar de *estética,* porque con la *estesis* no sólo nombramos el canon de las artes o una filosofía o una regulación de lo bello y lo sublime. Con la *estesis,* nombramos nuestra experiencia del mundo y nos permite involucrarnos con la forma en que nuestra experiencia del mundo está siendo secuestrada y apropiada por diferentes sistemas. Nos preocupa la regulación e incorporación de la experiencia humana.

La *estesis* no consiste simplemente en imponer cosas desde afuera, sino que se incorpora en nuestros propios cuerpos. Estamos incorporados en el algoritmo y el algoritmo se incorpora en nosotros, se encarna en nosotros. Nuestras formas de experimentar el mundo son cada vez más el resultado de nuestra incorporación a los sistemas.

Aquí se encuentra una gran respuesta a la pregunta sobre ¿de qué manera hacemos hacer arte? A saber, para abrir ese espacio de comprensión y cuestionar el secuestro de nuestra experiencia de vida, para denunciar y luchar contra ese control omnipresente de la experiencia que circula por nuestros propios cuerpos, que se adueña de nuestros cuerpos.

Otro lugar clave de la lucha por nuestra comprensión y experiencia del mundo es el lenguaje. Sabemos por la historia del colonialismo que el poder de nombrar, desde territorios y geografías hasta el lenguaje que usamos en la vida cotidiana, es también el poder de borrar las vidas y los mundos de otros. Los algoritmos funcionan en sí mismos como un lenguaje que ya no podemos escuchar; no es un lenguaje para conversar entre nosotros. Ya no es el lenguaje como ese espacio político entre personas que pueden hablar y ser escuchadas, para seguir a Hannah Arendt. Vivimos en un mundo que está mediado por un lenguaje numérico que está más allá del entendimiento humano.

El arte es una de las prácticas que pueden desafiar esta situación y ponernos en relación con formas básicas de experiencia que recuperan formas relacionales de sentir y estar en el mundo. Puede darnos ideas para escapar de un nivel de alienación que parece haber llevado la teoría de Marx a su culminación; pero con un desplazamiento y una extensión importantes, a saber, la extensión de la extracción de trabajo a la extracción de experiencia, la expansión del control del trabajador al consumidor. Por supuesto, el esencialismo en la crítica anticolonial es peligroso, pero también me preocupa que la *acusación del esencialismo* sea cómplice de la agenda colonial. Los pensadores indígenas, como los zapatistas o los amasir, o autores como Léopold Sédar Senghor, que hablan sobre la obra de arte del Sur Global, introducen ontologías y filosofías no occidentales. Sus afirmaciones no pueden descartarse como esencializadas; hablan de mundos que están más allá del encierro occidental, de mundos que tienen otras raíces, otras temporalidades. Y por eso, debemos estar conscientes de que la acusación de esencialismo conlleva el peligro de replicar o reforzar la diferencia colonial y reforzar el borramiento, haciendo de Occidente el único lugar que puede ser no esencialista, o el único lugar epistémico que es realmente deconstructivo y realmente posestructural, etcétera.

Un ejemplo de ese descrédito de otros conocimientos se puede encontrar en el uso común del término *chamanismo*. Cuando se hace la distinción entre *religiones del mundo* y *prácticas chamánicas*, se las deja fuera de la conversación, se las *esencializa* y, por lo tanto, se las desacredita. Por supuesto, hay trabajos serios e importantes de Mircea Eliade y muchos otros sobre el chamanismo. Sin embargo, me parece que los mundos relacionales que tienen una conexión directa con la montaña o el río, y que son referidos como chamanismos, contienen respuestas poderosas para un mundo que está llevando a la destrucción de la Tierra.

KA: En ese sentido, es interesante la clase de sucesión de tendencias que se ha dado en el arte contemporáneo durante los últimos quince años. En primer lugar, desafortunadamente, la mayor parte de lo que supuestamente eran decisiones curatoriales ha estado orientada por el mercado. Deleuze lo dijo muy bien: "El capitalismo es la cuasi causa de su fracaso". Por lo tanto, tenemos que entender que el capitalismo tiene la capacidad de crear cualquier cosa, incluso críticas contra sí mismo, y transformarlas en la causa de una nueva acumulación. En resumen, como franco-argelino, hubo una tendencia a clasificarme dentro de la llamada *escena árabe*. Pero no soy árabe. Mi padre es árabe, mi madre es bereber. Como artista, no soy ni lo uno ni lo otro. Luego vino la llamada *escena afro*, en particular la escena afroamericana, que comenzó con un impulso muy, muy poderoso del mercado norteamericano. Sacó de las sombras a grandes artistas olvidados, algunos ya muy conocidos y otros totalmente desconocidos, pero aun así extraordinarios. Por desgracia, una ola de obras menos interesantes se ha convertido en el último frente del mercado del arte, para el que lo importante no es la negritud sino la circulación de fondos.

Estamos en una situación en la que, en nombre de la descolonización, en lugar de centrarse en la calidad del arte y del artista, el criterio de visibilidad es el cuerpo negro como objeto en lugar de sujeto, lo que hizo que filósofos como Norman Ajari fueran muy críticos con su éxito. Como afirma en mi película *The Body's Legacies, Part 2: The Postcolonial Body* [*Los legados del cuerpo, parte 2: El cuerpo postcolonial*], Ajari siempre ha sido escéptico respecto de los códigos de la cultura hip-hop, donde se ven cuerpos sobreexpuestos, cuerpos atléticos de hombres y mujeres bailando y actuando, que le recuerdan la preparación de los cuerpos de los esclavos en los barcos de esclavos antes de atracar en Rhode Island, o tan pronto como los barcos llegaban a Norteamérica, para ser vendidos en el mercado de esclavos. Solían cubrirse con un líquido de nitrato de plata, lo que hacía que los cuerpos brillaran y relucieran, para que la adquisición de los cuerpos por sus futuros amos en el tráfico de esclavos fuera un disfrute para el propietario. Así, esta sobreexposición del cuerpo objetiva en lugar de subjetivar al ser humano para ser vendido como un producto y, por lo tanto, deshumanizado. El enfoque en la llamada *escena artística indígena* continúa el legado colonial con otro exceso de cosificación de los llamados *sujetos indígenas* en un producto rentable... eclipsando a artistas y activistas indígenas realmente interesantes, cuyas fronteras entre la magia y la razón son tan flexibles, y quienes utilizan un lenguaje que aún no es convencional, que el capitalismo tiene dificultades para controlar.

Esto plantea uno de los desafíos más importantes que enfrentan los artistas: ¿cuánto control deben ejercer en la creación de su obra y, por el contrario, qué tanto deben explorar lo incontrolable de su producción? Me llevó años, probablemente decenios, dejar un espacio/tiempo significativo para lo inesperado, cuándo y dónde ocurre un error en mi obra en proceso. Trabajar con tus errores es muy difícil...

Porque, al final, de la misma manera que también estamos viviendo un momento de crítica del anticolonialismo, tenemos que estar conscientes de que, cuando creamos obras de arte o libros o cualquier creación artística, es importante recrear una distancia frente a las cadenas epistémicas de la gobernanza colonial.

Imitar el chamanismo en un museo no es una forma de descolonizarlo, sino de acentuar la diferencia colonial. Por el contrario, reinventar la conversación entre el público y la alteridad significa reinventar el espacio/tiempo donde se puede tejer un nuevo lenguaje común... Esto es lo que hemos llamado *individuación colectiva*.

Creamos algo que perdure, como todos los rastros que producimos: no morirán para siempre. Por el contrario, se entrecruzan con otros rastros producidos por otros sujetos, a lo largo del tiempo, dentro de otras formas de percepción, y generarán nuevos rastros. Y esta atención central en perspectivas culturalmente coinventadas y nuevas posiciones a muy largo plazo, están ahí para liberar las certezas con las que hemos estado viviendo pero que sabemos que ya no son suficientes, porque el mundo evoluciona tan rápido y sin fin. Y es por eso que vuelvo a Bachir Diagne: el punto es poder autocriticar lo que realmente propugnamos durante décadas como pensamiento anticolonial, para que el discurso anticolonial también sea decolonial contra sí mismo y sea capaz también de desaprender de sí mismo.

De lo contrario, seguiremos encerrados en el catecismo de la gramática colonial y su orden de las cosas...

RV: Ésta es la paradoja de los usos de la deconstrucción: refuerza la diferencia colonial y presenta al otro como esencialista, porque no está del lado de la deconstrucción. Es una paradoja porque se supone que la deconstrucción elimina todos los esencialismos y todas las dicotomías, pero su efecto político puede ser el de producir al otro como esencialista.

Me gustaría hablar contigo sobre el papel del arte, con dos términos que tomo prestados de Édouard Glissant: transparencia y opacidad. Cuando el mundo curatorial crea escenas —el araboceno, el antropoceno, etcétera, incluida la nueva escena materialista—, fomenta la demanda de incorporación y transparencia, mediante la cual el espectador y la industria cultural pueden sacar provecho de esta legibilidad y exposición.

La opacidad ofrece una respuesta a este mecanismo. Cuando hablas de abrirte a lo inesperado, a los errores, no creo que sea algo aleatorio: se trata de entrar en ese espacio de opacidad que no ha sido consumido por el régimen de transparencia y mercantilización. Lo mismo sucede con el lenguaje. Cuando el lenguaje se reduce a una gramática dominante y a un vocabulario dominante, a esa superficie de lo que yo llamo la superficie de la representación, entonces es un lenguaje que está separado de la conciencia de que siempre hay cosas en exceso, de que el tiempo siempre excede la superficie del presente. Te referías a eso cuando decías que *sólo somos una capa*.

Podemos reconocer cómo hay una de estas capas, que podríamos entender como la capa del *presente vacío* de Walter Benjamin. Es una capa que está casi completamente regulada por el control de la presencia, el control de la experiencia. Pero al reconocer que se trata de una sola capa, podemos darnos cuenta de que, al otro lado de la diferencia colonial, hay una pluralidad de temporalidades bajo el borramiento. Cuando hablamos de lo inesperado, me gustaría leer el término *error* en el sentido de milagroso, cómo lo que desafía la lógica puede fracturar esa superficie del orden de las cosas y, por lo tanto, aparecer como *un error*.

El evento de lo inesperado nos dice que todavía es posible fracturar la superficie del orden establecido de las cosas e indica que hay otras capas de experiencia, otras memorias que pueden activarse. Ése es un lugar clave donde se encuentran la lucha por la experiencia y la lucha por el lenguaje. Por eso es importante hablar de la *estesis* decolonial, porque supone tomar conciencia de la diferencia colonial, del control de la experiencia y la representación. Supone reconocer las cosas que están en borramiento y que tienen la capacidad de resurgir, de configurar constelaciones alternas y de desafiar el orden del presente de formas inesperadas.

KA: Gracias por esta cita: "Lo que desafía la lógica puede fracturar esa superficie del orden de las cosas y, por lo tanto, aparecer como *un error*".

La idea de fragmentar la superficie, como la capa superior sobre la que existimos, me hace pensar en una obra específica. Me he inspirado en el mito de la escalera de Jacob en la Biblia. Jacob dormía bajo los árboles y tuvo un sueño en el que vio una escalera que descendía del cielo a la Tierra, por la que subían y bajaban ángeles. Es una imagen que siempre me ha conmovido porque mi padre trabajaba en la construcción y usaba mucho las escaleras, pero también por las implicaciones políticas y sociales de la escalera, metafóricamente, y por la cualidad tangible de un sueño descrito por la mitología bíblica. Me fascina la capacidad de la mente para producir una dramaturgia como una película en nuestro cerebro, como una especie de proyección dentro de nuestra mente cuando soñamos. Así que proyecté la escalera de Jacob utilizando dos espejos enfrentados, entre los cuales había una barra de luz fluorescente. Se produjo lo que en francés llamamos una *mise en abîme*: una regresión infinita de los reflejos de la barra de luz neón, reproduciendo una escalera infinita. Toda la instalación estaba colocada sobre un pequeño librero de madera lleno de objetos de los siglos XVIII y XIX, que se utilizaban para astronomía y microscopía. Por ejemplo, había un telescopio y un microscopio unidos por sus lentes, casi pegados, uno mirando hacia arriba, el otro hacia abajo, y una representación icónica de la escalera de Jacob en los estantes. Al subir las escaleras de madera de un lado del librero, el espectador podía descubrir la representación de la escalera creada por la barra de luz neón multiplicada sin fin entre los dos espejos. Al mirarla, siempre había una sensación vertiginosa de caída. Para mí, la capa superficial de la que estamos hablando aquí es el espejo como ilusión de control de la modernidad basada en el narcisismo del individuo que ha creado.

Pero me gusta la idea de que el arte puede ayudar a romper las capas superficiales del mundo, a trocearlo, en particular el régimen de comprensión del mundo, ya que sistemáticamente damos por sentadas nuestras percepciones, que en realidad están sesgadas por el régimen de la colonialidad, como gobernanzas autónomas. Los científicos buscan probar sus hipótesis con experiencias. El arte da acceso a un espacio-tiempo que permite pensar posible lo imposible. De hecho, tiene la capacidad de plantear preguntas sin responderlas. Por eso puede jugar con la metáfora de abrir la mente a otras capas de la existencia. El arte como práctica y forma de pensamiento es pionero, tanto que incluso algunos científicos pueden recurrir al arte en sus investigaciones o reflexiones.

El físico cuántico francés Serge Haroche,[3] premio Nobel hace quince años, me inspiró enormemente. Dijo que un buen científico debe tener curiosidad, intuición, imaginación, lo que implicaba ser un buen artista.

> La première qualité, c'est la curiosité. Il faut avoir, chevillés à l'âme, la curiosité, le besoin de comprendre et de savoir. La deuxième, c'est l'imagination, être capable à partir de situations connues d'en imaginer de nouvelles qui peuvent être sources de résultats inattendus. Ensuite l'intuition : savoir associer des idées apparemment différentes, voir leurs points communs et voir à quoi cela peut conduire. Et il faut aussi avoir de la chance, même si celle-ci n'est pas suffisante. Pour conclure, je dirai que certaines de ces qualités sont les mêmes qui sont nécessaires à un bon artiste.[4]

Serge Haroche (École Normale supérieure, Collège de France) y David J. Wineland (Instituto Nacional de Normas y Tecnología) ganaron el Premio Nobel porque diseñaron un experimento con el cual atrapar una partícula de protón dentro de una trampa de espejo esférico. A la pregunta de dónde fue a parar el protón después de tanto viajar de un lado a otro de la esfera, Haroche respondió: "No lo sabemos. Se desvaneció en el universo desconocido".

—

3— Audrey Garric y Pierre Le Hir, "Serge Haroche: 'Il y a une contradiction entre le temps des politiques et le temps de la recherche'", *Le Monde,* 11 de octubre de 2012. Disponible en: https://www.lemonde.fr/sciences/article/2012/10/11/serge-haroche-il-y-a-une-contradiction-entre-le-temps-des-politiques-et-le-temps-de-la-recherche_1773818_1650684.html.

4— "La primera cualidad es la curiosidad. Debes tener, en lo más profundo de tu alma, la curiosidad, la necesidad de comprender y conocer. El segundo es la imaginación, la capacidad de utilizar situaciones conocidas para imaginar otras nuevas que pueden ser fuente de resultados inesperados. Luego, la intuición: saber asociar ideas aparentemente diferentes, ver sus puntos en común y ver a qué puede conducir esto. Y también hay que tener suerte, aunque no sea suficiente. Para concluir diré que algunas de estas cualidades son las mismas que necesita un buen artista". *Idem.*

Se trataba de un cuestionamiento muy poético de la escena
de la realidad. El museo etnográfico es la negación del arte, ya
que impide que los objetos nos vean, para citar a Bachir Diagne.
Siempre me sorprende cómo somos cuando pasamos por las
galerías. Y ya sabes, ya sea en el arte contemporáneo o en el llamado museo etnográfico y arqueológico, la relación que tenemos
con el objeto es siempre como una lente *sense unique* [unidirec-
cional]. Tal vez la especie de ida y vuelta con él sea...

RV: Una relación cartesiana.

KA: ¿Qué te hace decir eso, Rolando?

RV: Bueno, porque es en la metafísica de Occidente donde
Descartes va a anunciar una separación básica entre el sujeto
y el objeto, y define así a un sujeto activo que mira el objeto.
Esa dicotomía básica entre sujeto y objeto establece un mundo
material que está separado de nosotros y del que podemos apro-
piarnos. Corresponde a la metafísica del capitalismo, que ve el
mundo como un objeto para un sujeto que lo posee por medio de
la mirada o de la propiedad.
Hay un aspecto importante en pensar acerca del reflejo y la
capa. La lógica del algoritmo o de la inteligencia artificial es esa
capa que está en la superficie del ahora, y que está dominada por
una lógica de la multiplicidad como repetición. Cuando pienso,
por ejemplo, en materialidades ancestrales, o en un objeto que
puede mirar hacia atrás, veo algo que opera más allá de esa capa
de repetición y recombinación. Un término clave utilizado por
Bachir Diagne en su obra sobre Léopold Senghor es la noción
de *ritmo*. Para mí, el ritmo es como una escalera que se adentra
en el tiempo y que crea una resonancia más allá de la superficie
del presente, mientras que la multiplicidad y la repetición, o la
recombinación, permanecen en la superficie de la representación.
Permanecen atrapadas en el presente, en lo que se puede poseer,
y en el ámbito de la representación. Pero el ritmo tiene más que
ver con la temporalidad de la escucha, con la resonancia y con
entrar en otras capas del tiempo que no se pueden reducir a la
superficie del presente.
En una película, puedes pulsar el botón de pausa y tienes la
imagen fija. Hay algo en la superficie del ahora. Pero en la música,
si pones pausa, no hay música. Sólo hay música en la resonancia
del tiempo.

Nuestra civilización moderna se basa en esa superficie de la representación y en la repetición, la multiplicidad como repetición y recombinación, pero ha perdido el ritmo de la vida, esa resonancia, esa vibración que reside en la opacidad, en lo inesperado como la aparición de cosas que exceden lo que ha sido establecido.

Cuando los objetos responden, cuando podemos entrar en resonancia con las temporalidades de los objetos, entonces podemos tener de repente esa conciencia de nosotros mismos como algo que sólo está pasando. Esto es particularmente cierto en los museos etnográficos, donde estar con objetos ancestrales es estar ante una temporalidad profunda que conlleva conocimientos y *estesis* que nos sobrepasan.

Los artistas saben muy bien que el poder circula no sólo en la economía, en el Estado o en el sistema de conocimiento, sino también en nuestros cuerpos, determinando cómo sentimos y experimentamos el mundo. El papel del arte en lo que respecta a la *estesis* decolonial es precisamente arrebatarnos ese control de la experiencia y ocupar otras formas de sentir, otras formas de estar juntos, o de aprender unos de otros, de sentirnos los unos a los otros, de recordar, de soñar. Una de las preguntas que hago es: ¿de quién son los sueños que soñamos? Si soñamos con adquirir poder, el reconocimiento del capital o del Estado o tener una carrera en la industria cultural, bueno, esos no son nuestros sueños, son sueños que han sido insertados en nosotros por el propio sistema que criticamos.

La *estesis* decolonial marca un campo de lucha que no ha sido nombrado directamente, y que excede el campo de la economía política, y que analiza cómo el poder gobierna nuestra experiencia del mundo, nuestra percepción del mundo. ¿Cómo podemos abrir otros espacios de percepción que no sean artificiales, que no sean invenciones, que sean formas de percepción capaces de recuperar lo que se ha negado, lo que está en borramiento, y que puedan aparecer de formas justas y alternas?

KA: La posición desde la cual el autor, el lector, el artista, el público, el crítico, el sujeto social es en realidad la herramienta de la enciclopedia colonial y la episteme que la colonialidad mantiene cada día. De hecho, la *estesis* decolonial exige la necesidad de emanciparse de las garras de la epistemología moderna/ colonial. Por eso me pareció importante preocuparme por el arte, porque el arte nos libera ética y estéticamente, en particular porque involucra lo incontrolable dentro de las prácticas artísticas. Hay algunos ejemplos concretos que experimento cada vez más. En algunas de mis obras, como la escultura que estoy haciendo de soldados de rostros heridos de la Primera Guerra Mundial, estos bustos de rostros heridos están hechos con herramientas muy rudimentarias. Son formas muy aproximadas de esculpir los detalles de un ojo o una nariz adecuados. Es imposible ser preciso. Aunque utilizo cinco tamaños de cuchillas, siempre trabajo a partir de un retrato fotográfico, en ocasiones de un dibujo publicado, que son precisos, pero el resultado final nunca es preciso. Puede sonar extraño, pero se parece mucho a mi práctica del collage, en términos de imprecisión... Cuando un artista trabaja collage, al final del día, su mesa está cubierta con cientos de pedazos de papel. En general, salgo de mi estudio muy tarde, voy a una cena con amigos o mi familia y vuelvo al estudio hacia la medianoche, y trabajo de nuevo hasta las tres en punto como máximo, tratando de terminar o mejorar el collage. Con frecuencia, debido a esta distancia en el espacio y el tiempo, descubres la yuxtaposición de dos imágenes producida por casualidad. No eres tú. No es una yuxtaposición racional warburguiana, emerge del todo por casualidad. Y regreso al día siguiente para ver si estaba borracho o demasiado cansado, y día tras día después, para ver si sigue siendo relevante. A qué tipo de orden pertenece este tipo de creación inesperada, no tengo idea, pero no es lo que *estaba buscando* [*looking for*]. (En inglés, el uso del término *looking for* es fuerte, porque esta experiencia involucra la mirada, *looking*).

RV: Me aventuraría a decir que no es sólo casualidad, sino que es una manera de entrar en ese espacio de resonancia, ese espacio donde las cosas pueden unirse, y más allá de la opresión del racionalismo y más allá del borramiento de la colonialidad. Y de repente, pueden unirse cosas que resuenan en su movimiento. Es la aparición de realidades que no son invenciones, no son sólo accidentes. Son de hecho apariciones que muestran que es posible una realidad diferente, que es posible otra forma de sentir, otras formas de percepción, más allá del racionalismo y contra el borramiento. Y es por eso que la *estesis* decolonial no puede reducirse simplemente al anticolonialismo. Es esa búsqueda de ese movimiento de aparición lo que es clave aquí, y que conlleva posibilidades de reparación, de esperanza y justicia, en la medida en que es una posibilidad política.

KA: Muchos descubrimientos, por ejemplo, descubrimientos científicos importantes, se han hecho por *error*. Pero si los llamamos errores es porque no captamos ni controlamos su proceso de creación, o eso creemos. Otra obsesión del pensamiento colonial moderno... El ritmo es el término perfecto, porque, tanto si estás en el ritmo correcto como si no, siempre es en relación con otra entidad con la que estás interactuando, el ritmo es un diálogo, en ocasiones un *multílogo*. La resonancia es la imagen perfecta de este movimiento de ida y vuelta entre lo tangible y lo intangible.

RV: La metáfora que me gusta utilizar es la imagen del mar. Les digo a mis estudiantes que la superficie del mar puede verse como la superficie de la representación, pero sabemos que sólo toma su forma porque hay una profundidad, una cantidad infinita de capas que están en movimiento. Estas capas no son visibles en el presente de la superficie. Necesitamos esforzarnos por entrar en resonancia, escuchar, reconocer ese ritmo que nos precede.

KA: Desde la mesa desordenada, aíslas tu atención, pero también es atraída por una fuerza irresistible hacia esta zona donde encontraste una conversación interesante entre dos pedazos de papel: tiene mucho que ver con escuchar, en efecto, algo que no sabemos, o eso es lo que creemos... En lo que a mí respecta, creo cada vez más que es como unir dos puntos del universo que estaban separados, pero hacia los que una acción de la existencia nos mueve magnéticamente para reunirlos, como una reparación...

RV: Para mí se trata de pasar del poder de representación al desarrollo de la capacidad de recepción. ¿Qué significa no estar calificado para tener poder sobre la representación, como el creador, el director, el artista, que tienen este poder soberano de representar el mundo? ¿Qué significaría tener el poder de recepción, ser anfitrión, escuchar la temporalidad de las cosas, entrar en resonancia? Esto supone deshacer el sujeto, el sujeto como unidad soberana. Hay que renunciar a la soberanía del sujeto para permitir que esa resonancia dé forma a lo que estás haciendo.

KA: Ciertamente, con todas sus implicaciones políticas. Cuando entras en el mar o en un lago, caminas dentro del agua, sientes

la arena y poco a poco vas perdiendo la sensación del suelo.
Tenemos que reinventar este *no saber* en la creación, para poder
escapar de las regiones de la episteme colonial.

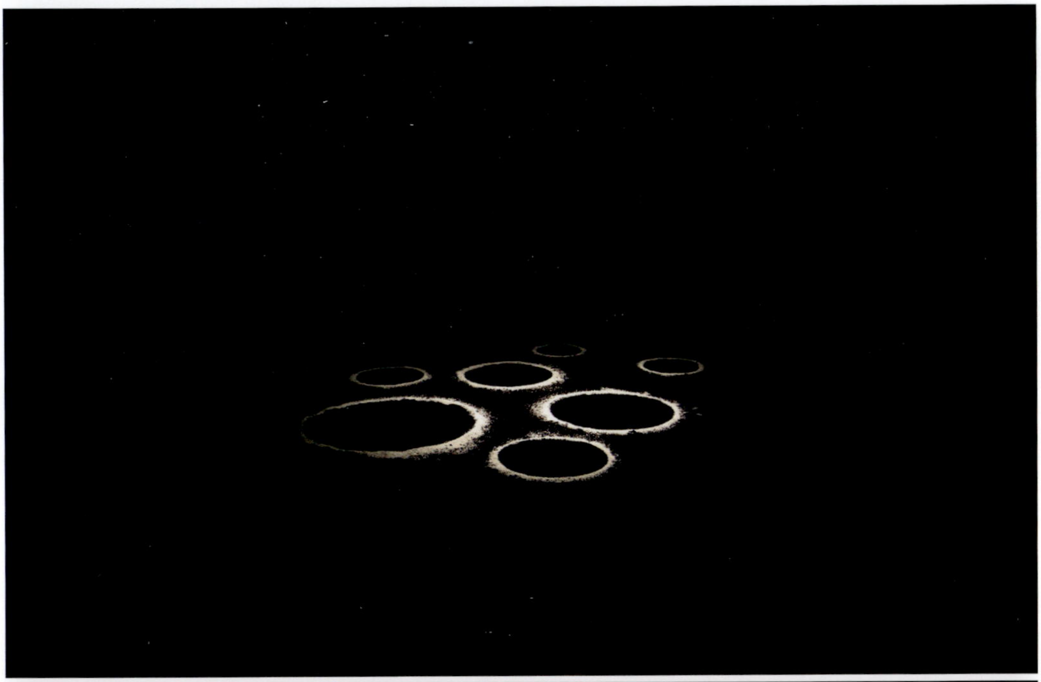

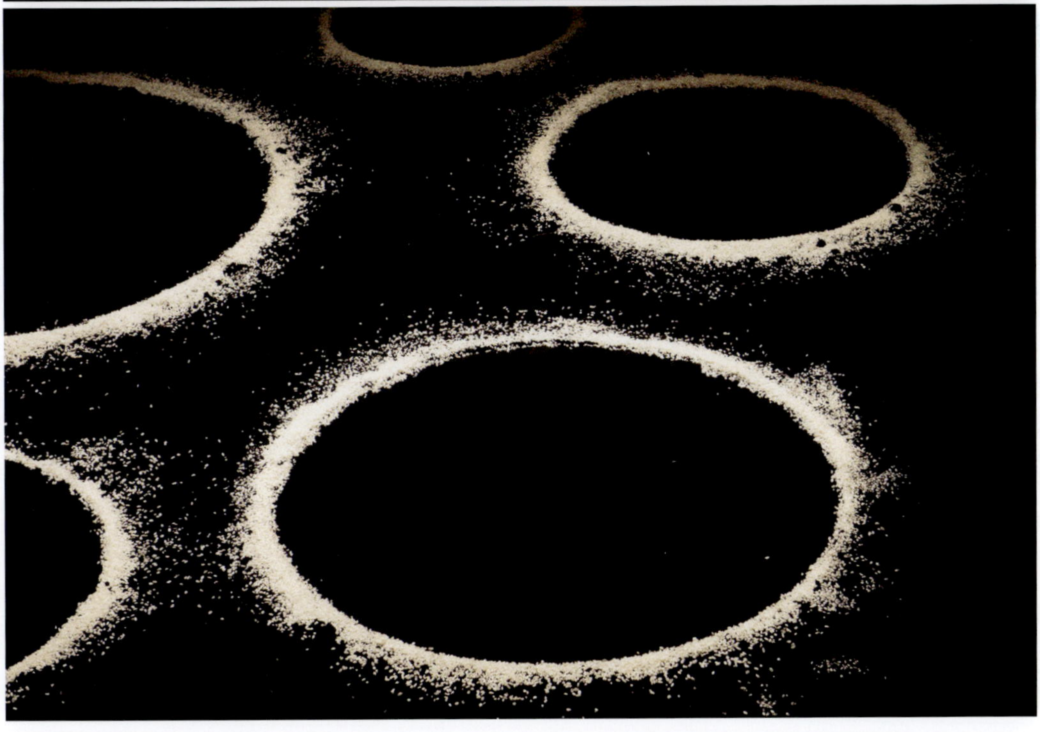

Black Holes [*Hoyos negros*], 2012. Escultura—Sculpture. Pigmento negro, arroz—Black pigment, rice.
Medidas variables—Variable dimensions. **Cortesía del artista**—Courtesy of the artist

Un descenso al Paraíso

—

Kader Attia

Vivimos en un mundo en el que se mira el pasado de una manera delirante, al grado que sus interpretaciones se ven reforzadas por el flujo incesante de nuestra espectacularizada sociedad de la información. Dado que la profusión ininterrumpida de información ha privado a nuestras percepciones del mundo de toda humanidad, necesitamos reinventar un espacio común, donde se preserve la atención colectiva y la individual como el lugar donde nuestros recuerdos y mentes externalizados se comparten y se nutren de obras de arte. En su diversidad más inesperada, las obras de arte en el sentido más amplio —abstractas, concretas, políticas o poéticas, pero siempre preocupadas por encarnar ese espacio de atención que se comparte entre seres vivos— me inspiran la esperanza de que tal vez nuestra humanidad no es un error. O tal vez sí es un error después de todo: un error del tiempo, un error del azar, del cosmos o incluso, más espiritualmente, un error de un poder inconmensurable, del que la arquitectura del universo es una parte visible. Un poder que intentó algo con nuestra especie, sabiendo desde la altura de su eterna omnipotencia que su intento no sería concluyente, y nos transmitió su eterno ciclo de comienzos, y en consecuencia la pregunta por la legitimidad de nuestra existencia. Ésta es la pregunta que nos seguimos haciendo: ¿por qué la vida? El arte, como Sísifo, soportando su carga una y otra vez, encarna ontológicamente este cuestionamiento eterno, mediante la esperanza en el núcleo mismo de su paso de la nada al estado de creación. Pero el arte es también una prisión, ya que siempre cierra esta pregunta. Los seres humanos, por medio de las obras que crean en todos los medios, siguen eternizando la paradoja de la vida que se autogenera a partir de la nada, ya que en el proceso destruyen los entornos que les permiten vivir.

Una de las preguntas *sisíficas* que la obra de arte siempre ha encarnado es la verticalidad de la vida, por medio de la metáfora de la elevación. A partir del mito de la escalera de Jacob y de mitos de otras culturas, podemos ver cómo la fascinación de los seres humanos por este movimiento que nos dirige hacia el cielo es omnipresente a lo largo de la historia de las civilizaciones humanas. Un amigo historiador me contó en una ocasión que cuando estaba de visita en Irán como turista y quiso ver las ruinas del palacio de Darío, presenció una escena extraña. Cuando llegó al medio de una estepa donde no había ruinas en pie, el guía de turistas exclamó de repente, mirando hacia arriba: "¡Aquí están los jardines colgantes del palacio de Darío!".

Automáticamente, en ese momento, todos miraron hacia el cielo vacío con una mirada de satisfacción y convicción simultáneas. Además de ser el eco de muchos mitos y creencias en casi todas las sociedades humanas, la elevación vertical se ha cultivado tan profundamente en nuestra psique que continúa siendo asociada con lo divino. La escalera que se ve en los sueños de Jacob es utilizada por los ángeles para subir y bajar del cielo a la tierra. La gran cantidad de literatura que ha permitido asimilar este mito a nuestra interpretación de la subida al cielo como una bendición es tan importante como la que, por el contrario, nos hace interpretar de manera instintiva el descenso al subsuelo como un descenso al infierno.

En la *Divina Comedia*, al descender al infierno, Dante asiste a una escena extraña e interesante, si la relacionamos con nuestro mundo actual, donde el capitalismo reina globalmente, incluso en sociedades que han sido sus más apasionados opositores.

El pasaje describe una fila de gente rica, cada uno con una bolsa de dinero colgando de su cuello, esperando en el purgatorio o ya siendo juzgados. Dante interroga a uno de ellos quien, como respuesta, le dice que salga de ese agujero antes de que se quede atrapado. Todo el tiempo una lengua enorme como la de un buey sale de su boca, lamiendo sus fosas nasales. Éste es uno de los raros momentos en los que el dinero es descrito en la literatura como un pecado asociado con las casas nobles, ya que cada bolsa lleva el sello de una casa de la nobleza toscana.

La riqueza y el dinero pueden ser nociones esenciales del poder moderno, pero no siempre fue así. En la Edad Media, eran la nobleza y el apellido los que prevalecían sobre otros poderes. Incluso en la jerarquía eclesiástica de la Iglesia, el origen noble influía en la posición. A partir de la modernidad temprana, el capitalismo moderno sentó las bases para una conmoción sin precedentes de este orden social. El dinero ya no era un pecado, como solía repetir la Iglesia, y el poder de una familia o clan ya no era sólo político, sino también económico. Este cambio permitió al poder diversificarse, y la burguesía adinerada ascendió más tarde a la cima de la nación. Pero si la modernidad occidental trae consigo un cambio sociopolítico al redistribuir los privilegios de la alta sociedad, también lleva consigo las semillas de los lados más oscuros de la naturaleza humana, como la codicia, el egoísmo y la violencia ejercida a gran escala para explotar a los sujetos más débiles en la base de su pirámide social. Este sistema llamado *moderno* continúa, en realidad, el feudalismo que prevaleció en el mundo antiguo, aunque afirma que la modernización del mundo ha erradicado esta violencia perversa estructurada como un sistema jerárquico de explotación de abajo hacia arriba. En el capitalismo, el movimiento vertical de extracción de riqueza de abajo a arriba no se derrama hacia abajo, con el fin de acumular la mayor cantidad posible de capital. Esta extracción de riqueza es posible gracias a una retórica de promesas que halaga el deseo de todo sujeto humano mediante una economía libidinal, por ejemplo, mediante la publicidad y su popularización de la utopía en la vida cotidiana. El deseo de disfrutar, es decir, de redescubrir el placer del goce inicial del recién nacido, es la fuerza motriz del capitalismo consumista. Aliena a los seres humanos haciéndoles creer que viven en una sociedad libre, donde el equilibrio entre la democracia y el libre comercio regula la felicidad de todos. En esta sociedad de la felicidad, se podría pensar: "Consumo, luego existo". En realidad, es al revés: el sujeto *yo* es perpetuamente consumido por el capitalismo, y nunca ha sido el ser independiente dotado de la libertad de elegir que el sistema neoliberal pretende vender cada día. Digan lo que digan los libertarios —que hoy abogan por la autorregulación socioeconómica por medio de la creación destructiva—, cuando se supone que elegir lo que se consume es sinónimo de libertad, entonces el individualismo generado por esta ideología es entrópico.

Joseph Schumpeter definió la destrucción creativa como un fenómeno recurrente en el capitalismo, donde la irrupción de una innovación reduce considerablemente las ventajas competitivas de las firmas rivales y les causa pérdidas o quiebra, y provoca por inferencia la *recomposición* continua de la malla de producción de valor. Pero no anticipó la importancia futura de la información como bien de consumo cotidiano, y la polarización social sin fin que genera.

Además concibió el capitalismo como un sistema económico cuya dinámica principal, cuando se asegura la libertad de comercio, es la estimulación del crecimiento mediante la innovación. Sin embargo, la innovación que la tecnología digital ha aportado al *libre albedrío* es la causa de su destrucción. Mientras más noticias consumimos, menos independientes nos volvemos, ya que las noticias son seleccionadas y enviadas a diario de acuerdo con nuestro perfil algorítmico, construido a lo largo de décadas mediante la recopilación de información sobre nuestras interacciones con el universo digital.[1] El liberalismo protecnológico afirma que el universo digital está en su inicio prehistórico y que, en última instancia, se autorregulará. Esperemos que así sea, pero mientras tanto, es un entorno no regulado y, por lo tanto, tóxico, regido por el capitalismo como un nuevo mercado.

El capitalismo explota y destruye, casi de manera unilateral y constante, lo que dio origen y nutrió a la especie humana: su medio ambiente. Su entropía es tal que también ha colonizado los otros medios ambientes que ha descubierto. Es en esta multitud de medios ambientes donde el capitalismo controla y explota al sujeto humano: psicológico, político, cultural, temporal, y demás. Reapropiarse de los espacios/tiempos intersticiales de libertad que quedan en estos medios ambientes significa cuidarlos, repararlos, de la misma manera que hay que cuidar un medio ambiente natural contaminado. Pero esto requiere algo más que conciencia. Significa reinventar nuevas herramientas de individuación colectiva, porque las antiguas ya no están al día. Los experimentos artísticos son verdaderos laboratorios de individuación colectiva, donde inventamos juntos,

—

1— De acuerdo con Shoshana Zuboff, "The Age of Surveillance Capitalism", en *Social Theory Re-wired: New Connections to Classical and Contemporary Perspectives*, Wesley Longhofer y Daniel Winchester (eds.), Nueva York, Routledge, 2023, pp. 203-213.

a pesar de todas nuestras diferencias, incluso sin darnos cuenta. Con estos nuevos lenguajes, cuya protogramática puede generarse al experimentar las obras de arte, podemos centrar la atención humana en la importancia de la profundidad (y no de la altura) de la ética necesaria para convivir. Esto es lo que actualmente está desapareciendo en favor de la superficie (y la vileza) de la estética individualizada, donde la experiencia de los medios de comunicación masivos y la cultura del entretenimiento refuerzan el relato capitalista del Paraíso en la Tierra y del ser humano en su centro.

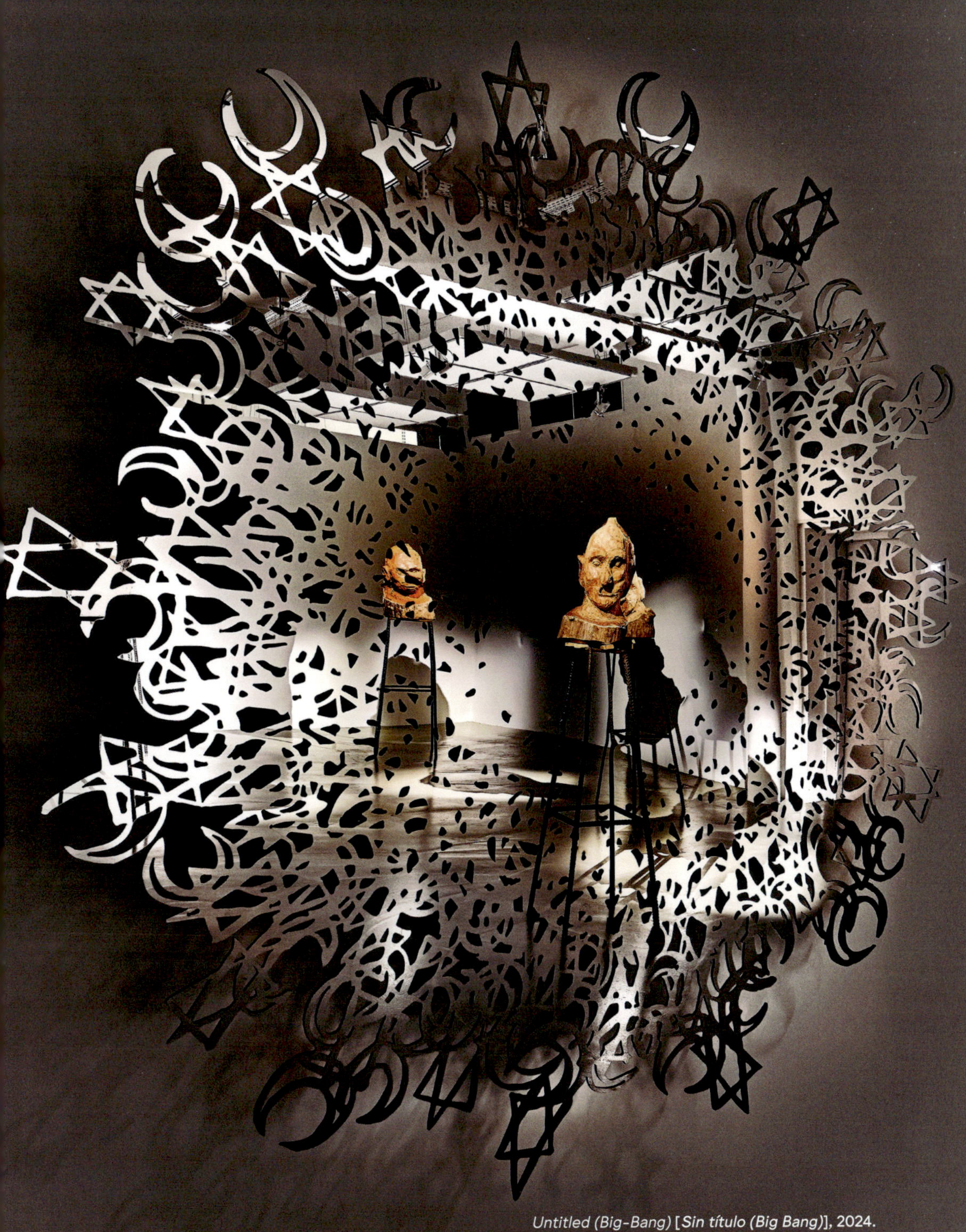

Untitled (Big-Bang) [*Sin título (Big Bang)*], 2024.
Escultura—Sculpture. Acero inoxidable pulido tipo espejo—Mirror-polished stainless steel.
Cortesía del artista y de—Courtesy of the artist and Lehmann Maupin. Foto—Photo: Laurent Lecat

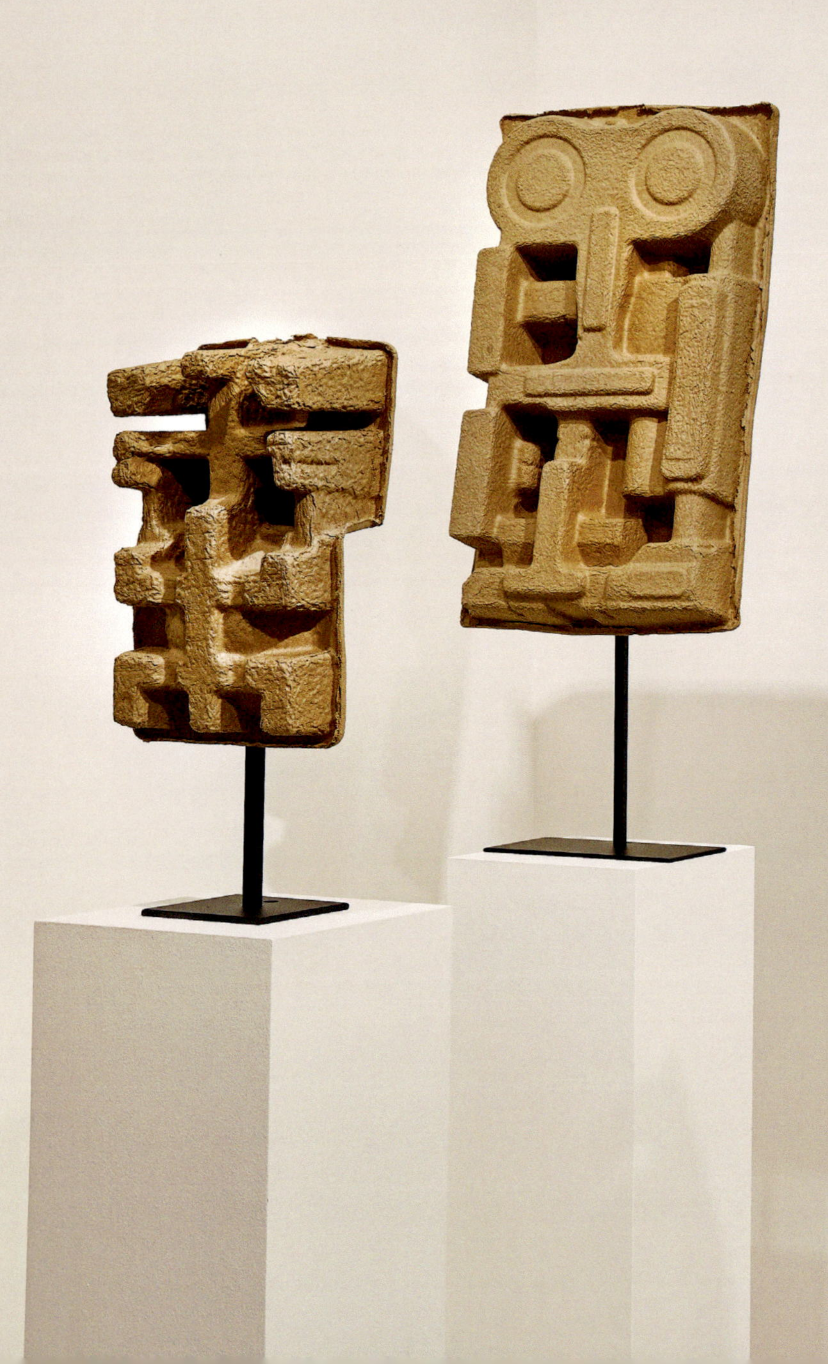

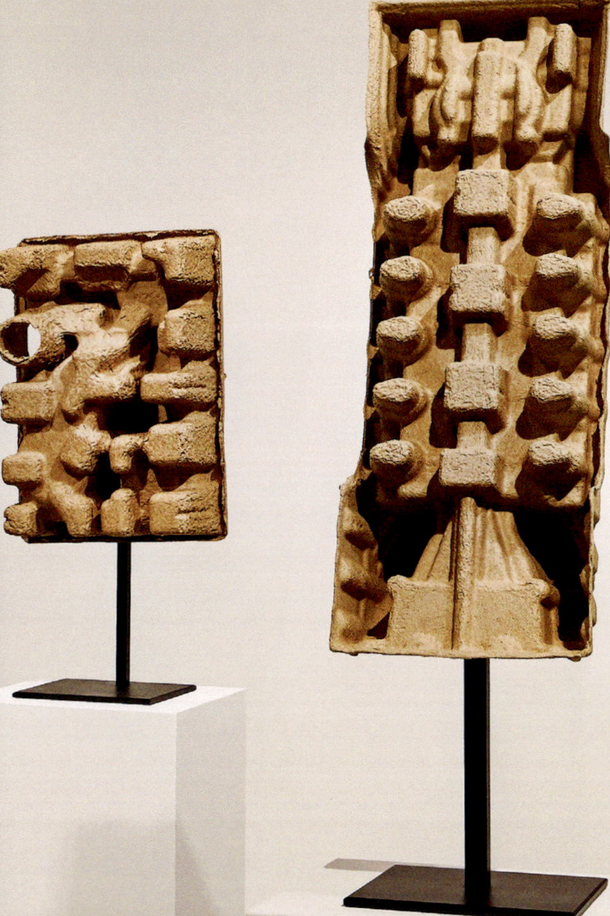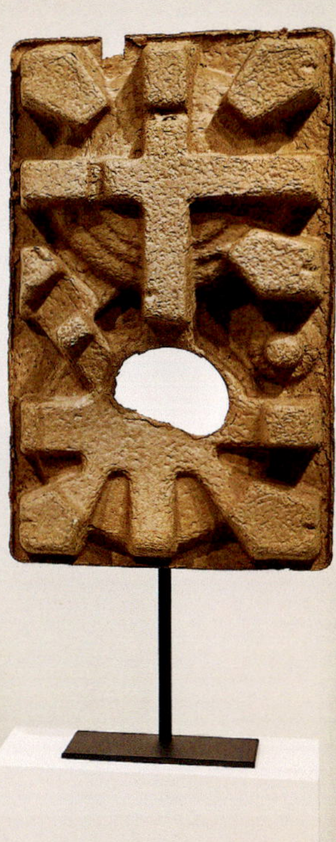

L'Empreinte de l'Autre [*La huella del Otro—The Other's Footprint*], 2016–2024. Vista de instalación en
—Installation view at MO.CO., Montpellier. Foto—Photo: Laurent Lecat [Cat. 2]

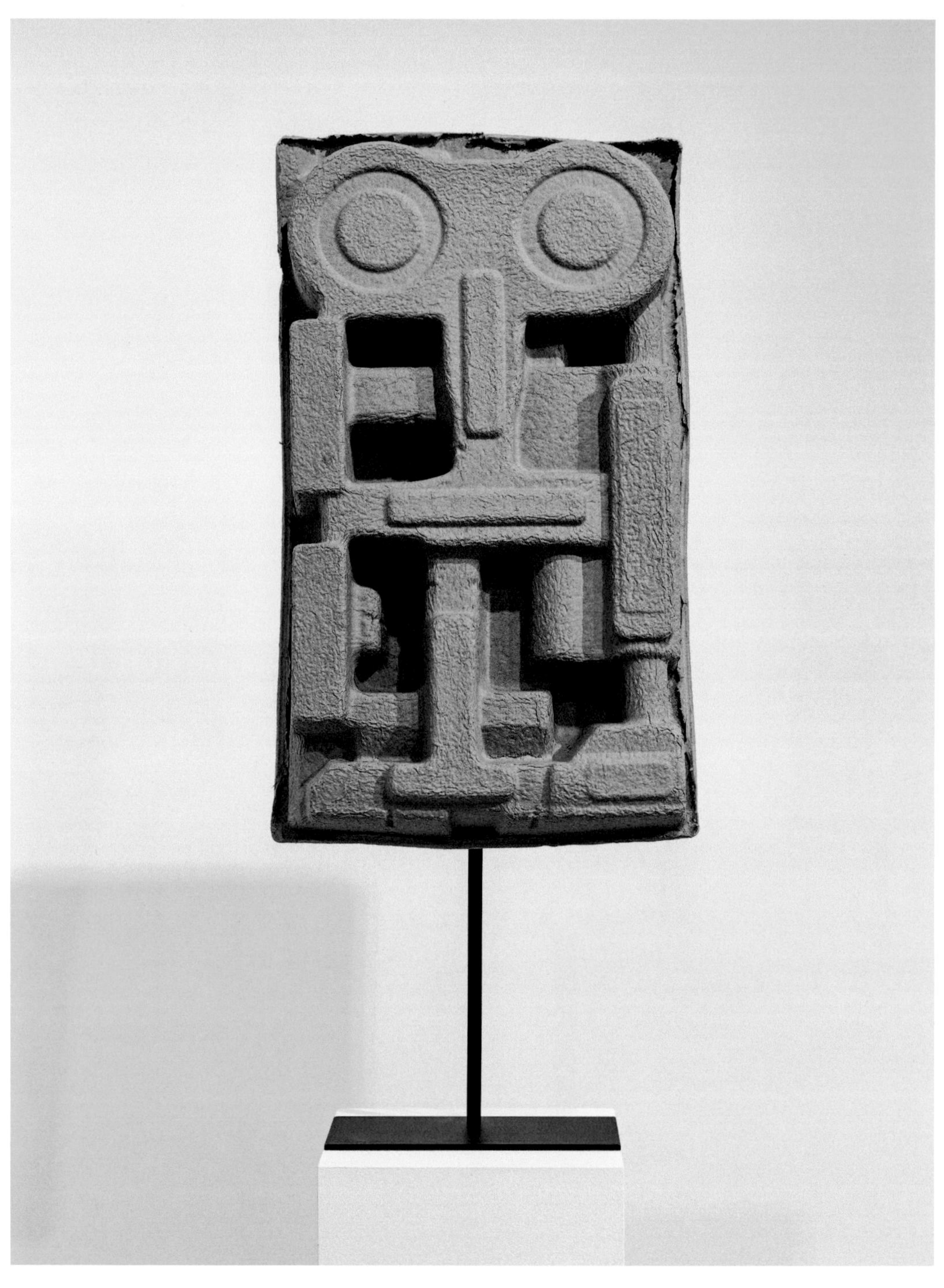

pp. 46-49: *L'Empreinte de l'Autre* [*La huella del Otro—The Other's Footprint*], 2016-2024.
Detalles—Details. Foto—Photo: Laurent Lecat [Cat. 2]

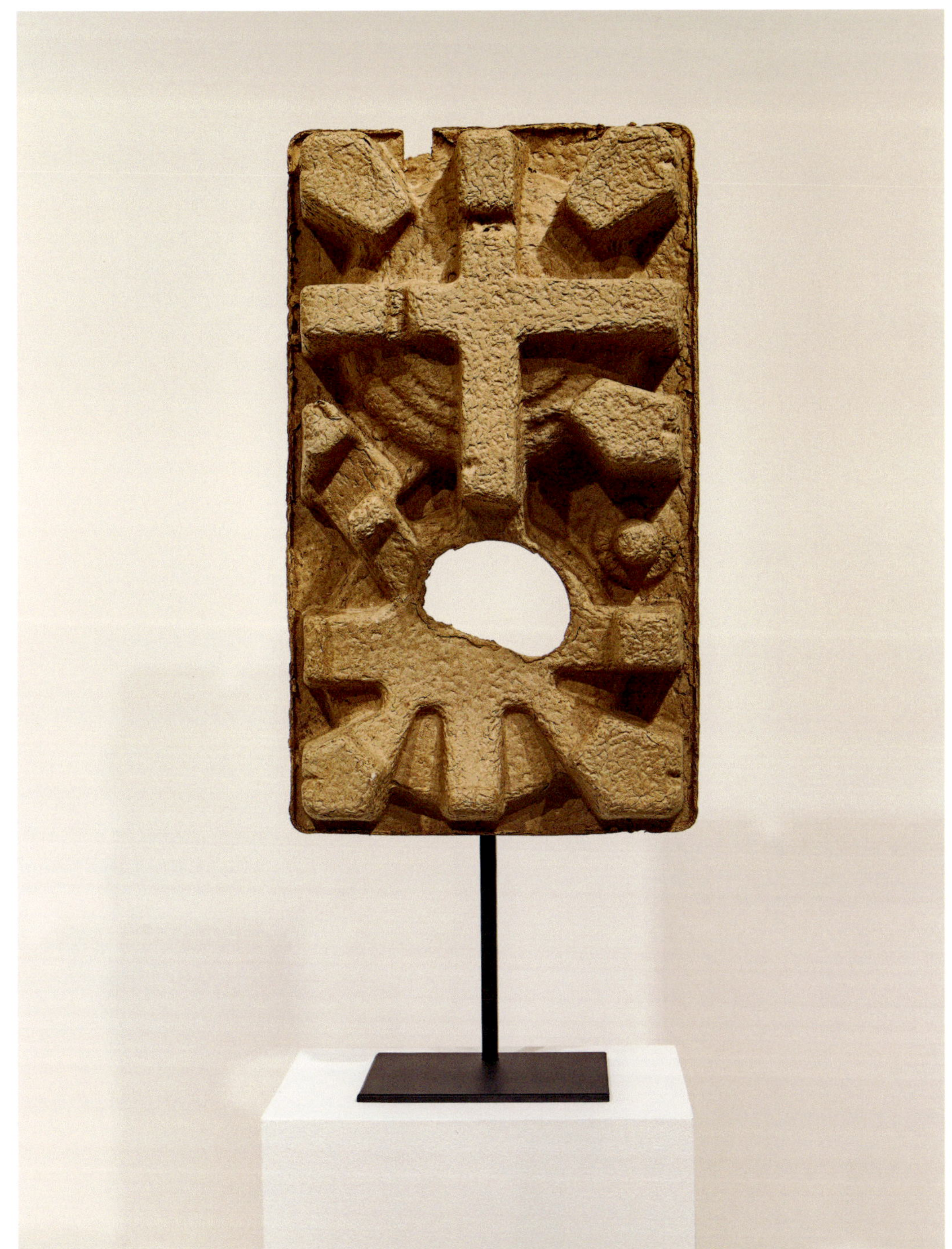

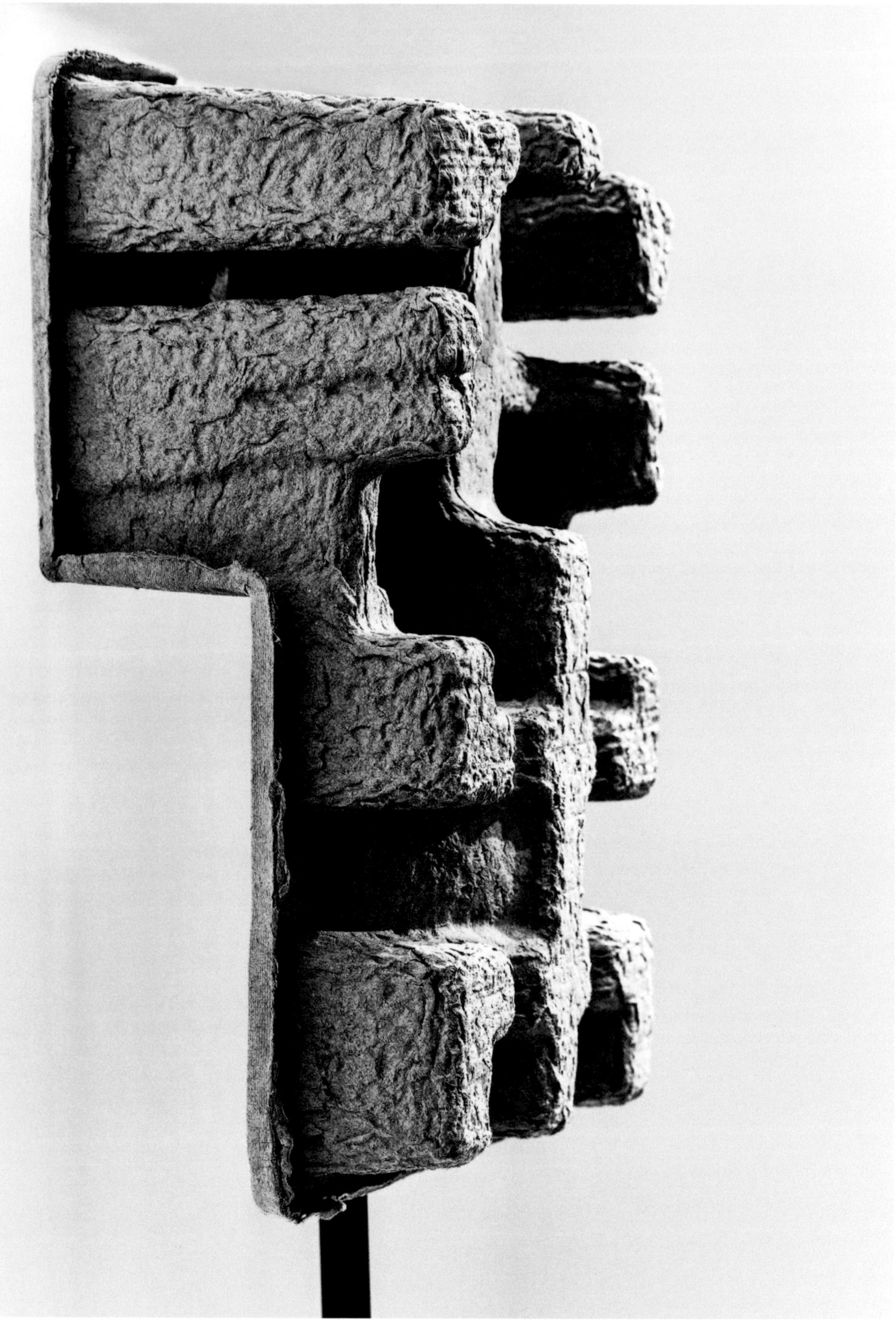

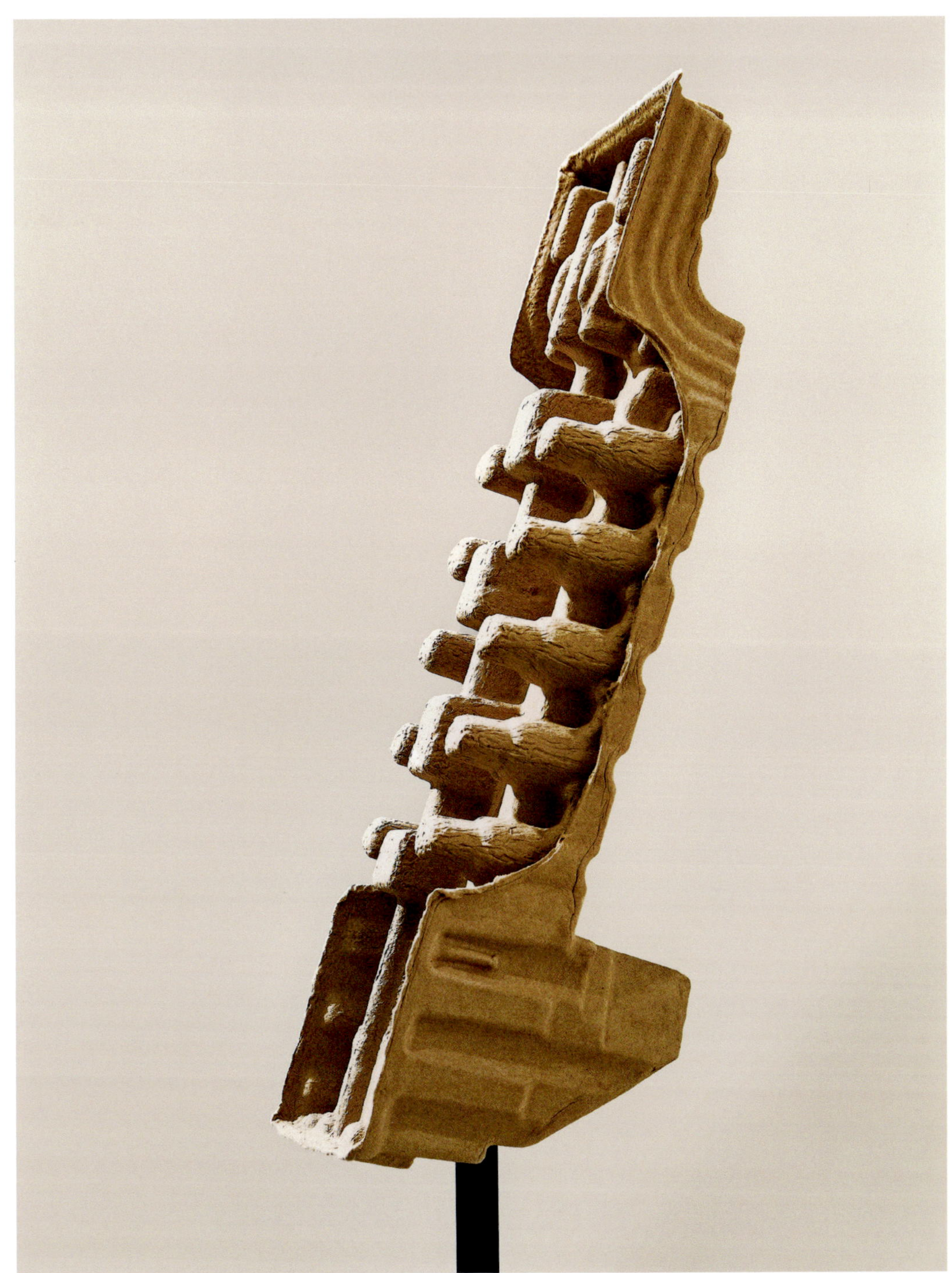

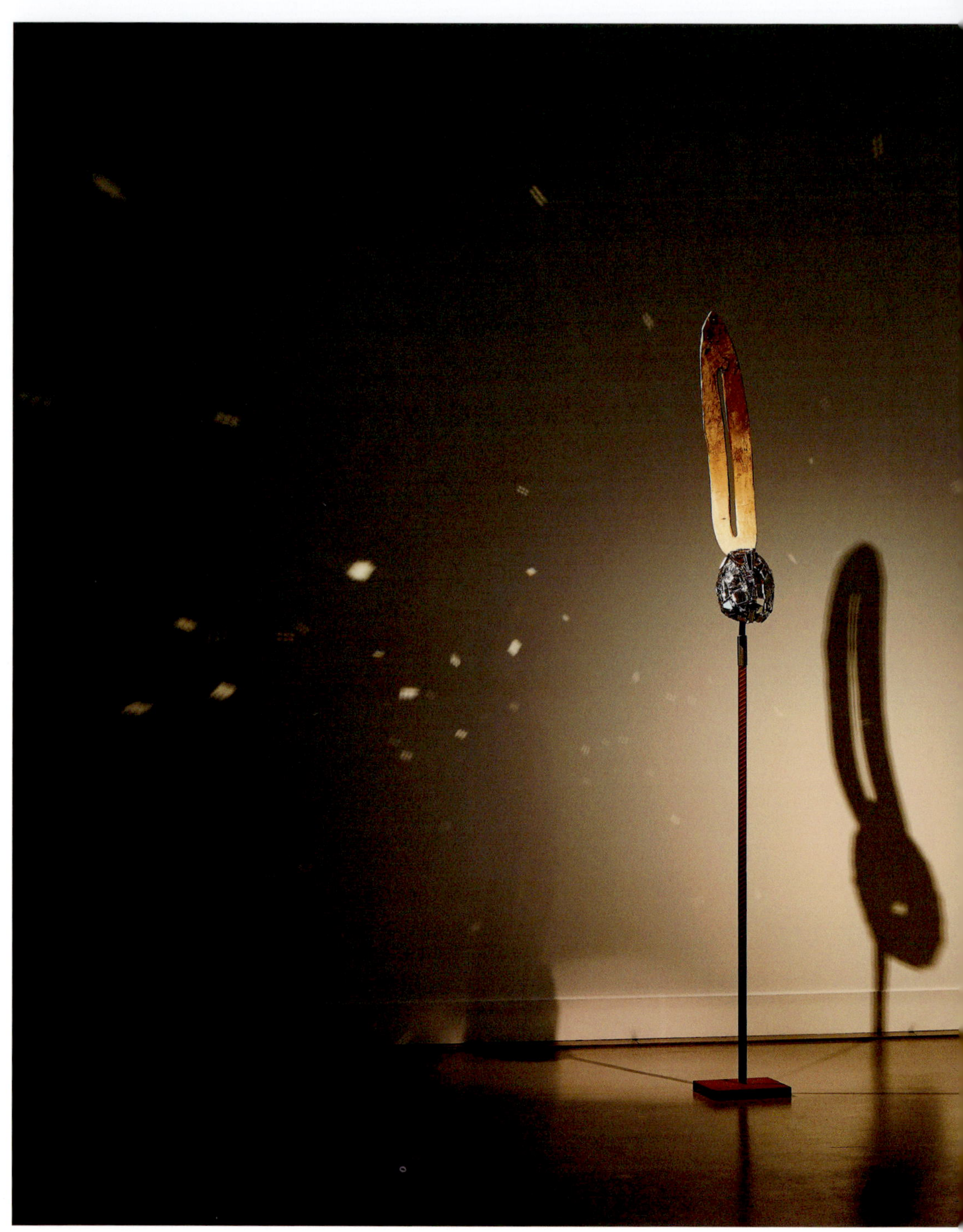

Mirrors and Masks [*Espejos y máscaras*], 2024. Vista de instalación en—Installation view at MO.CO., Montpellier.
Foto—Photo: Laurent Lecat [Cat. 11]

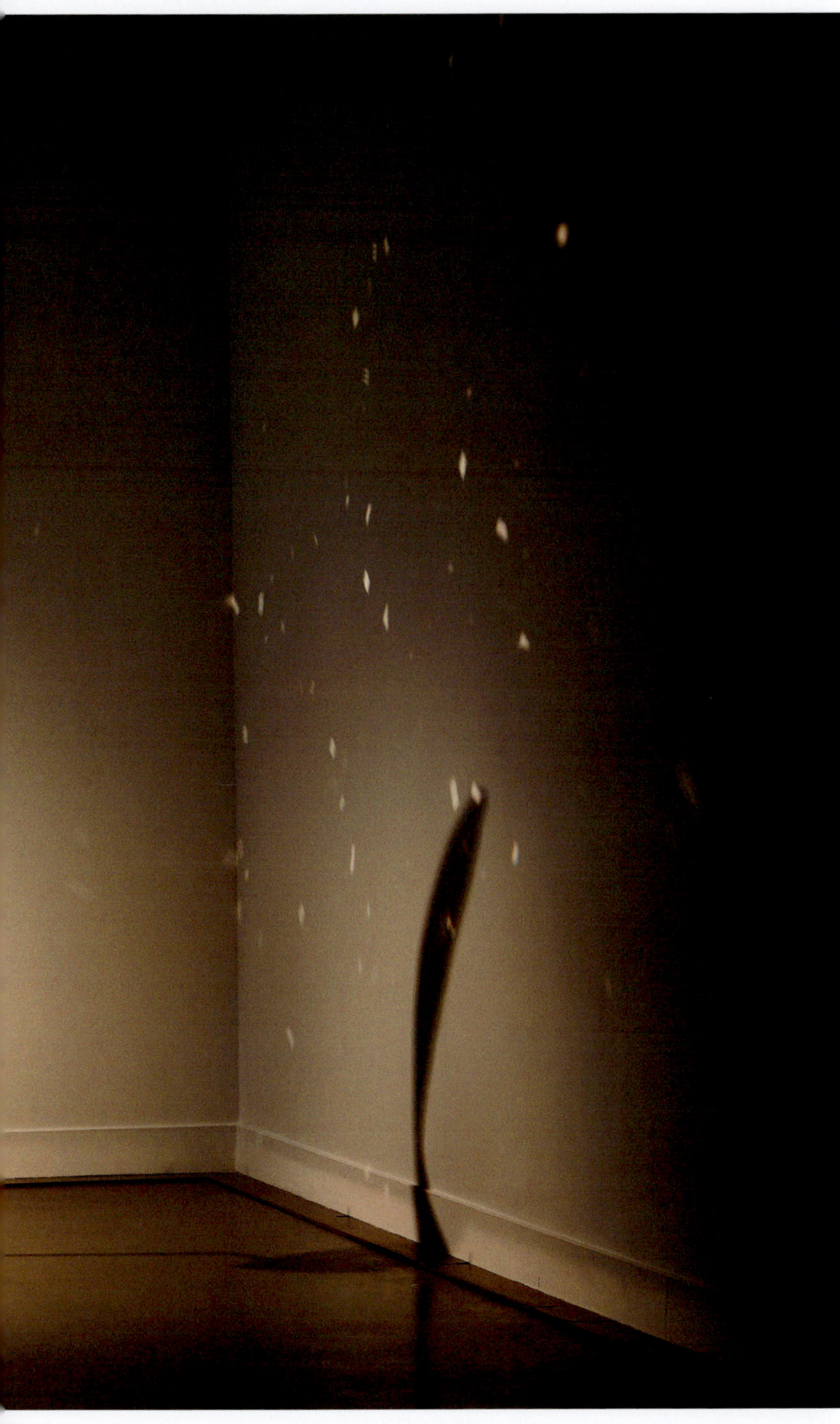

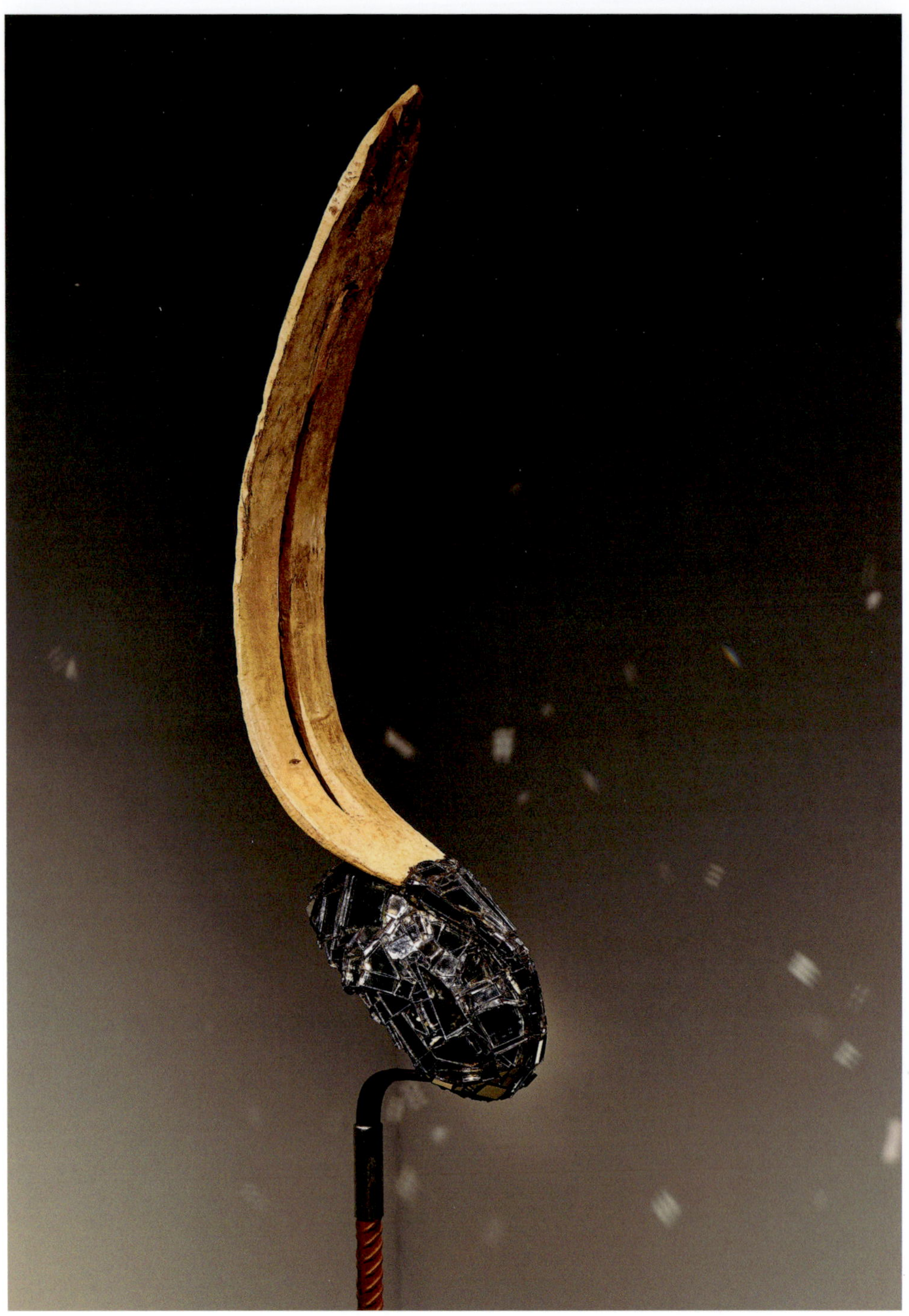

   Mirrors and Masks [*Espejos y máscaras*], 2024. Detalles—Details. Foto—Photo: Laurent Lecat [Cat. 11]

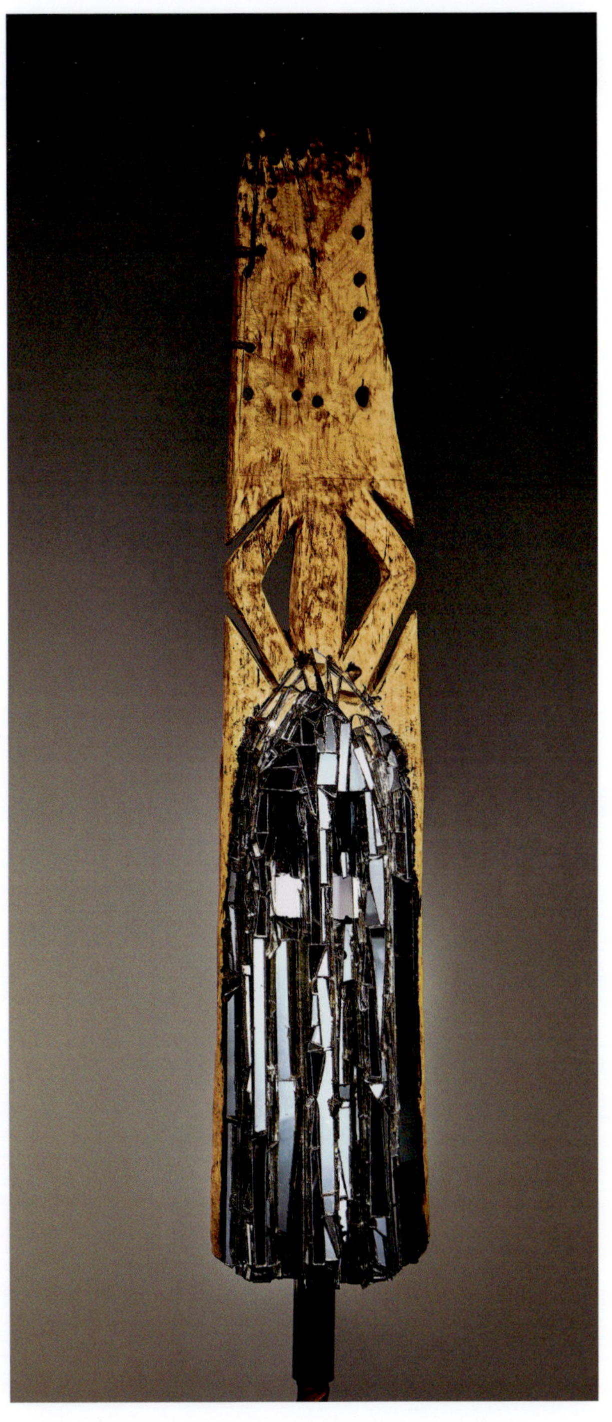

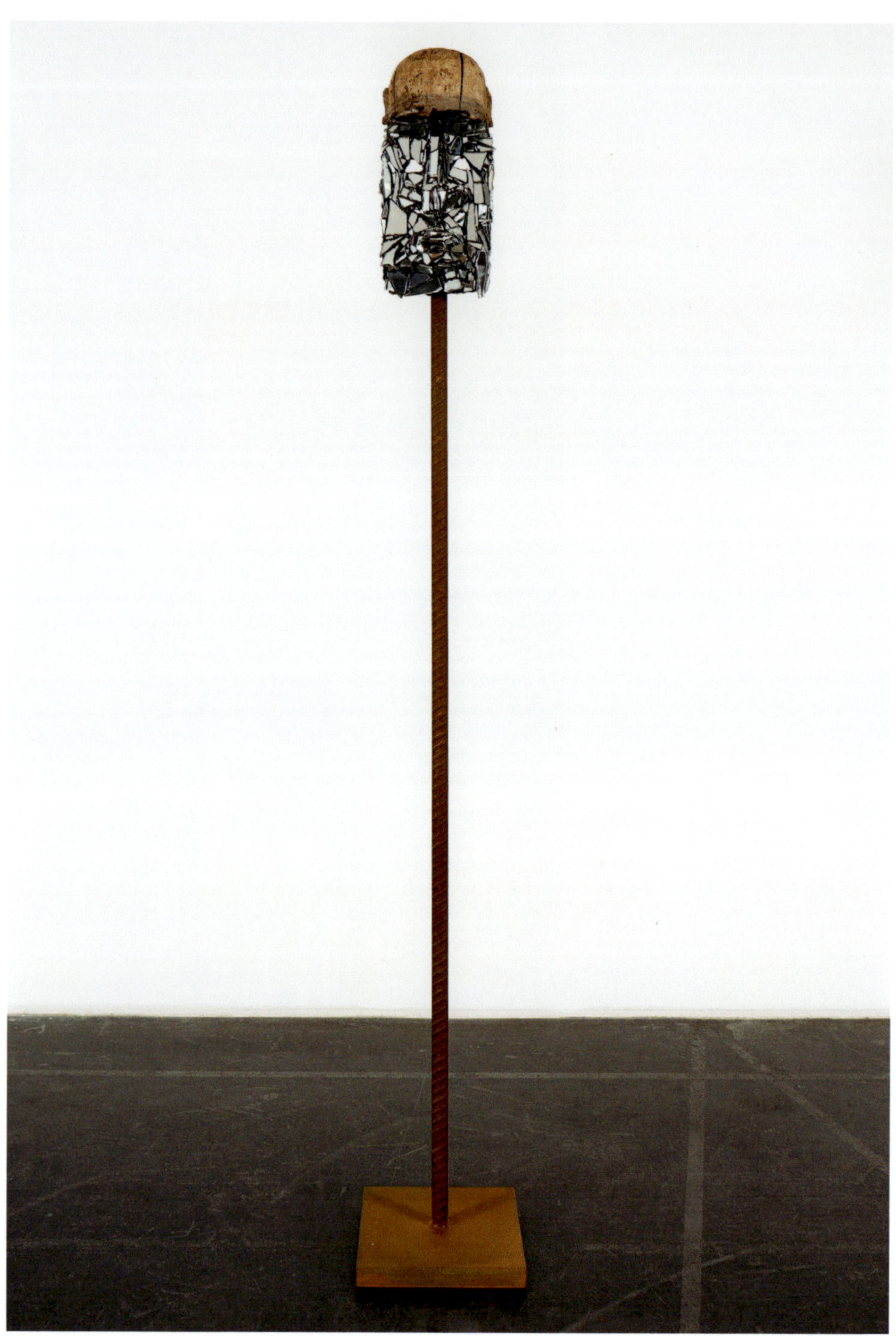

Mirrors and Masks [*Espejos y máscaras*], 2024. Detalles—Details. Foto—Photo: Sascha Hermann.
Cortesía del artista y de—Courtesy of the artist and Galerie Nagel Draxler [Cat. 11]

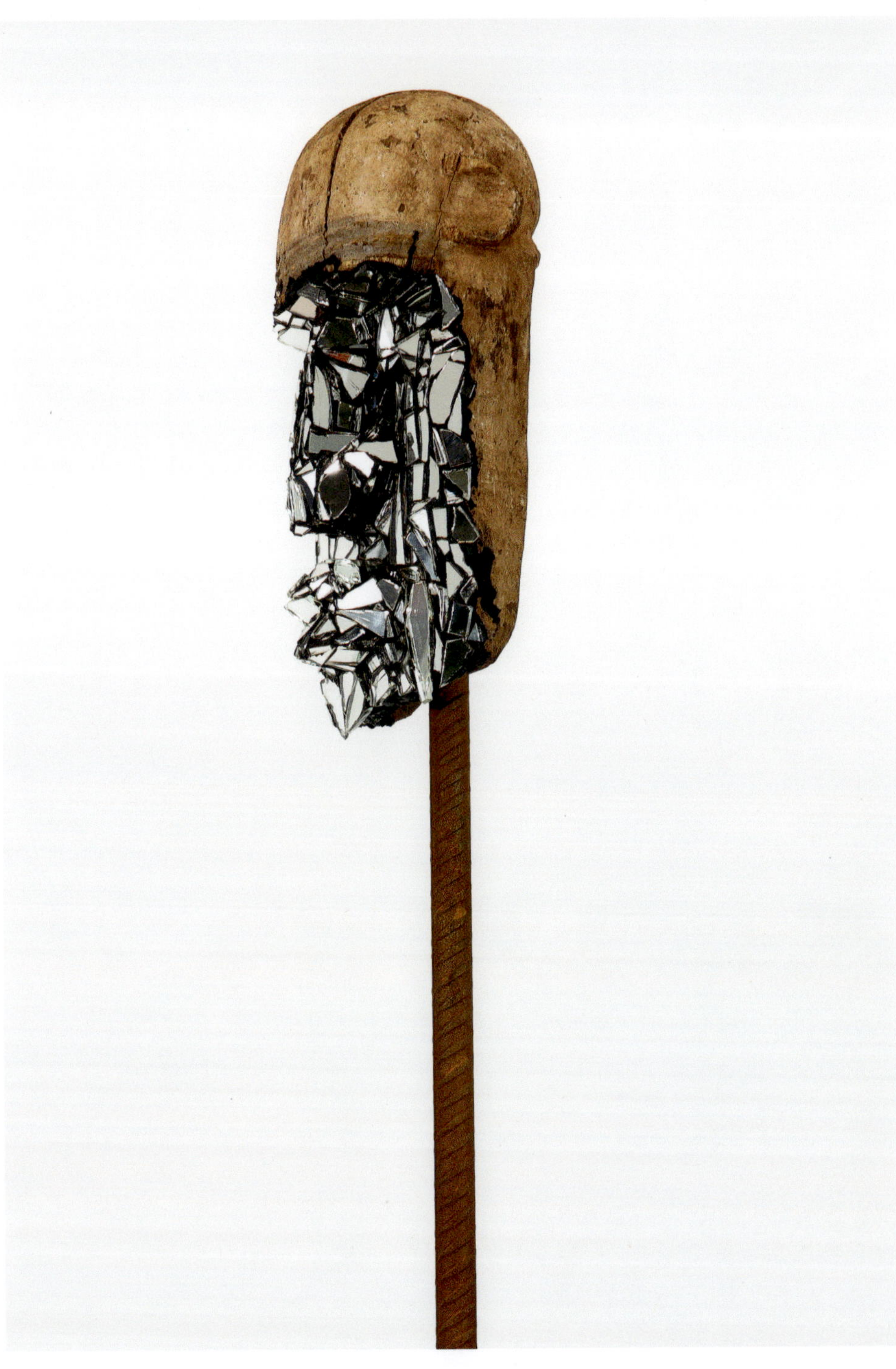

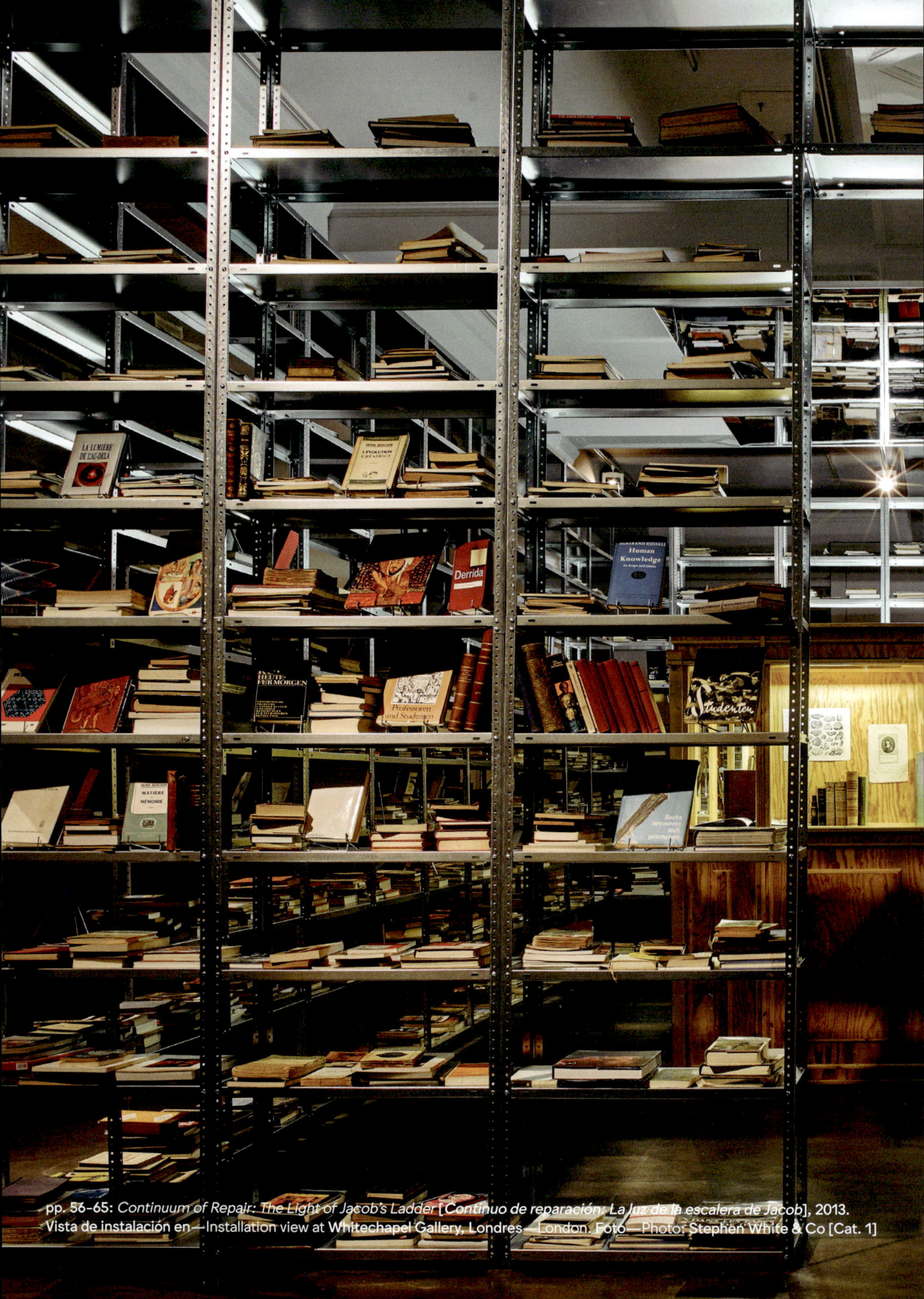

pp. 56–65: *Continuum of Repair: The Light of Jacob's Ladder* [*Continuo de reparación: La luz de la escalera de Jacob*], 2013.
Vista de instalación en —Installation view at Whitechapel Gallery, Londres —London. Foto —Photo: Stephen White & Co [Cat. 1]

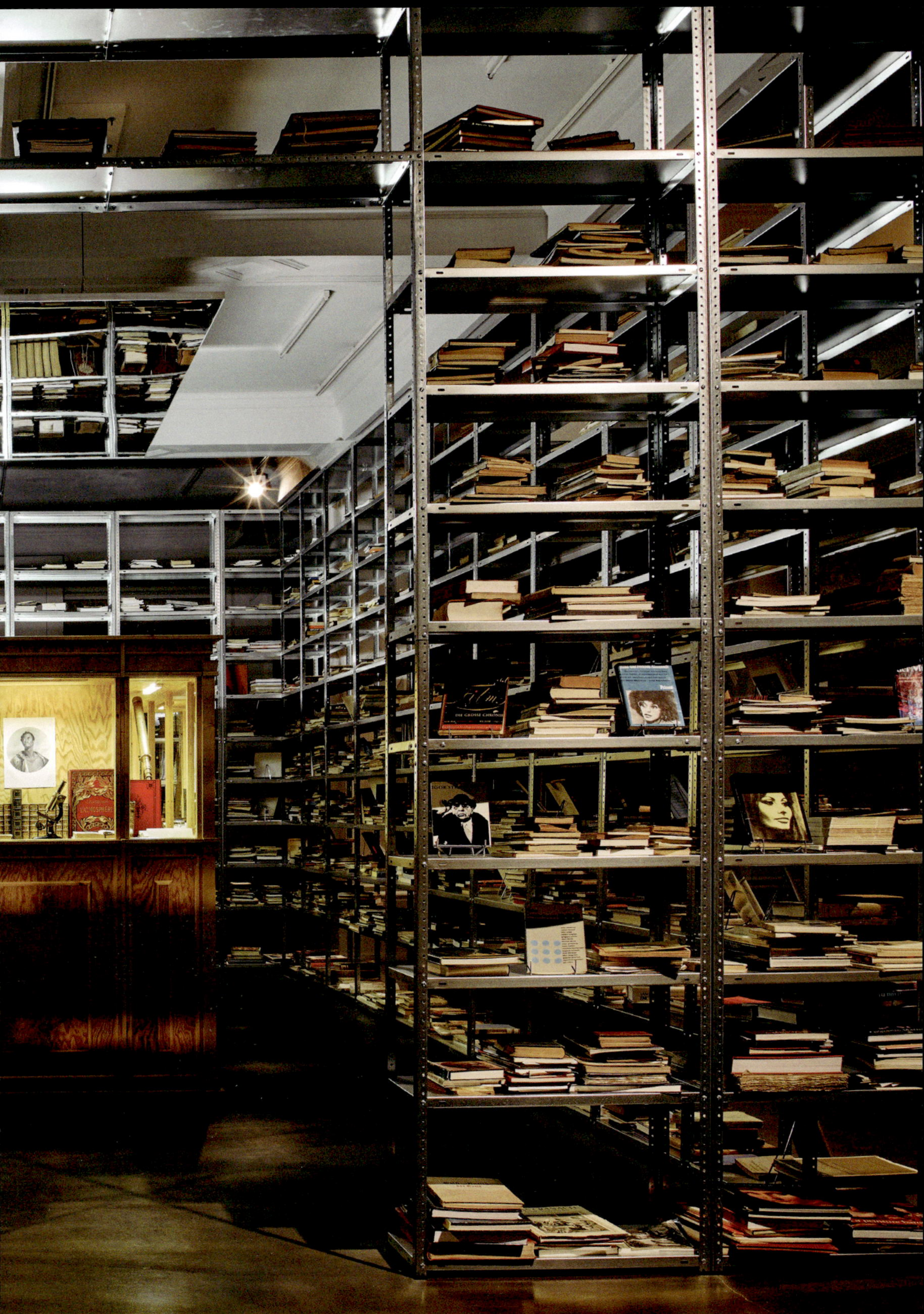

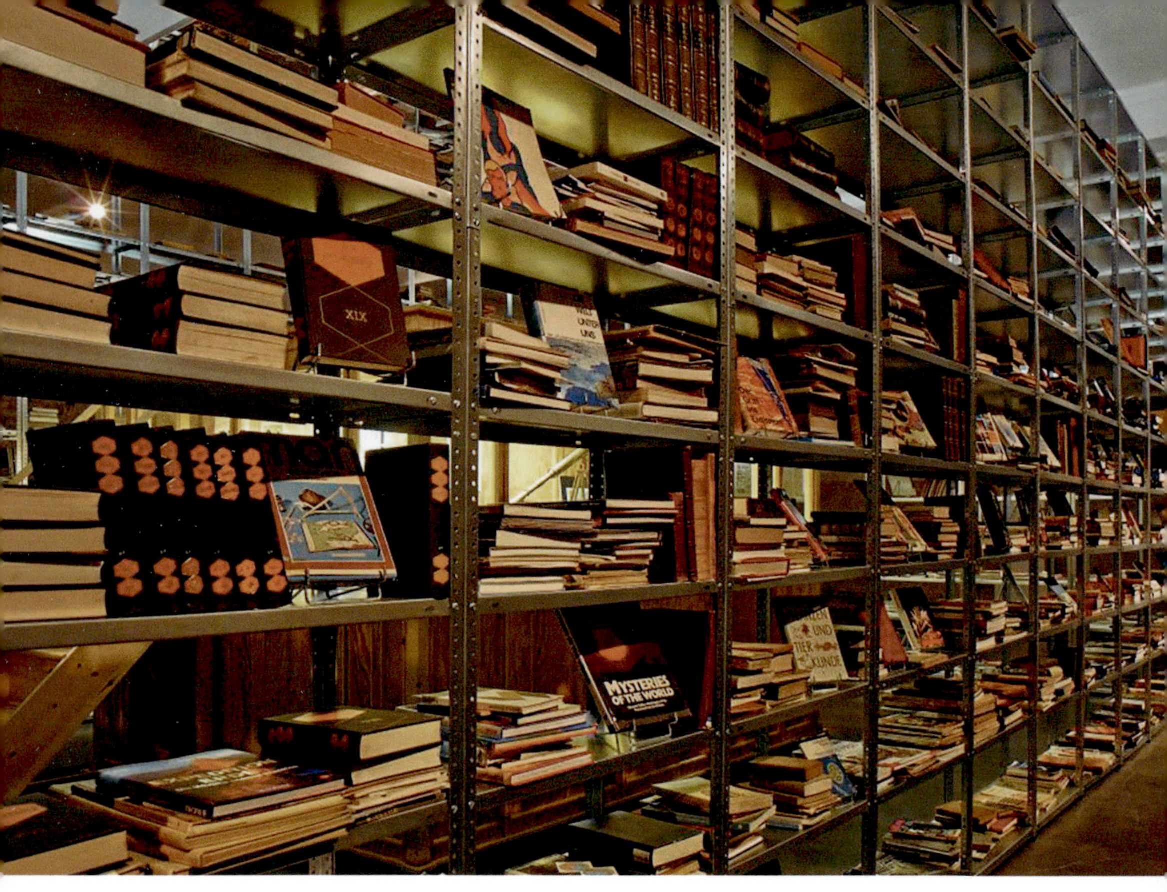

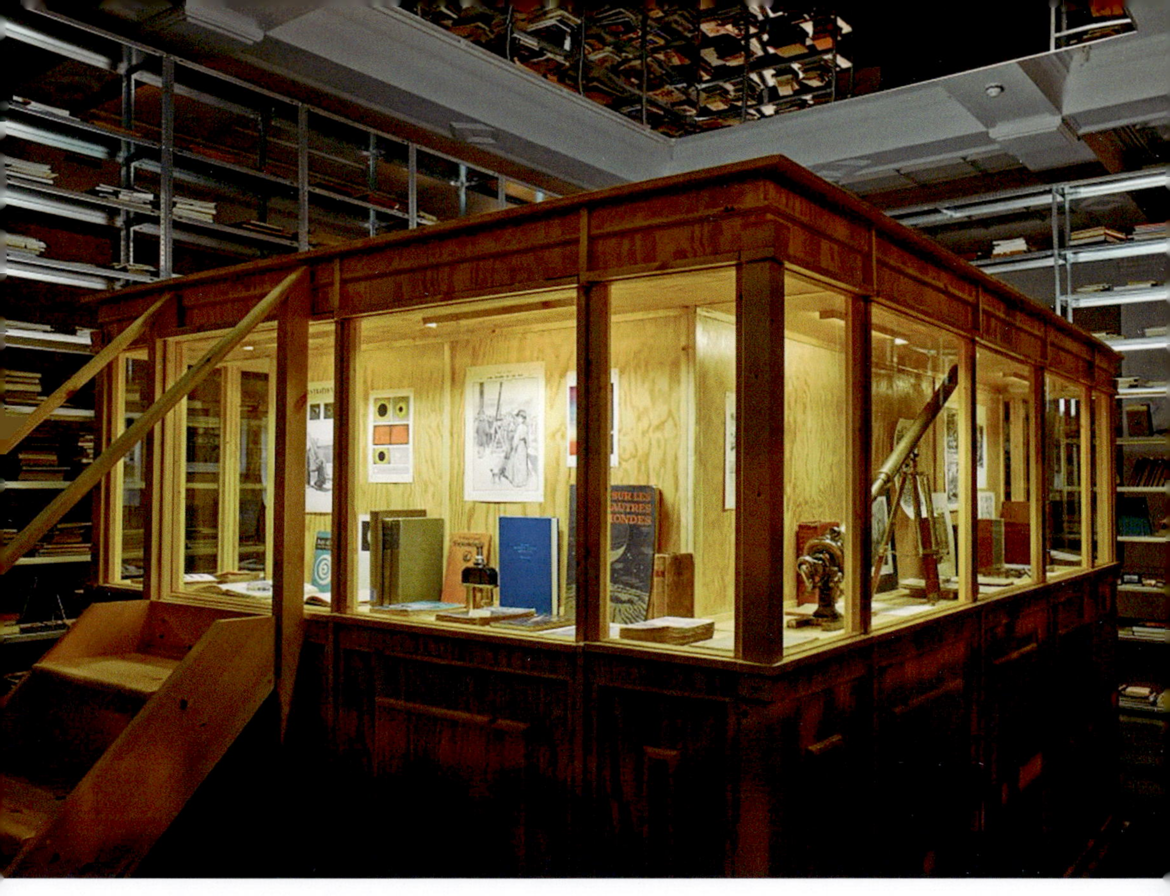

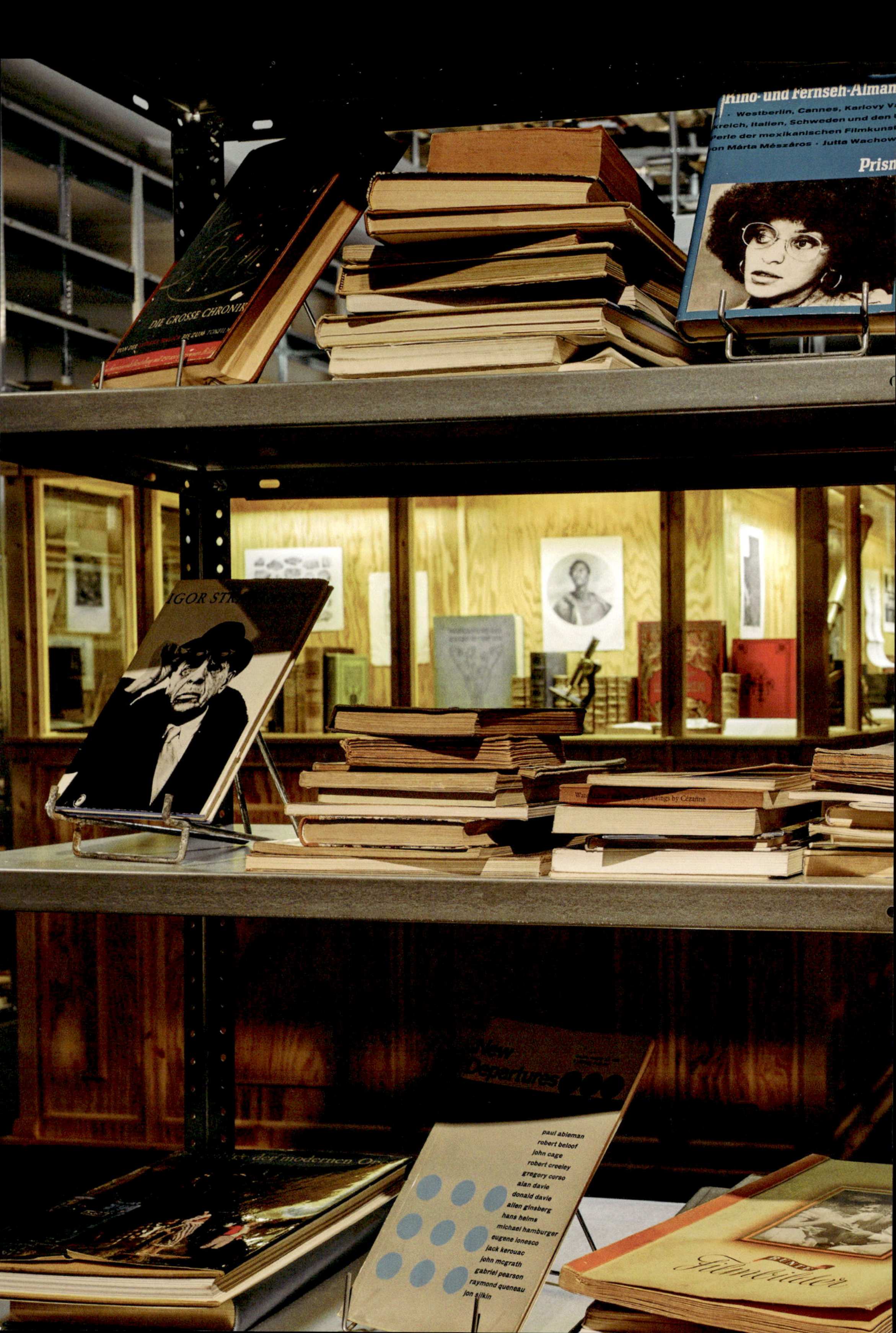
Kino- und Fernseh-Alman
· Westberlin, Cannes, Karlovy V
kreich, Italien, Schweden und den
Perle der mexikanischen Filmkunst
on Márta Mészáros · Jutta Wachow
Prism
DIE GROSSE CHRONIK
IGOR STRA
Drawings by Cézanne
New
Departures
der modernen Or
paul ableman
robert beloof
john cage
robert creeley
gregory corso
alan davie
donald davie
allen ginsberg
hans helms
michael hamburger
eugene ionesco
jack kerouac
john mcgrath
gabriel pearson
raymond queneau
jon silkin
Filmbilder

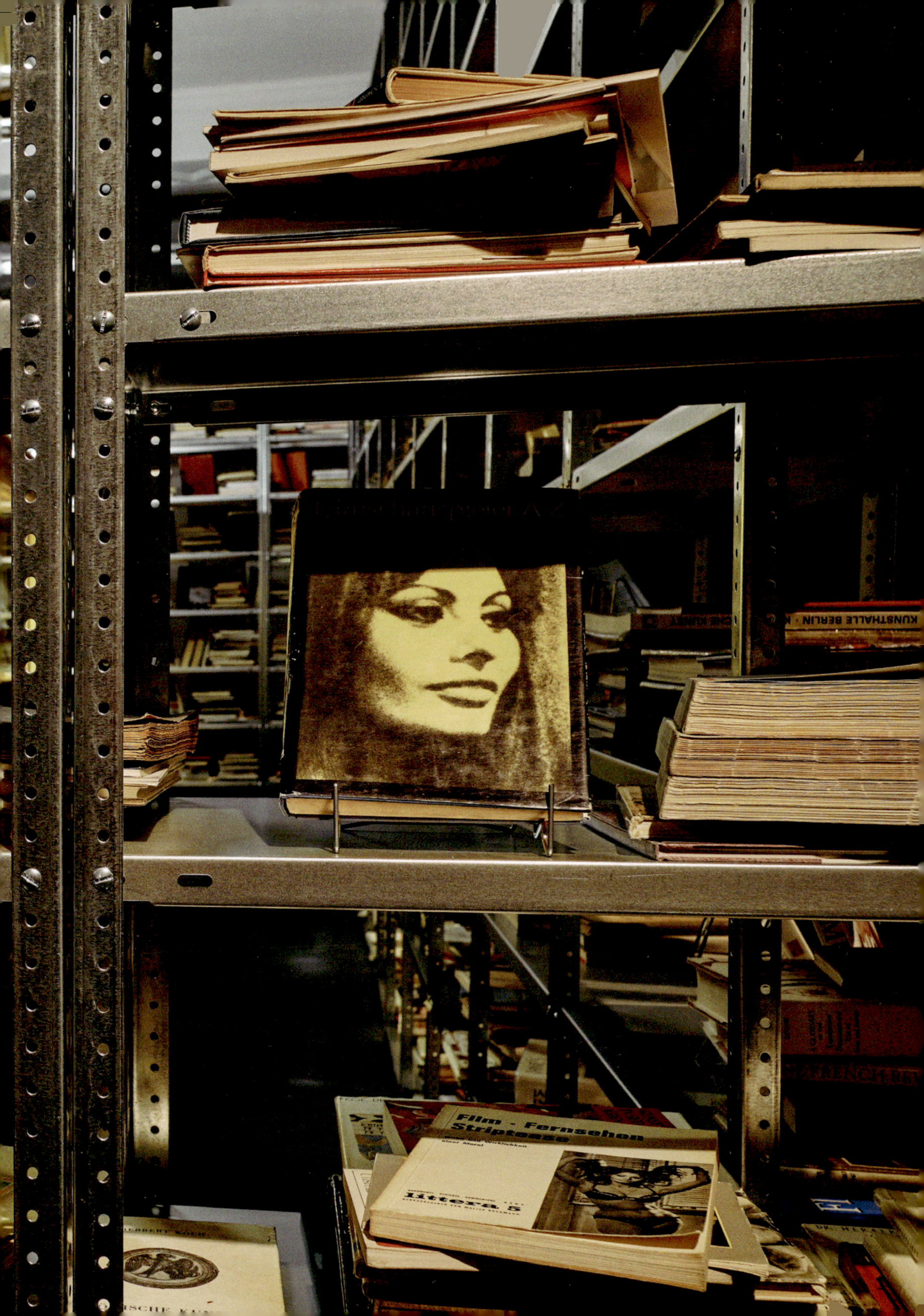

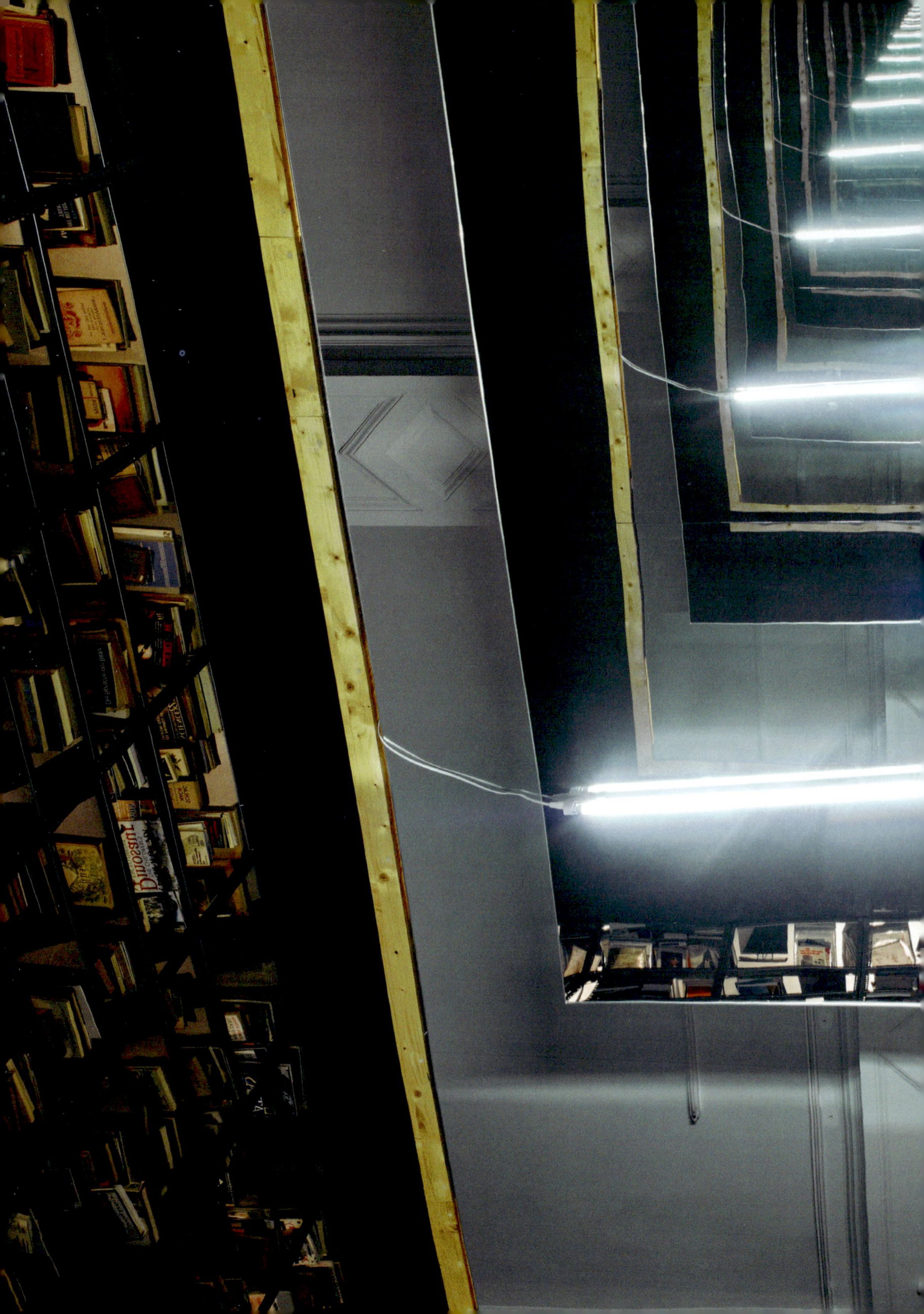

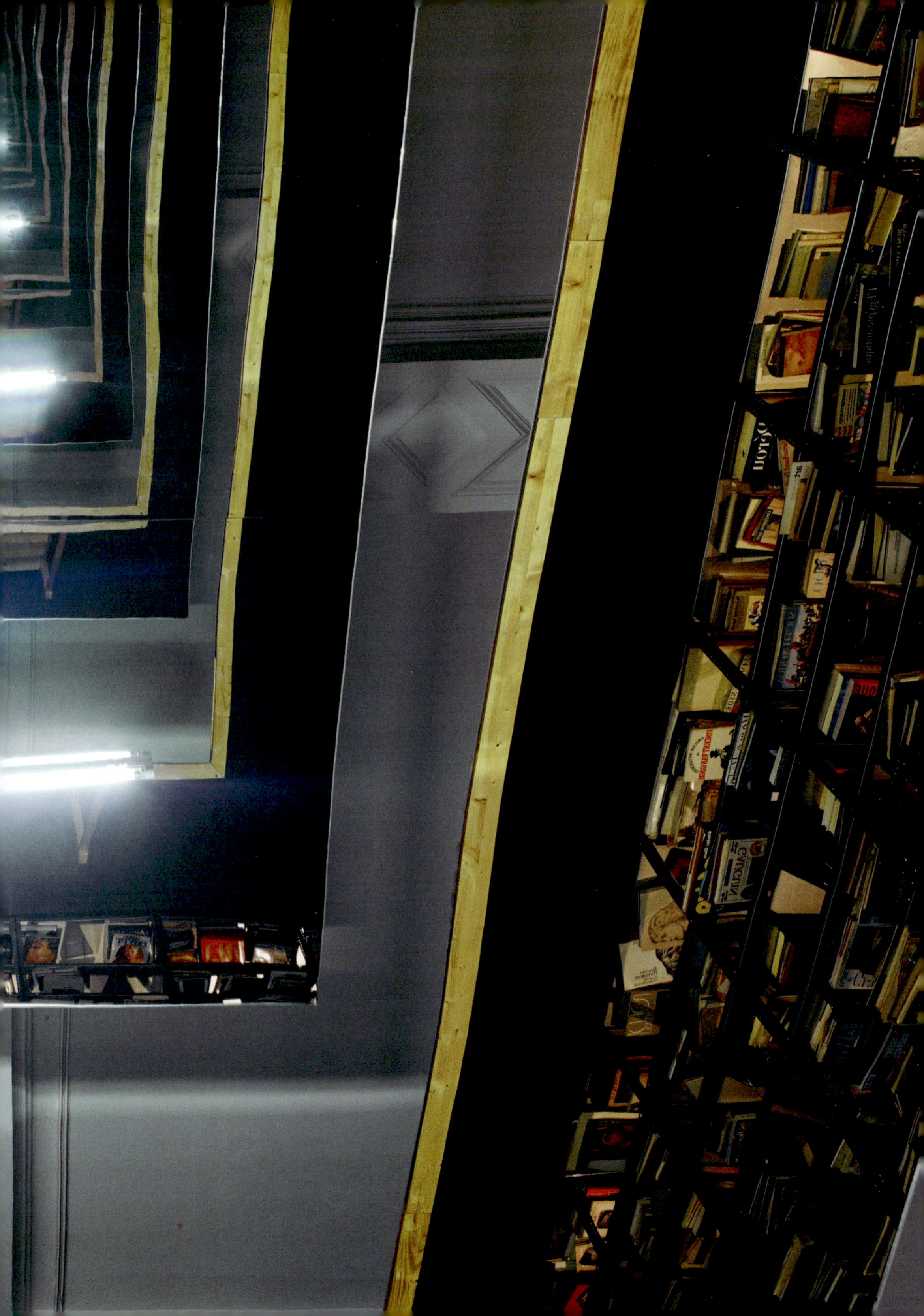

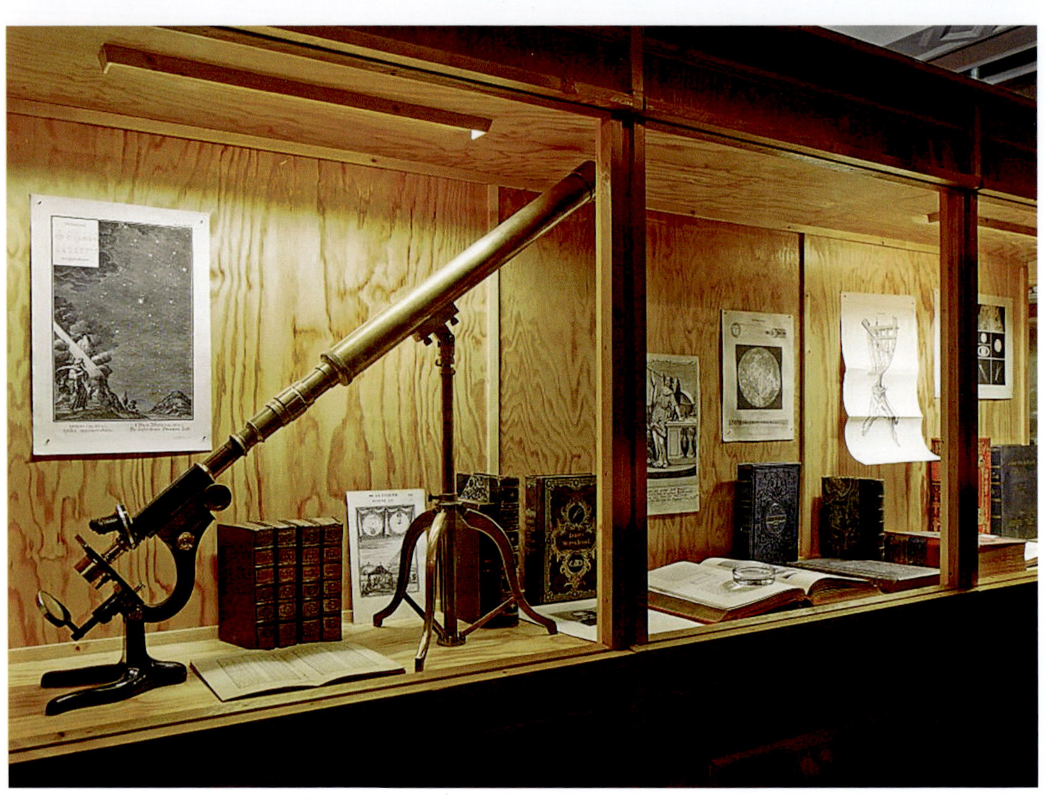

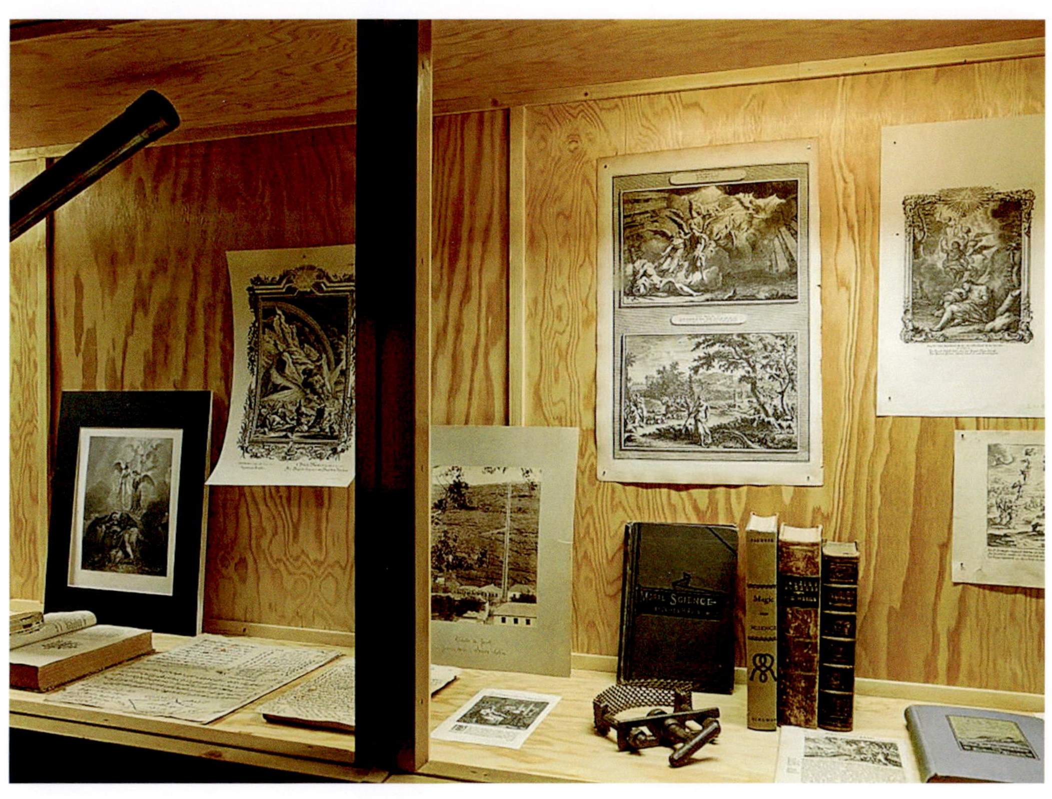

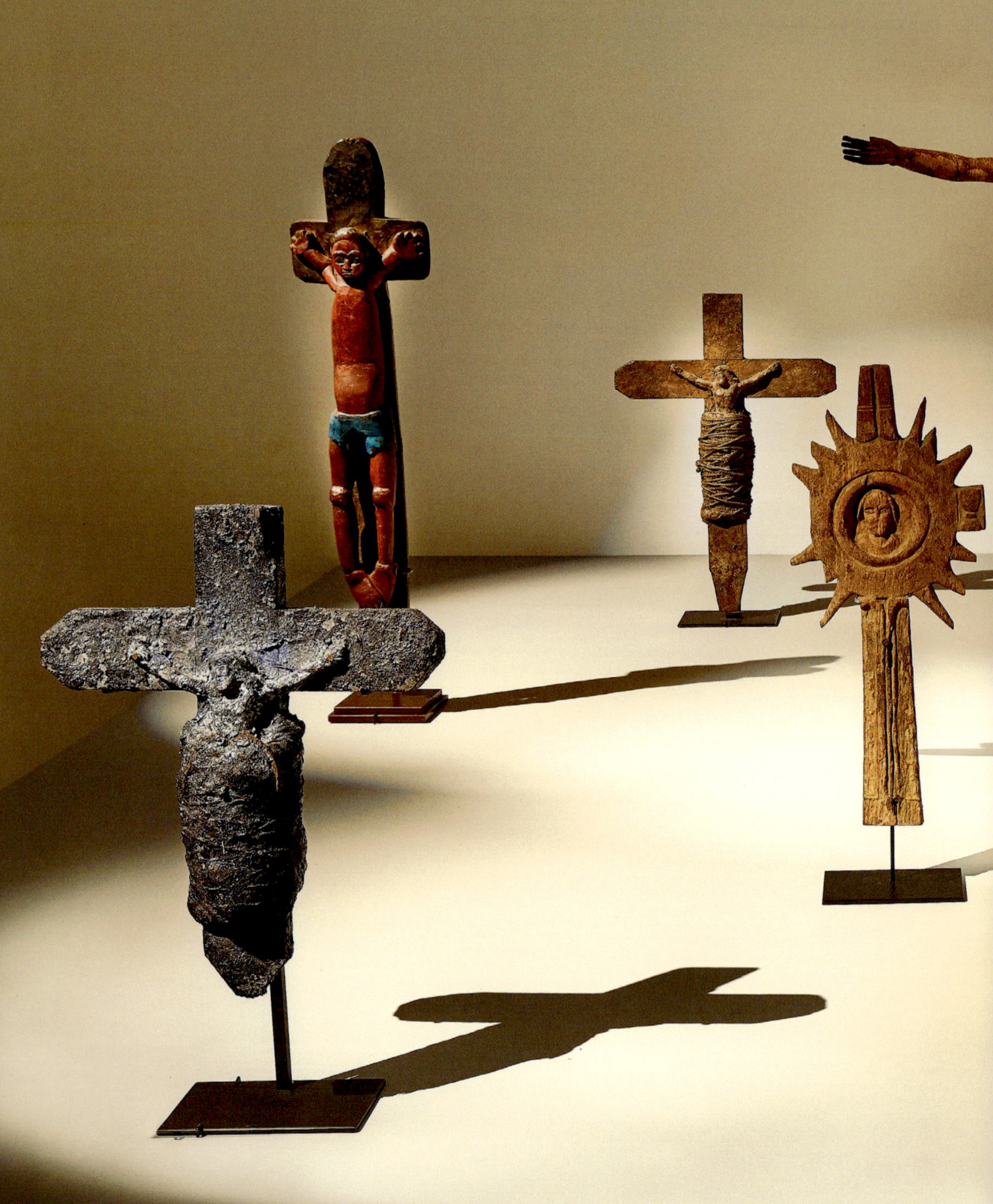

Untitled [*Sin título*], 2022. Vista de instalación en—Installation view at MO.CO., Montpellier.
Foto—Photo: Laurent Lecat [Cat. 8]

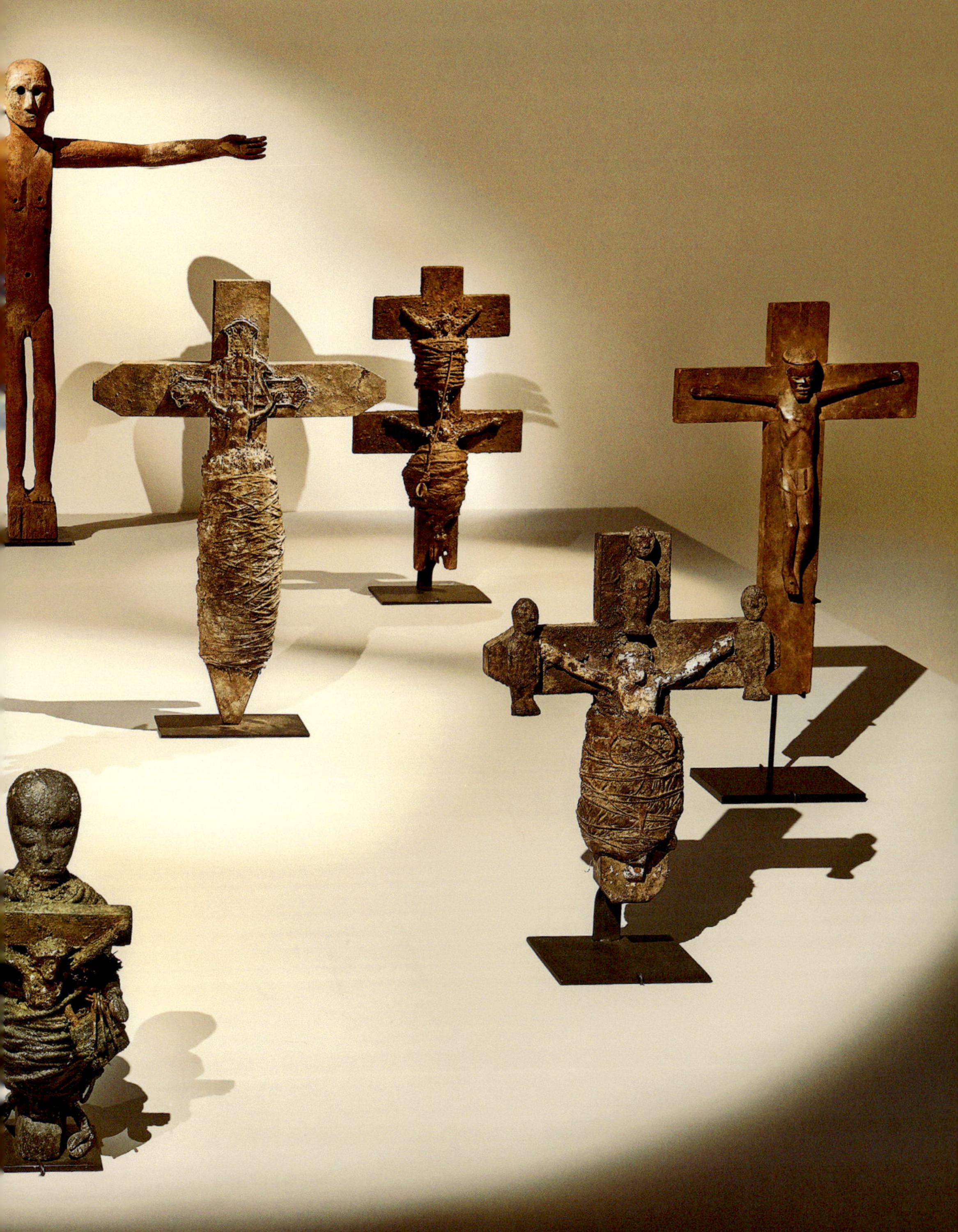

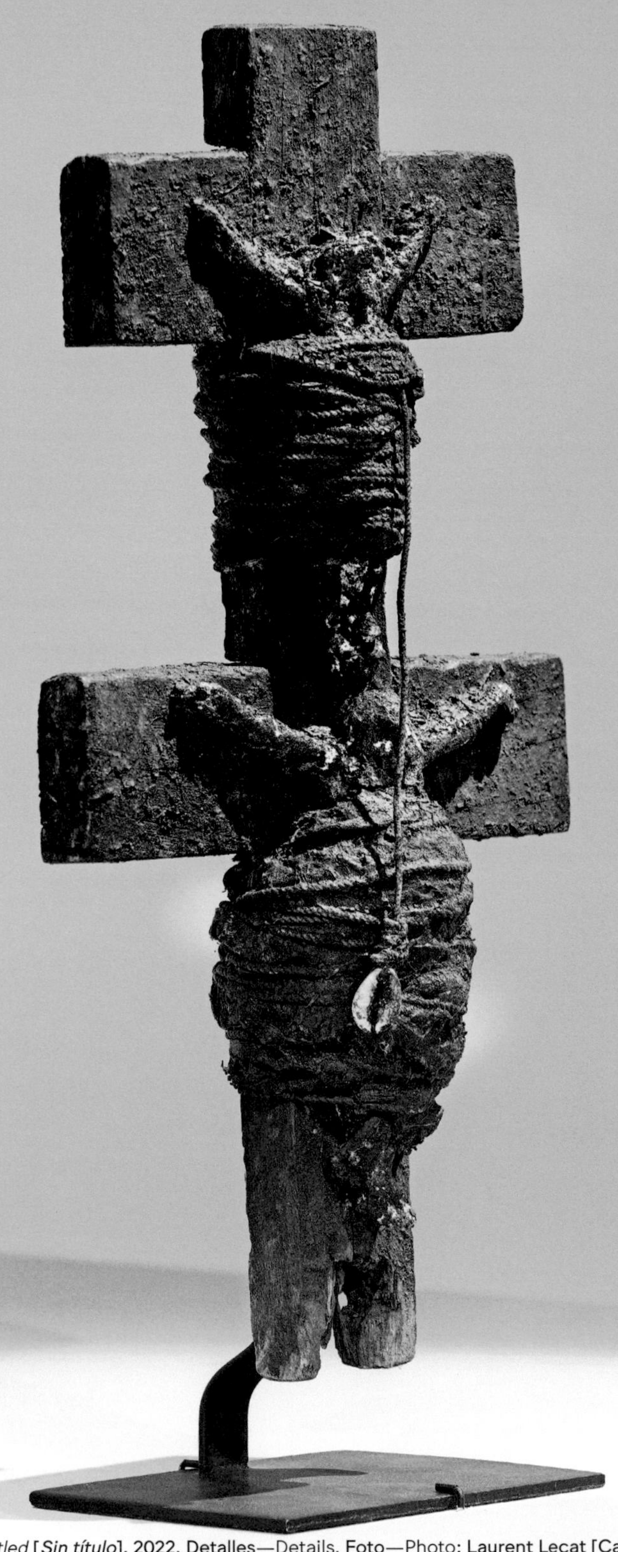

pp. 64–75: *Untitled* [*Sin título*], 2022. Detalles—Details. Foto—Photo: Laurent Lecat [Cat. 8]

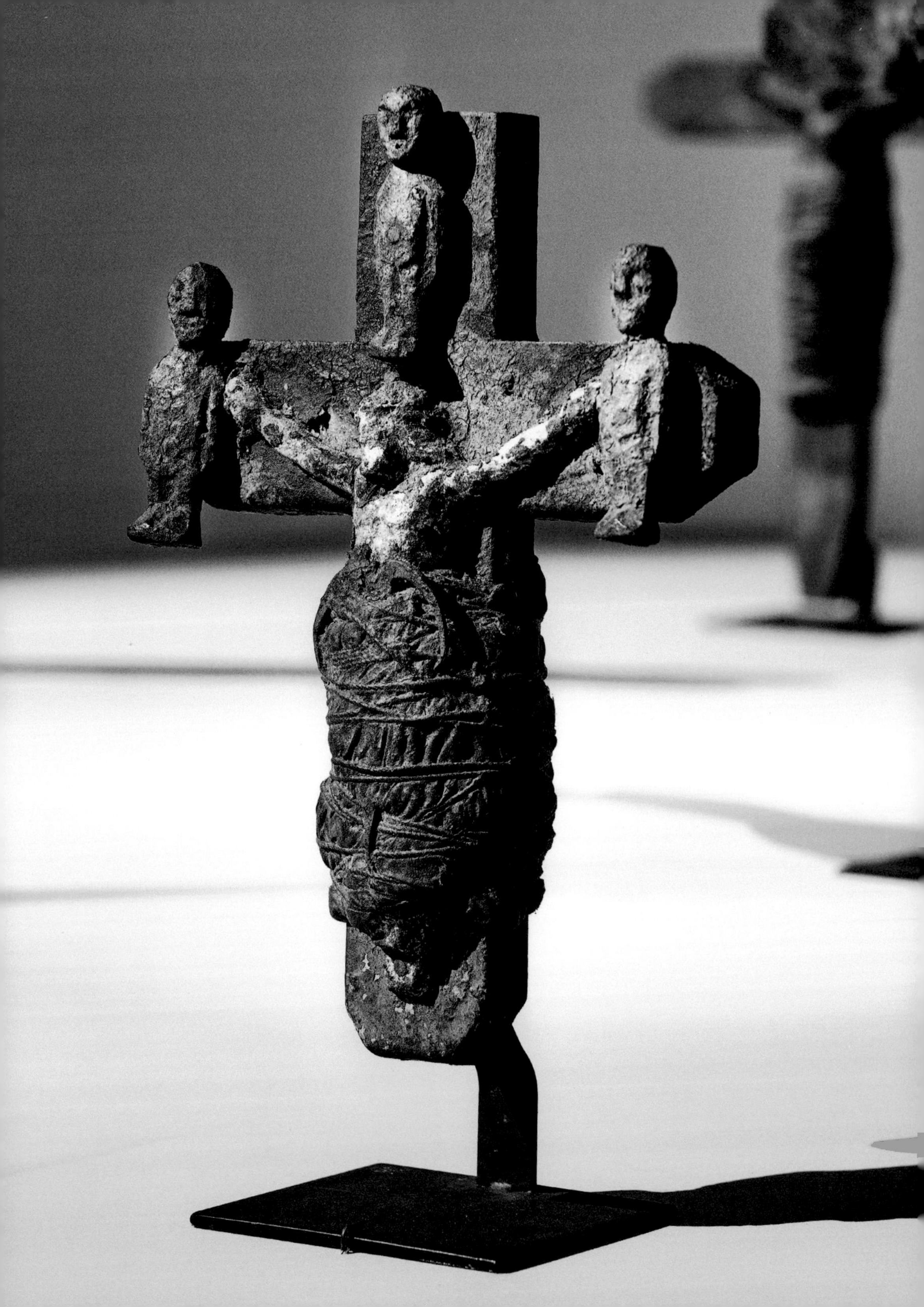

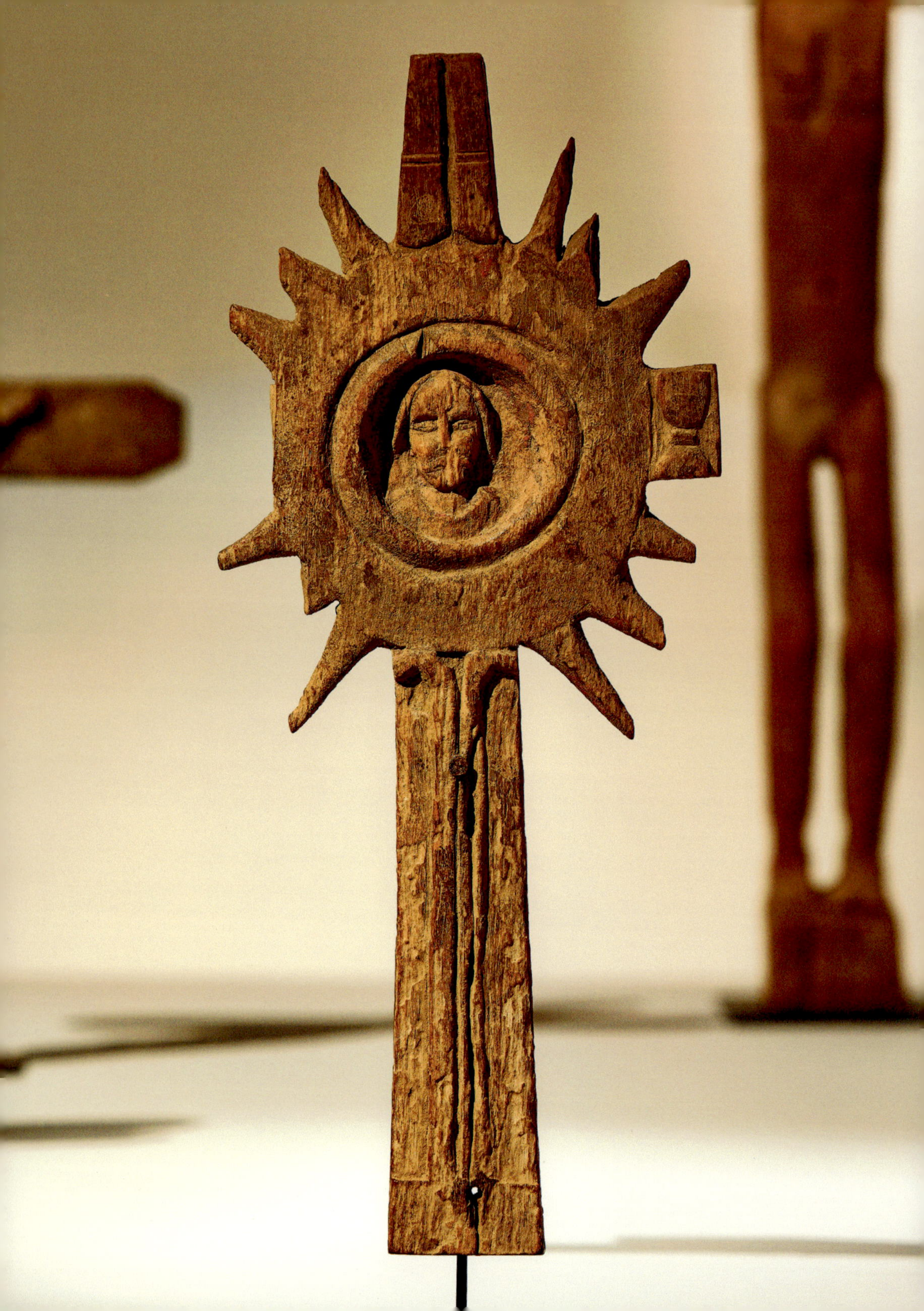

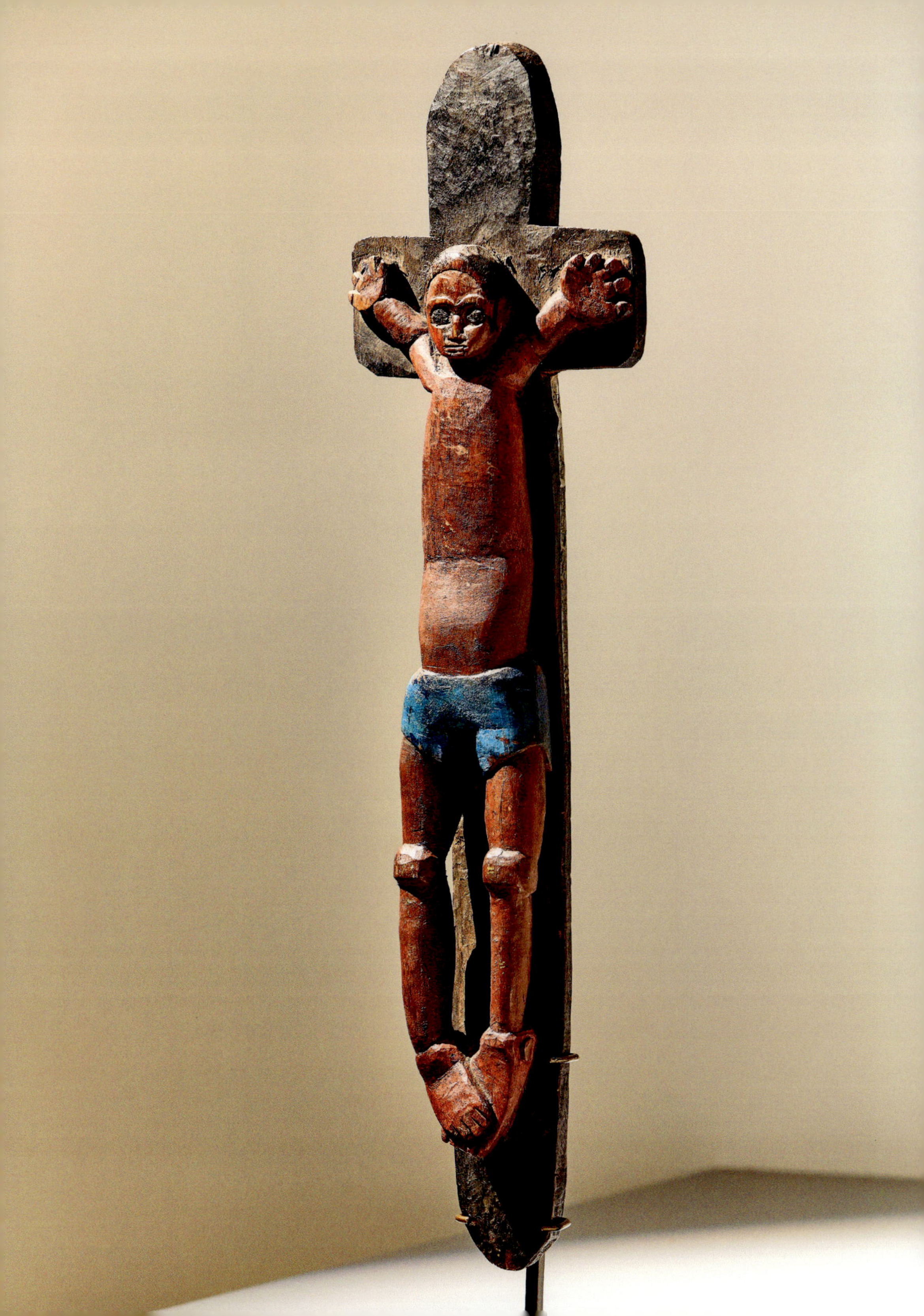

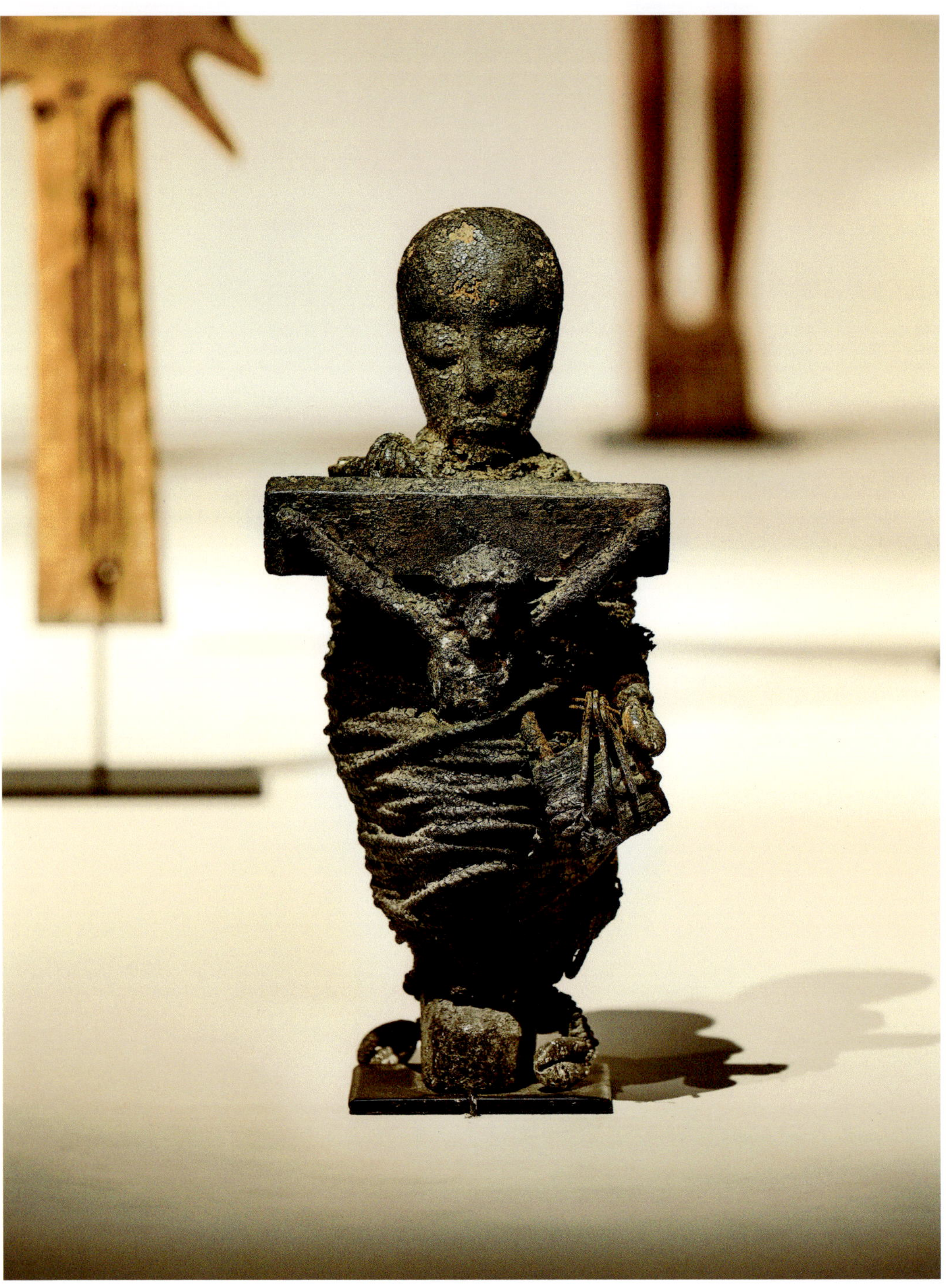

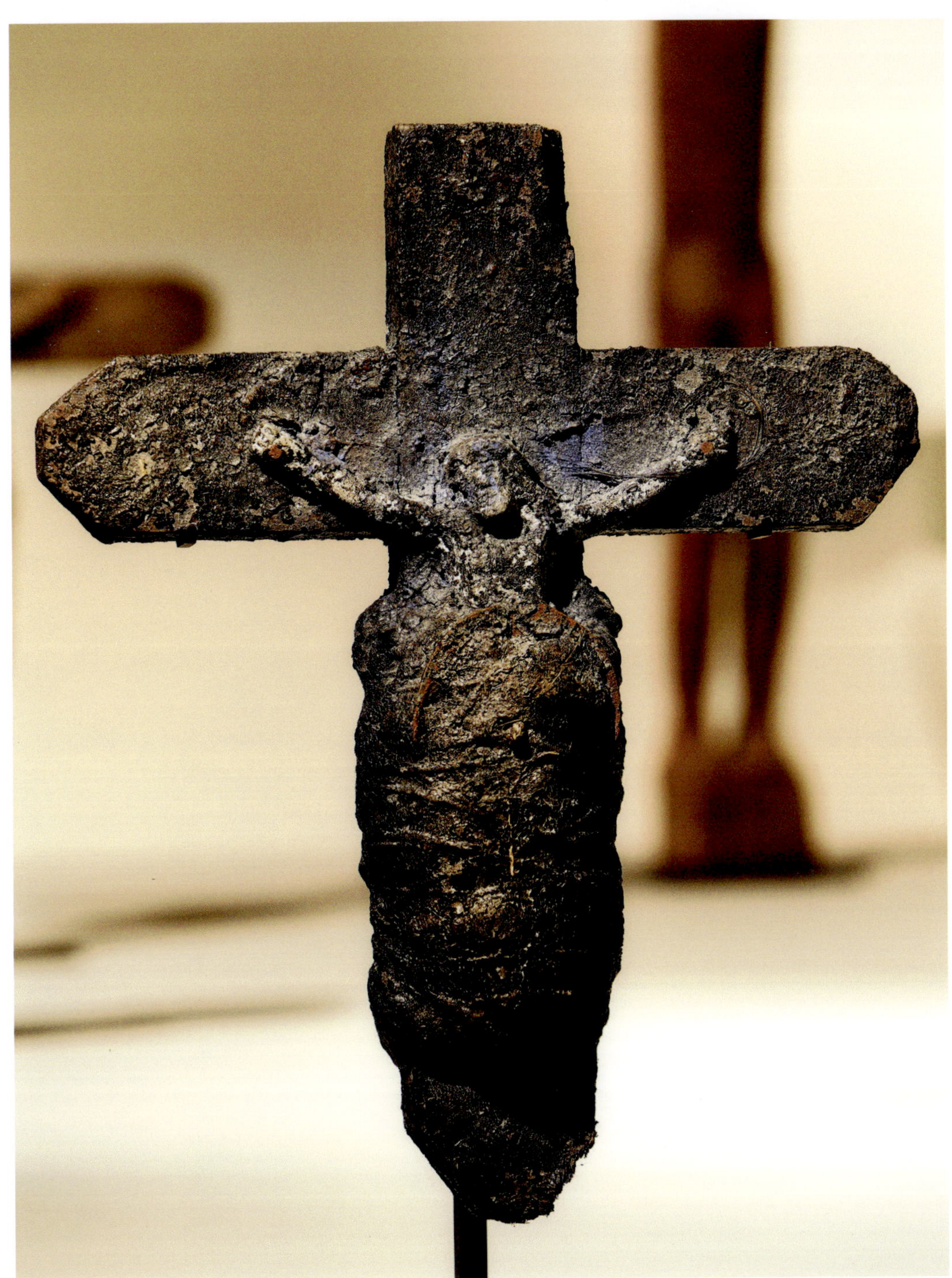

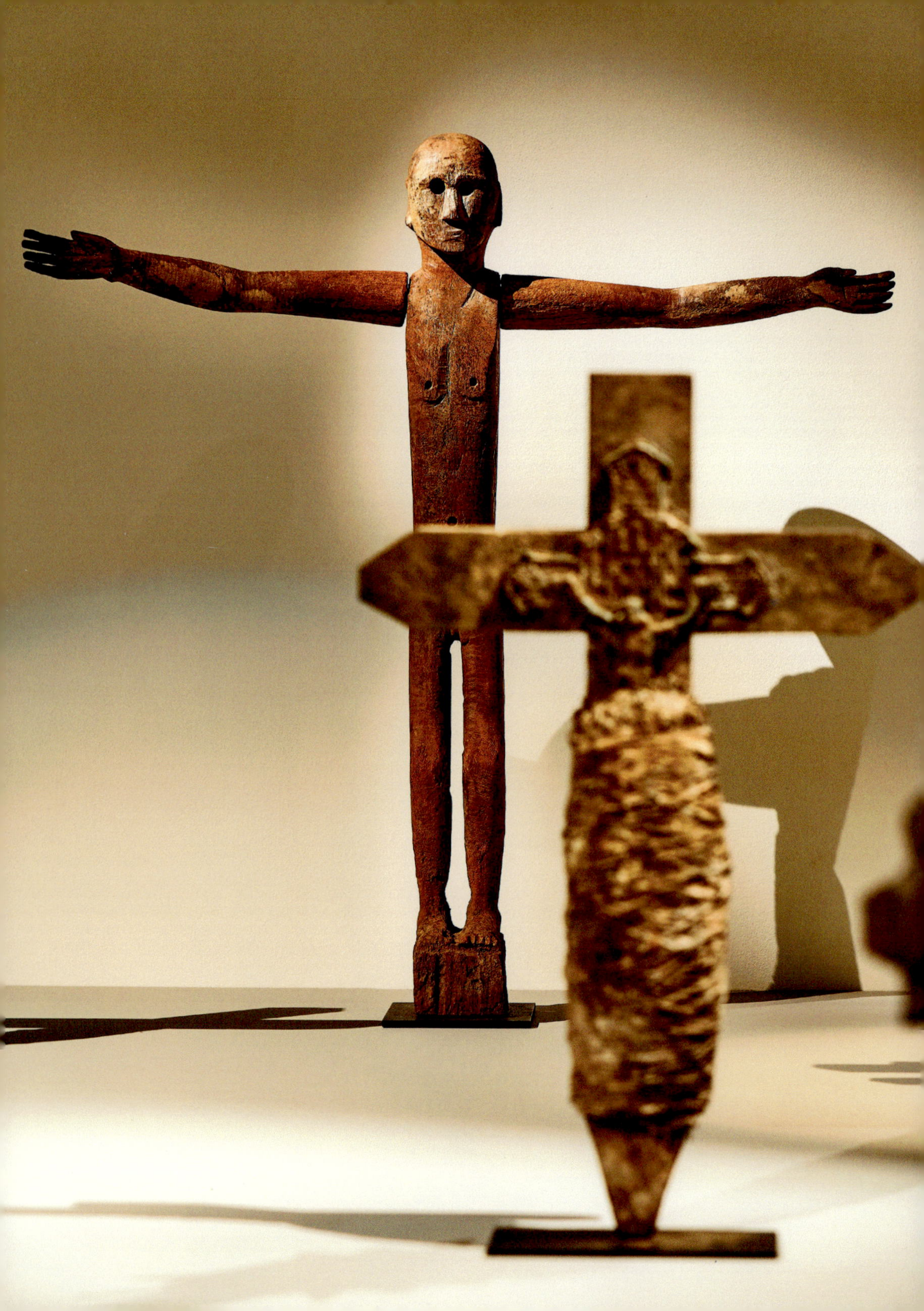

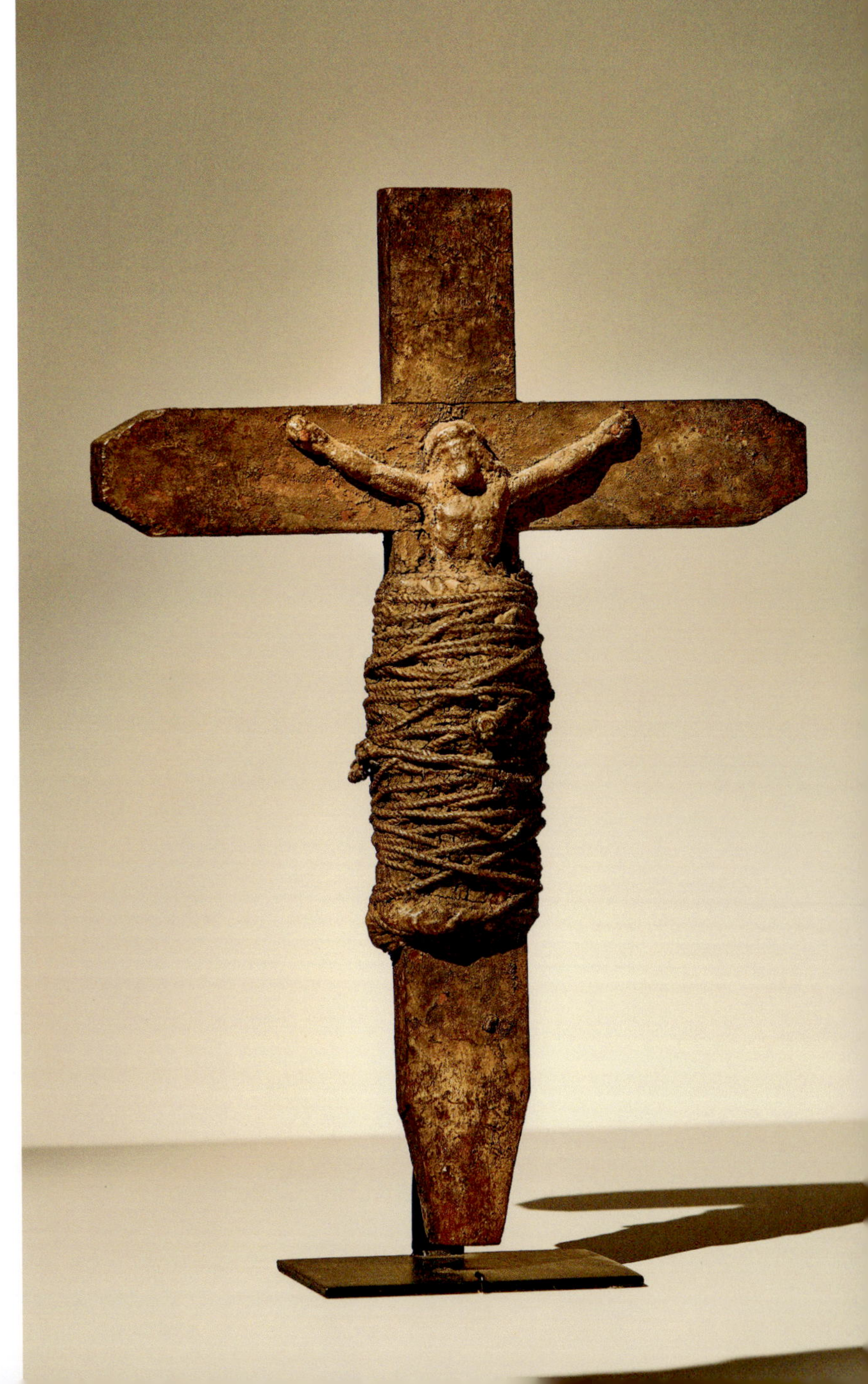

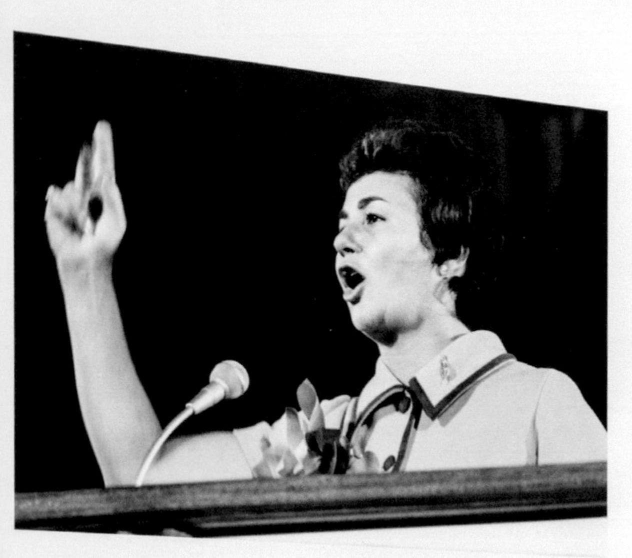

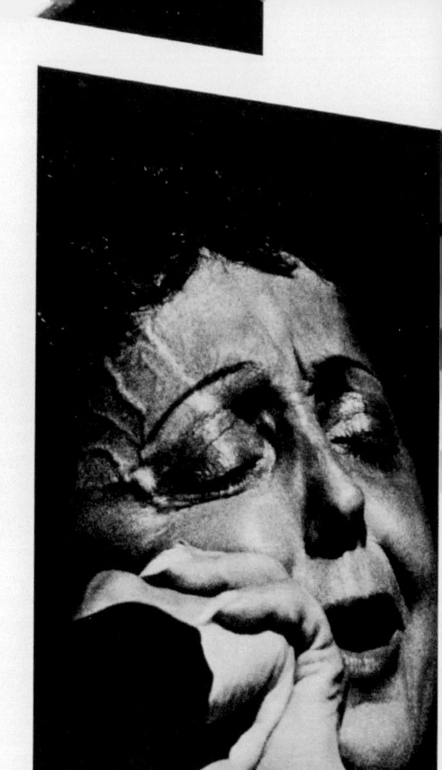

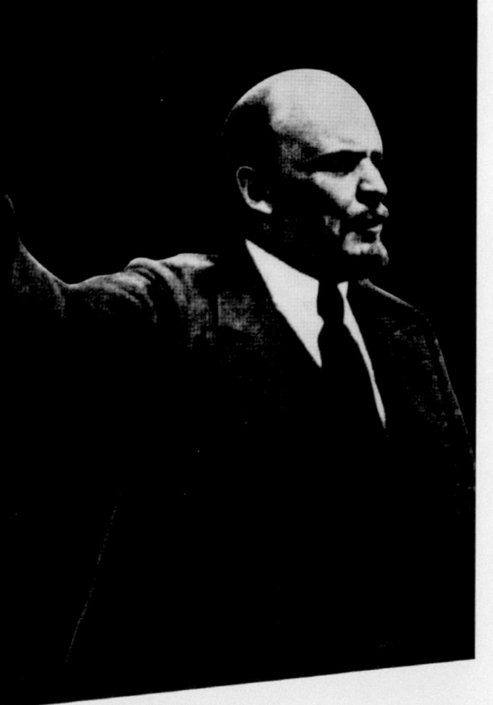

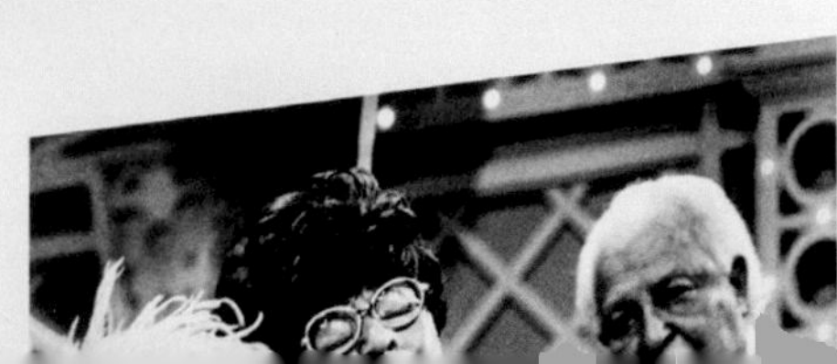

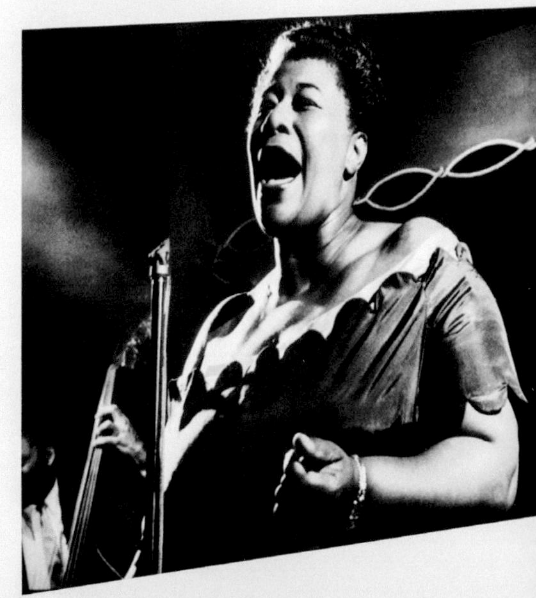

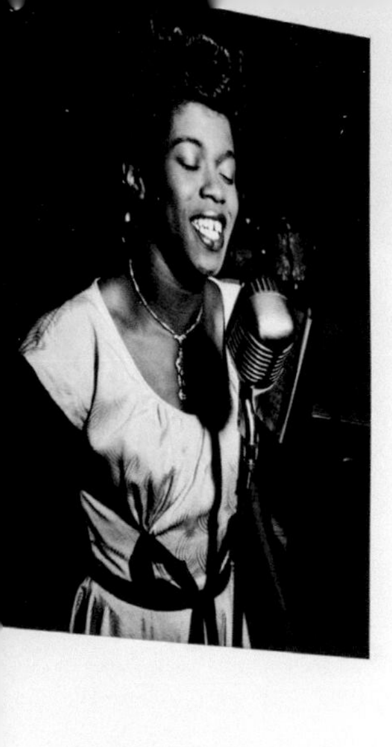
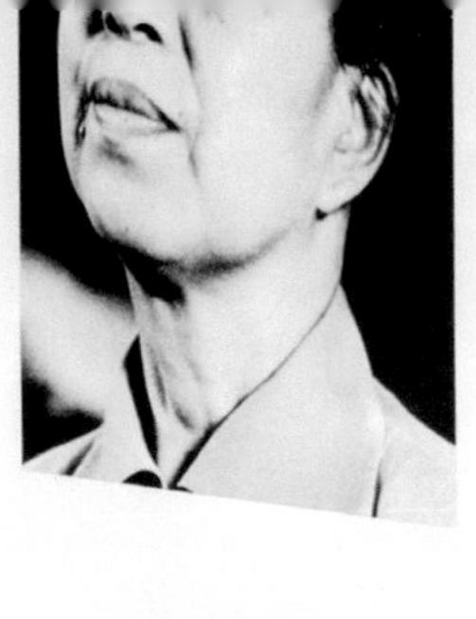
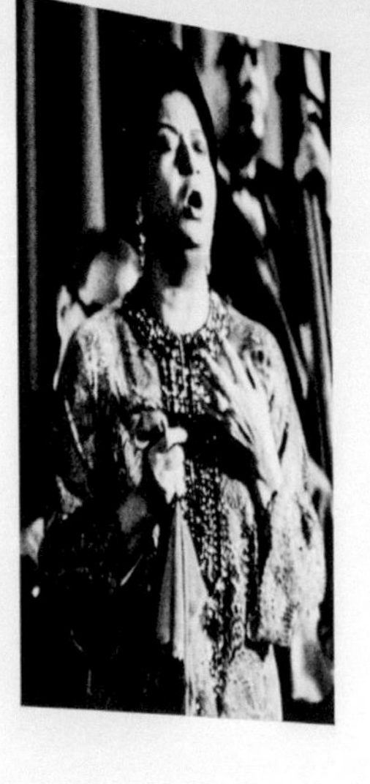
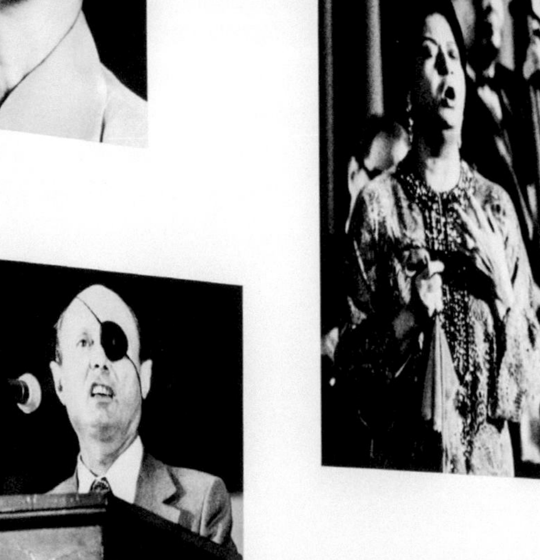
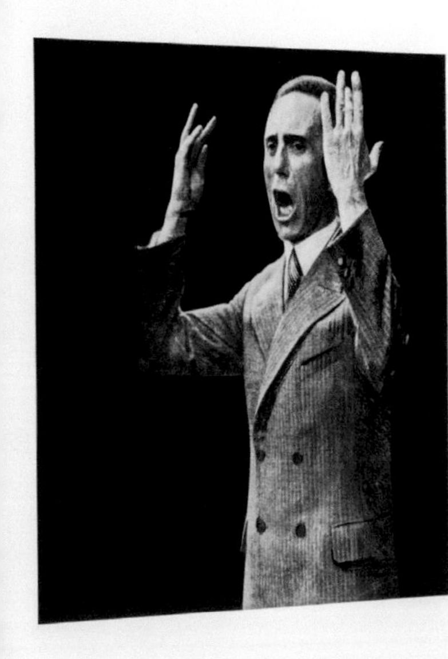
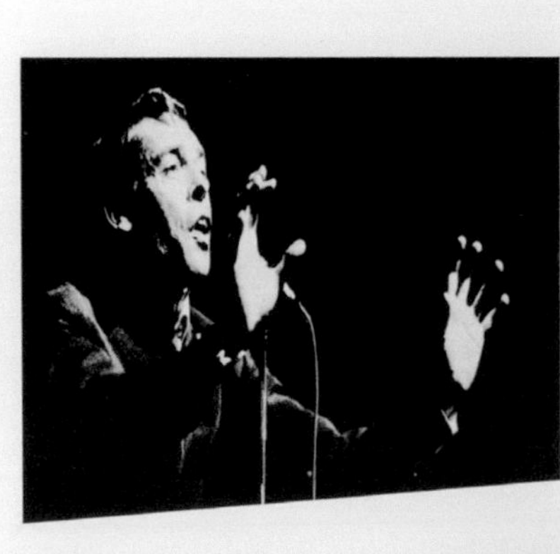
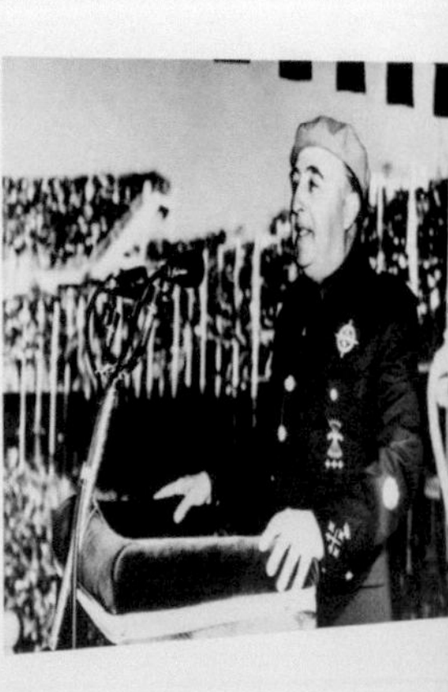
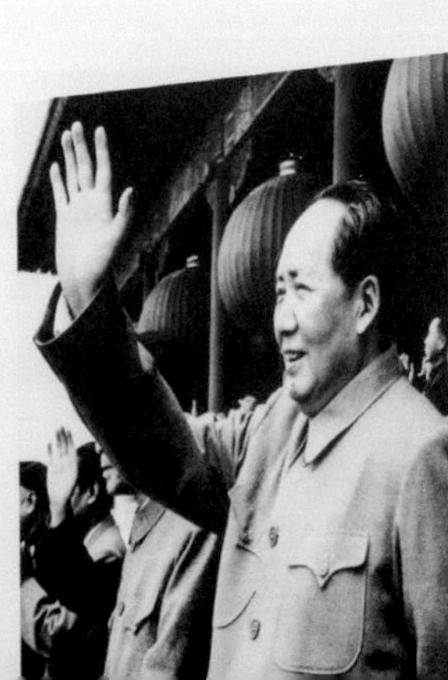
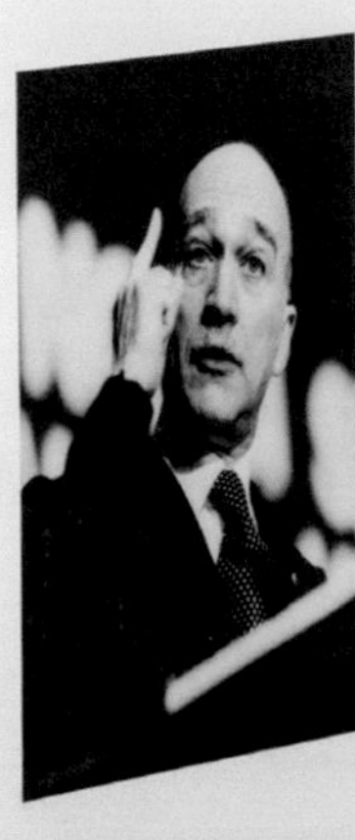
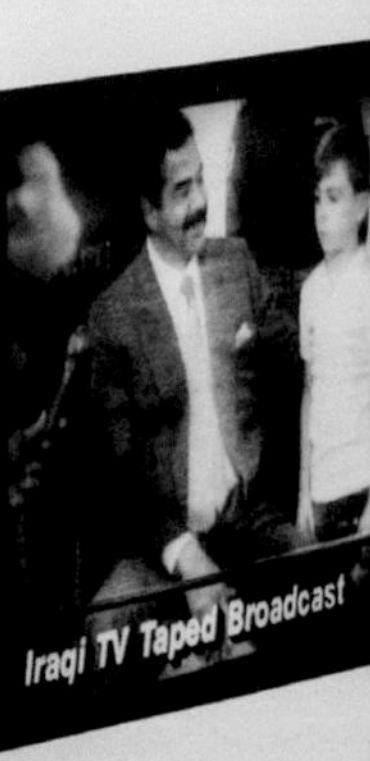
Iraqi TV Taped Broadcast

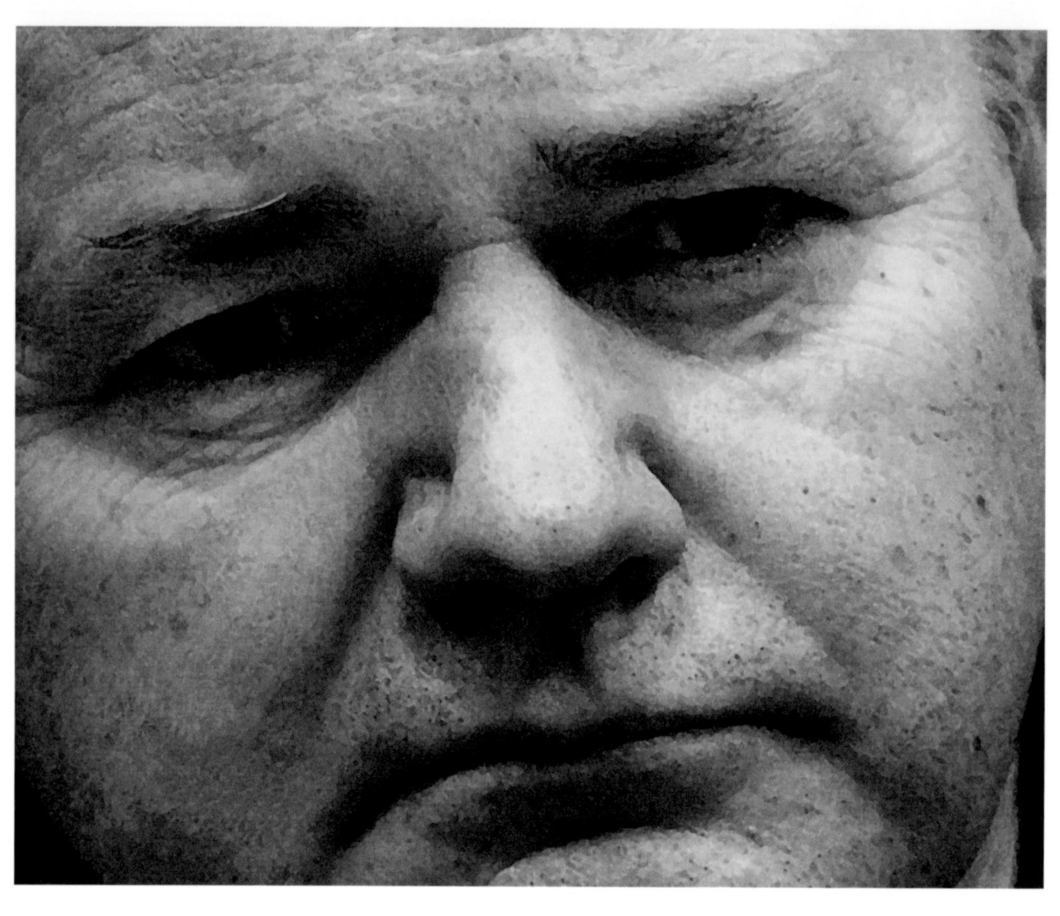

pp. 76-77: *The Field of Emotion* [*El ámbito de la emoción*], 2018. Vista de instalación en—Installation view at The Hayward Gallery, Londres—London. Foto—Photo: Thierry Bal [Cat. 4]

pp. 78-87: *The Field of Emotion* [*El ámbito de la emoción*], 2018. Detalles—Details [Cat. 4]

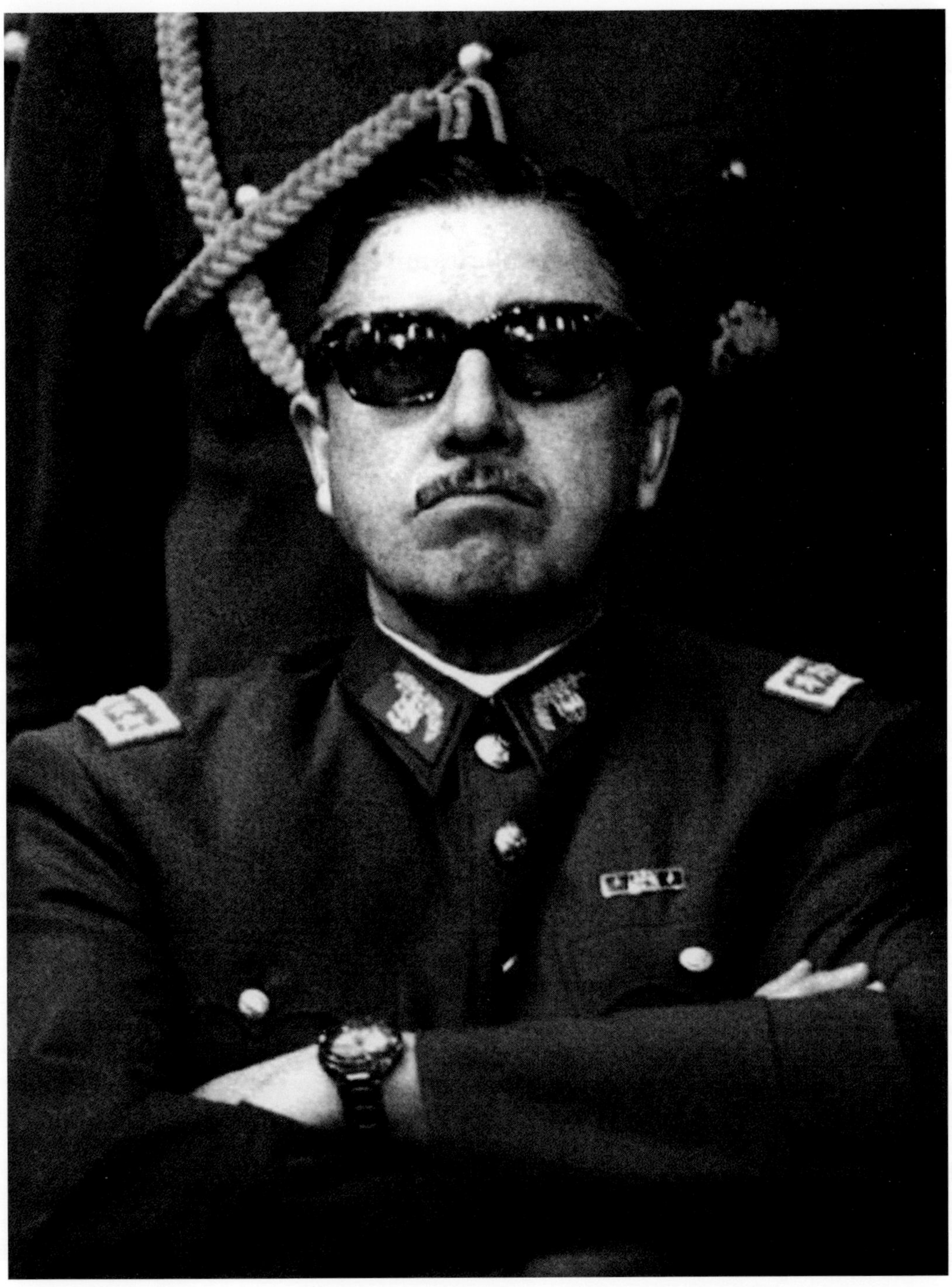

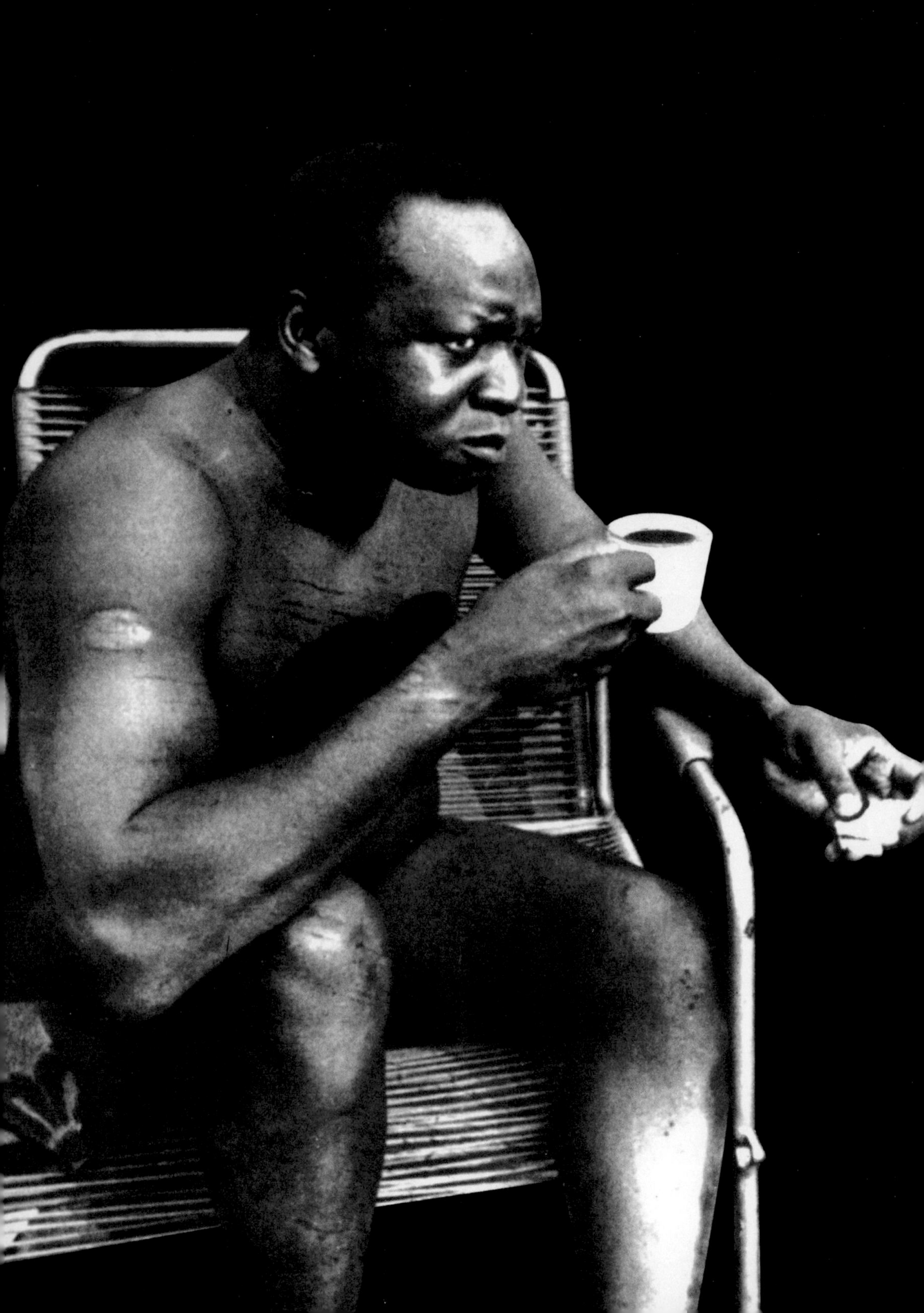

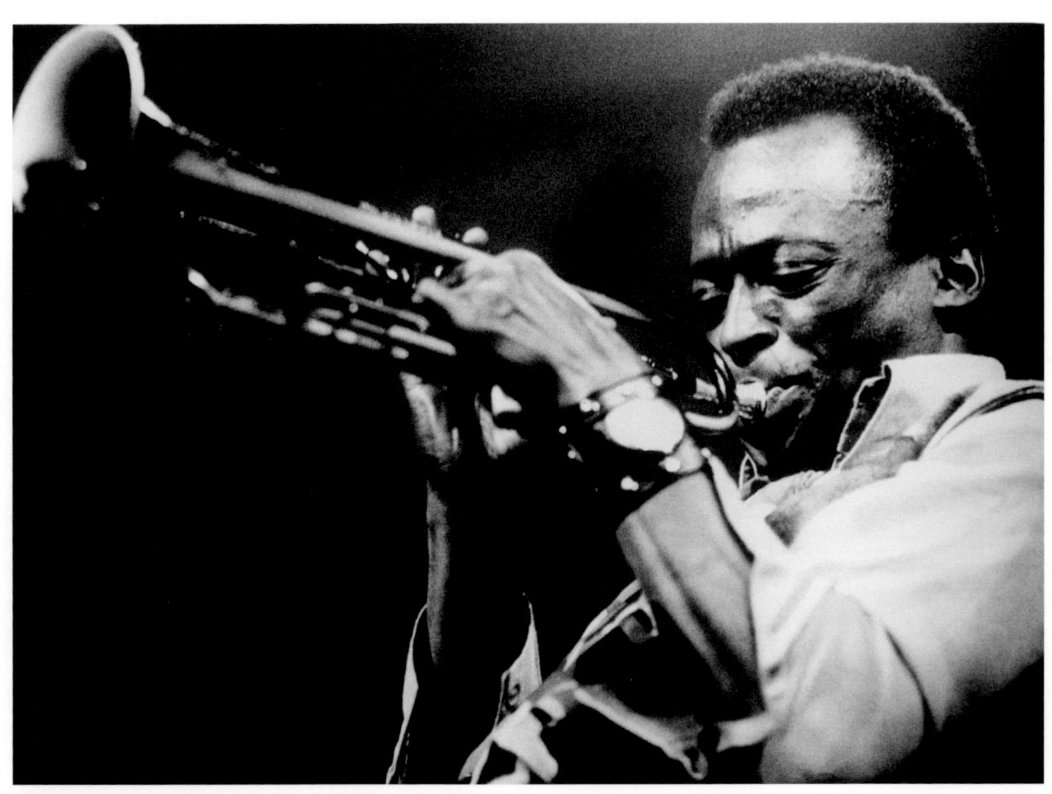

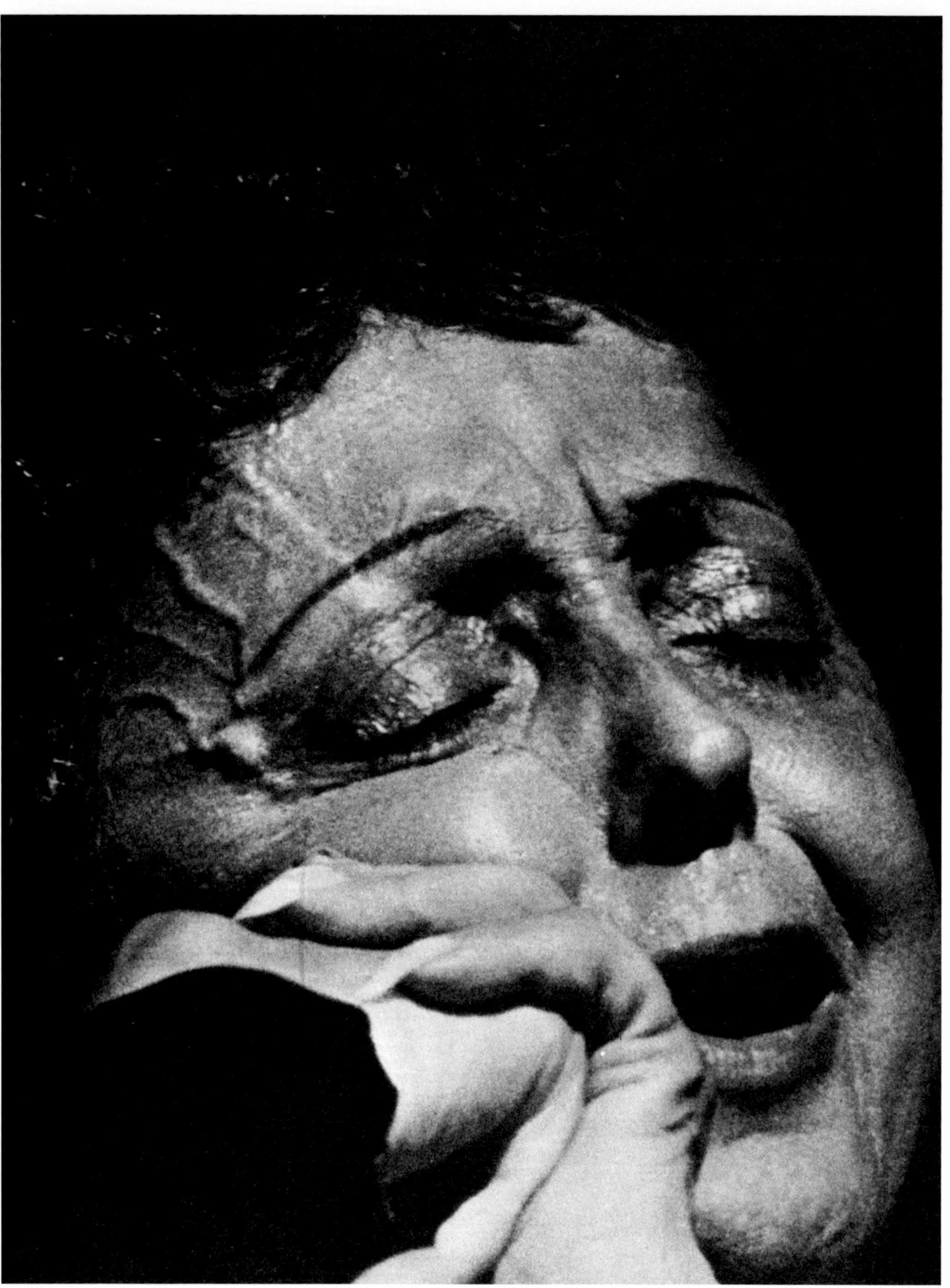

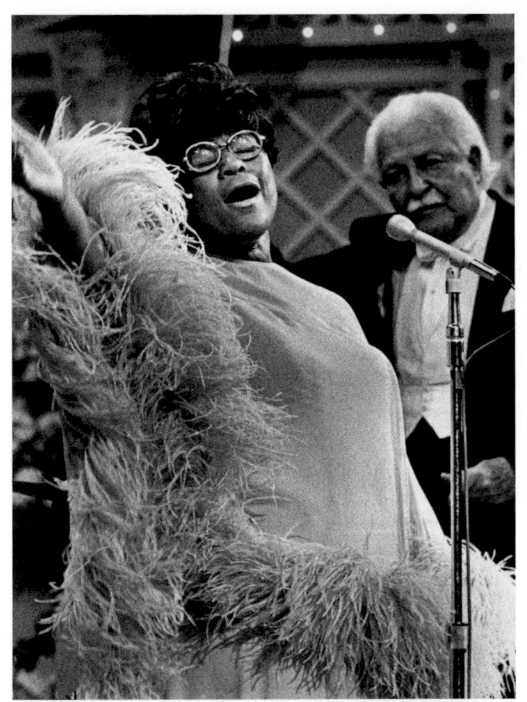
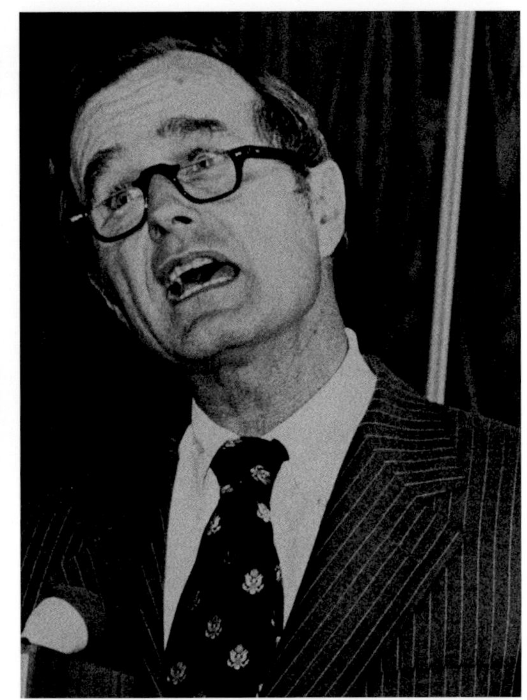
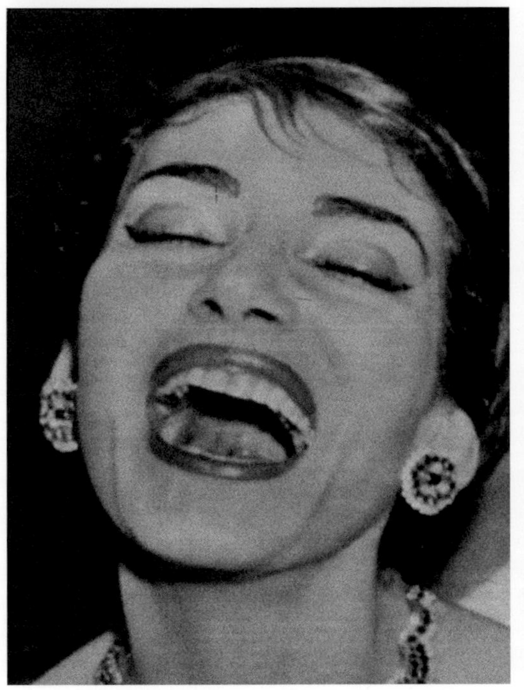
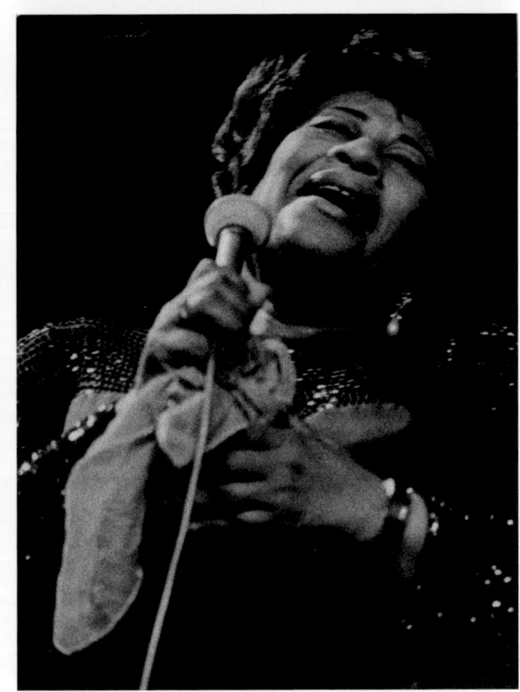

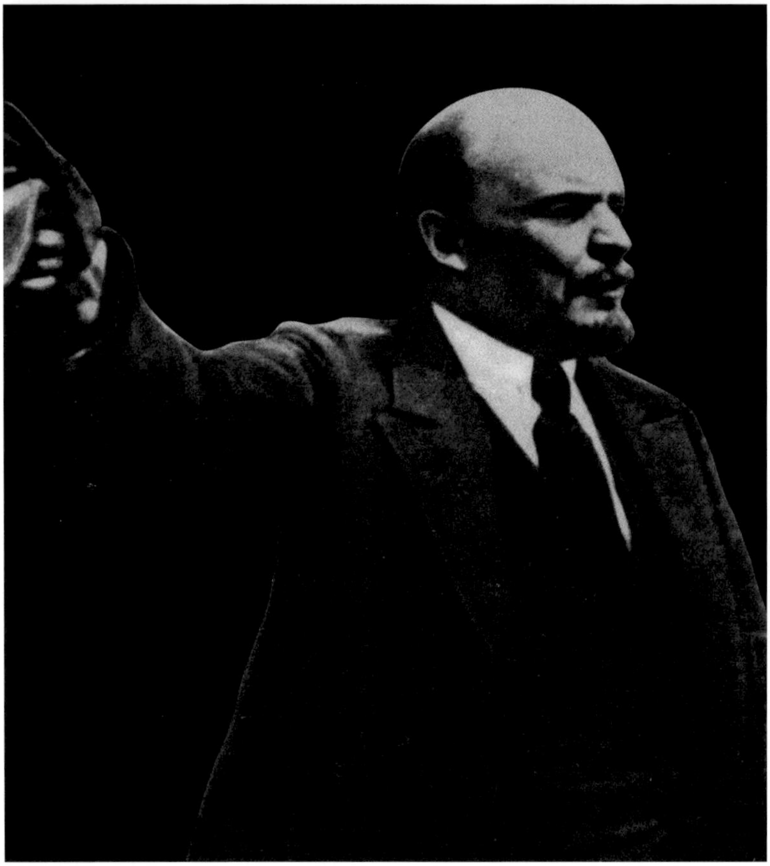

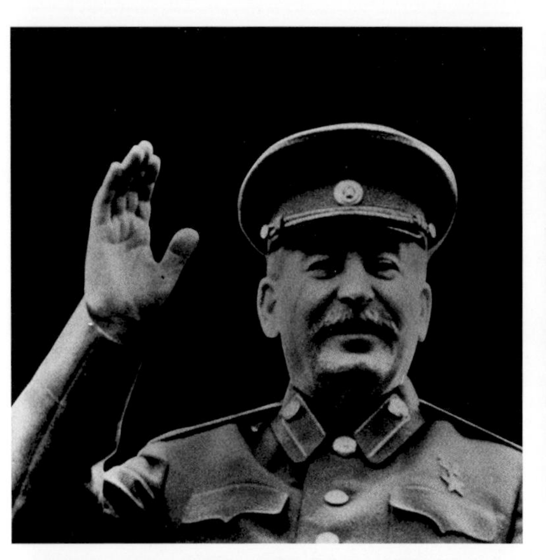
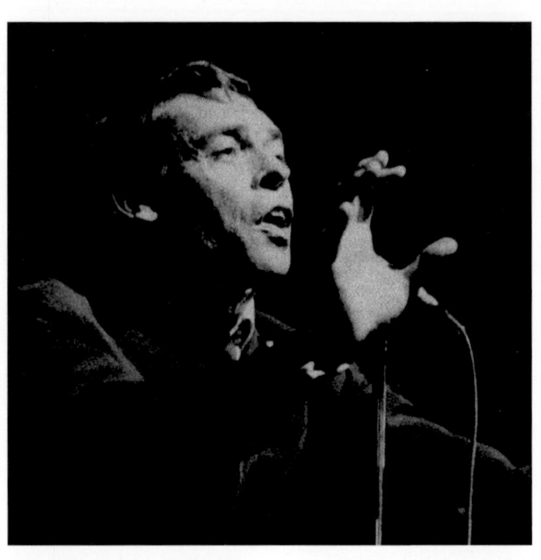
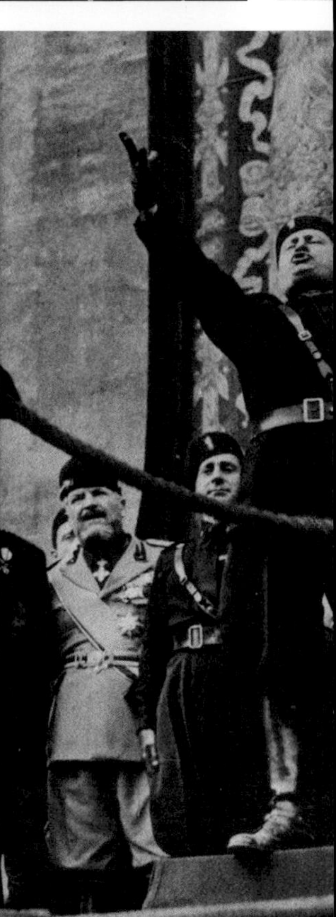

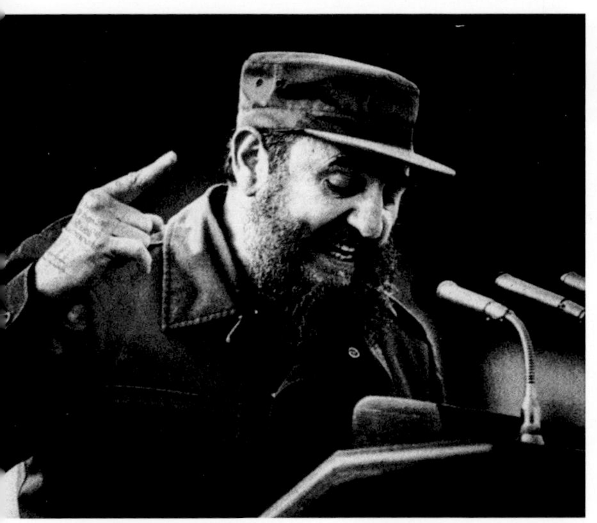
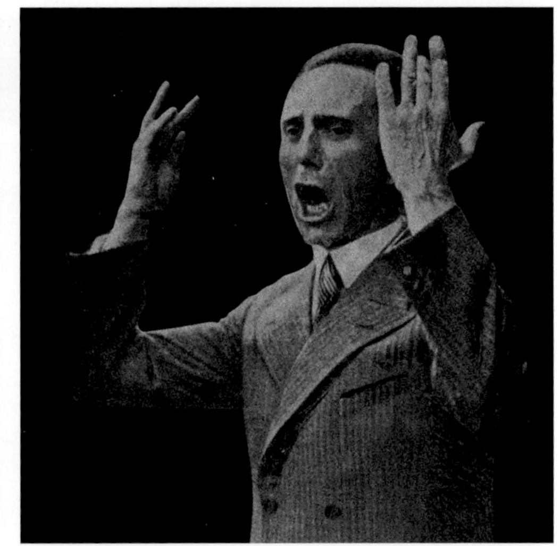
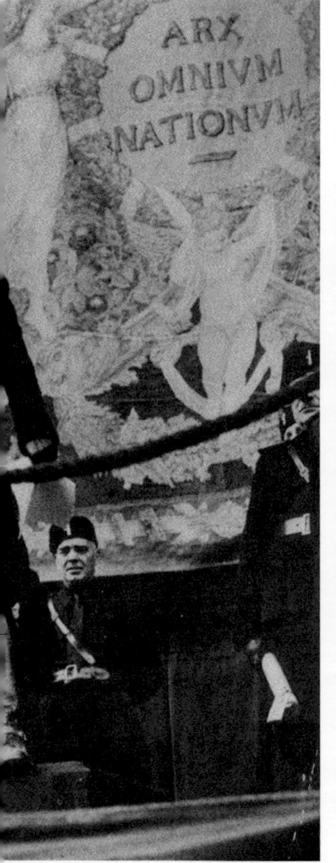

ARX
OMNIVM
NATIONVM

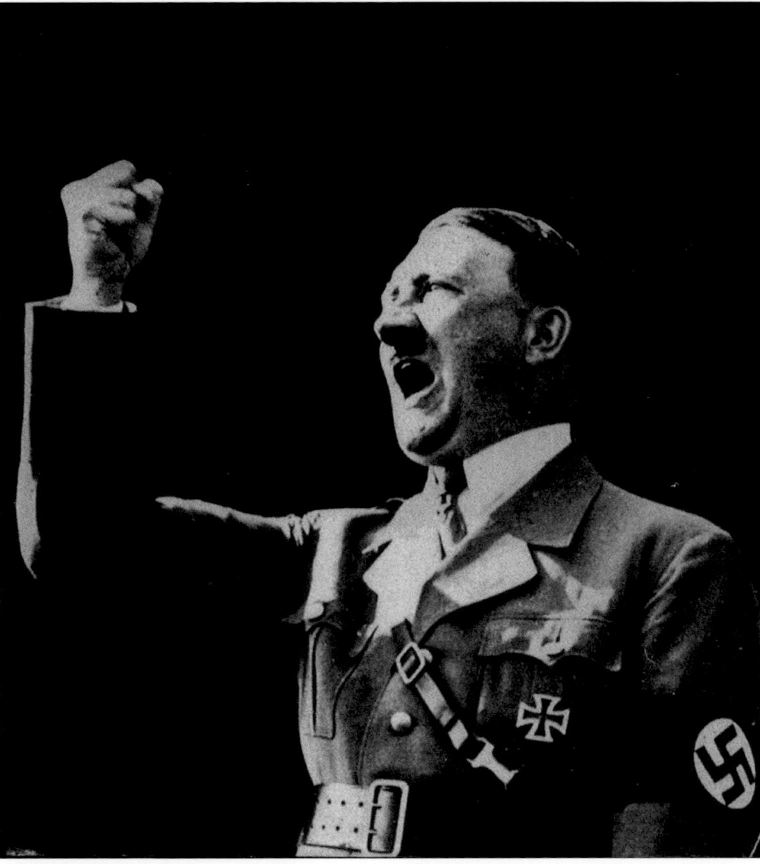

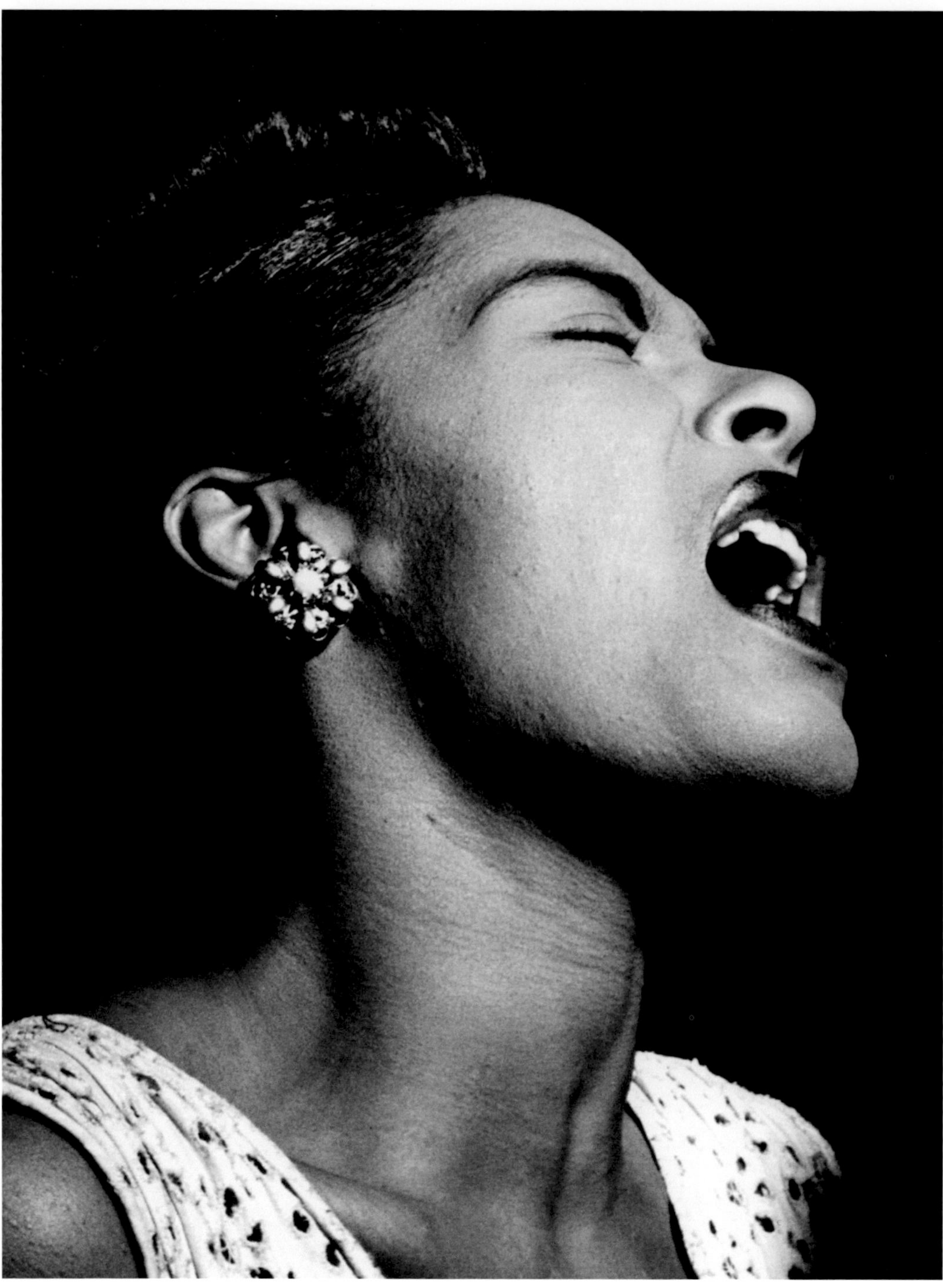

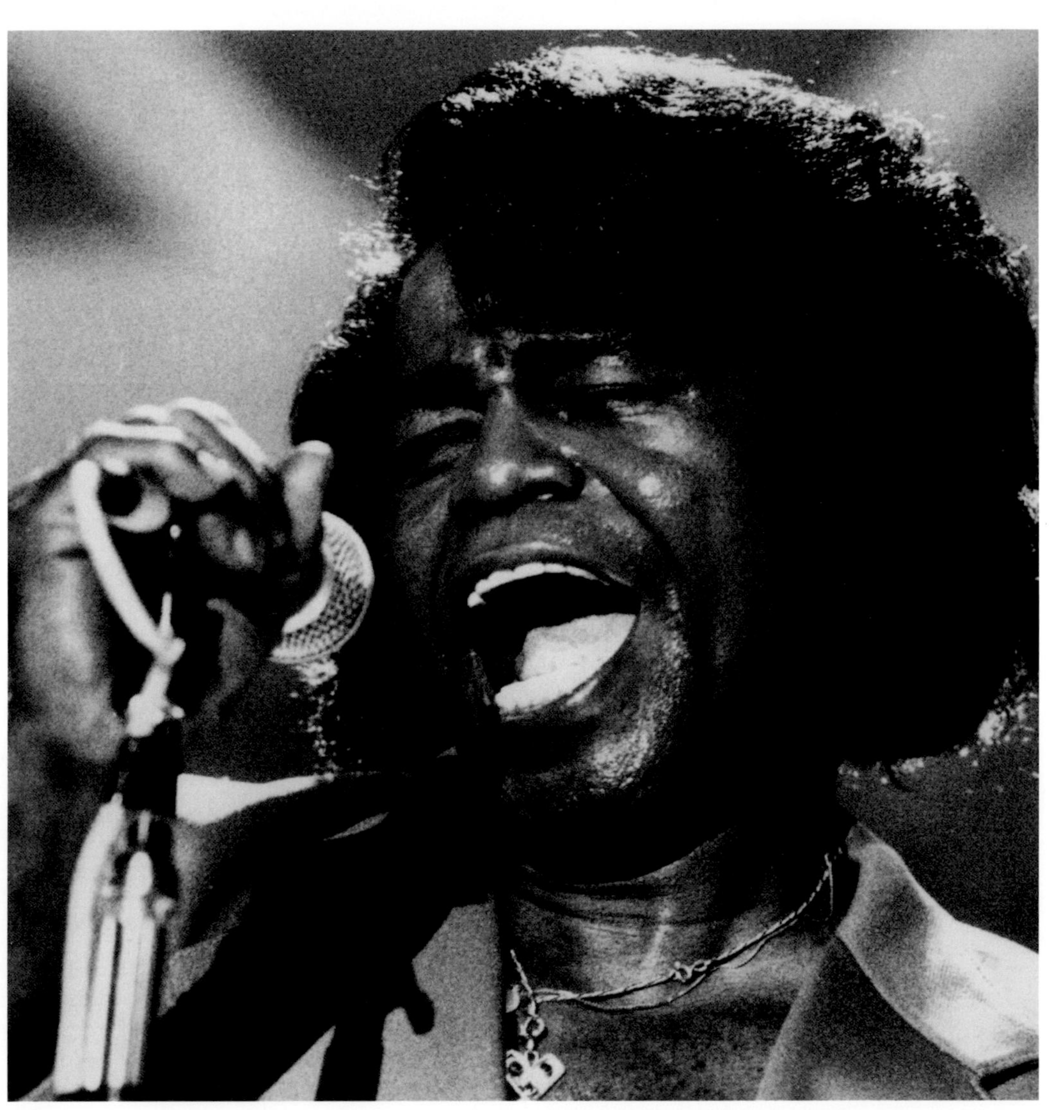

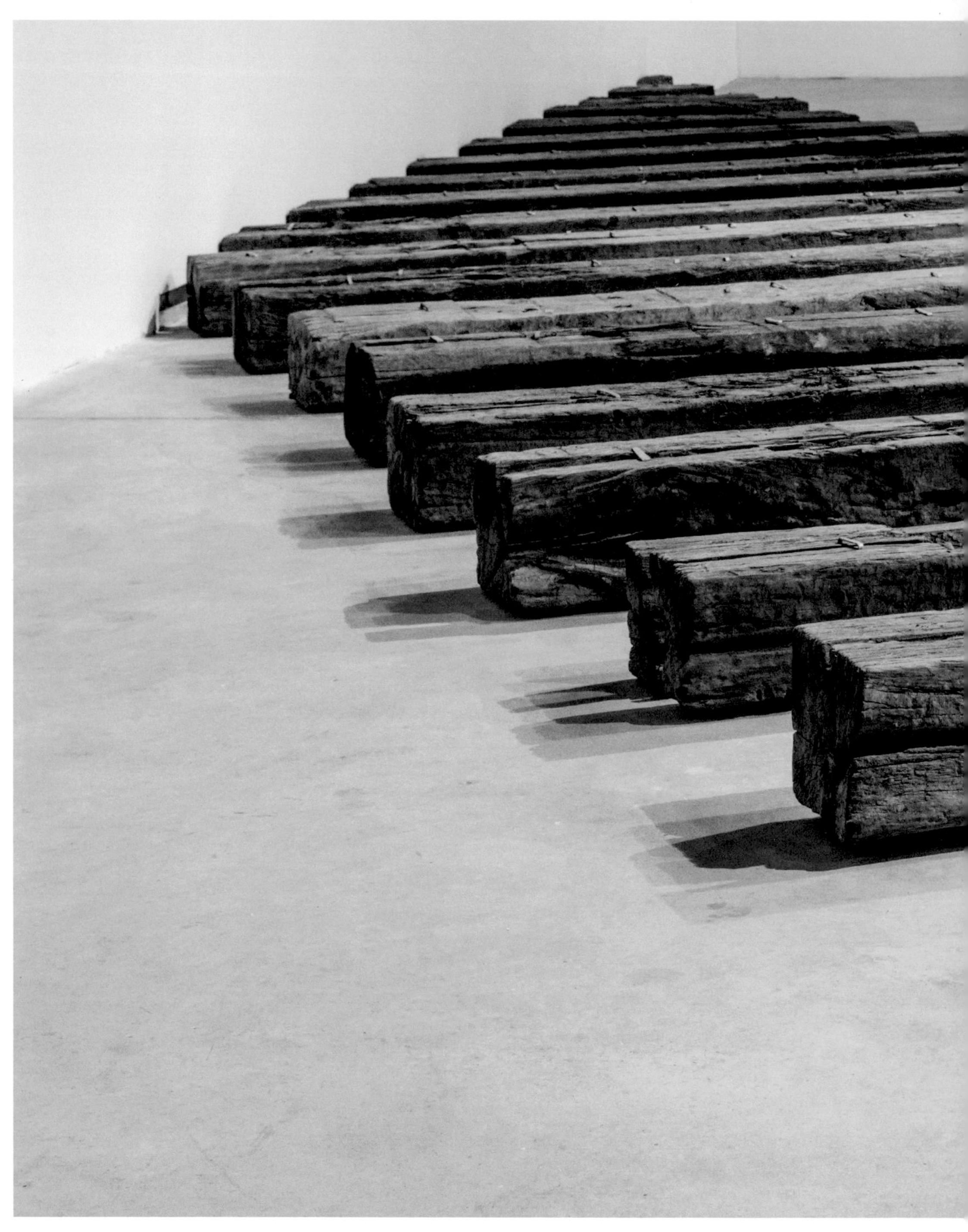

pp. 88-90: *Some Modernity Footprints* [*Algunas huellas de la modernidad*], 2018. Vista de instalación en—
Installation view at **The Power Plant, Toronto.** Fotos—Photos: Toni Hafkenscheid [Cat. 3]

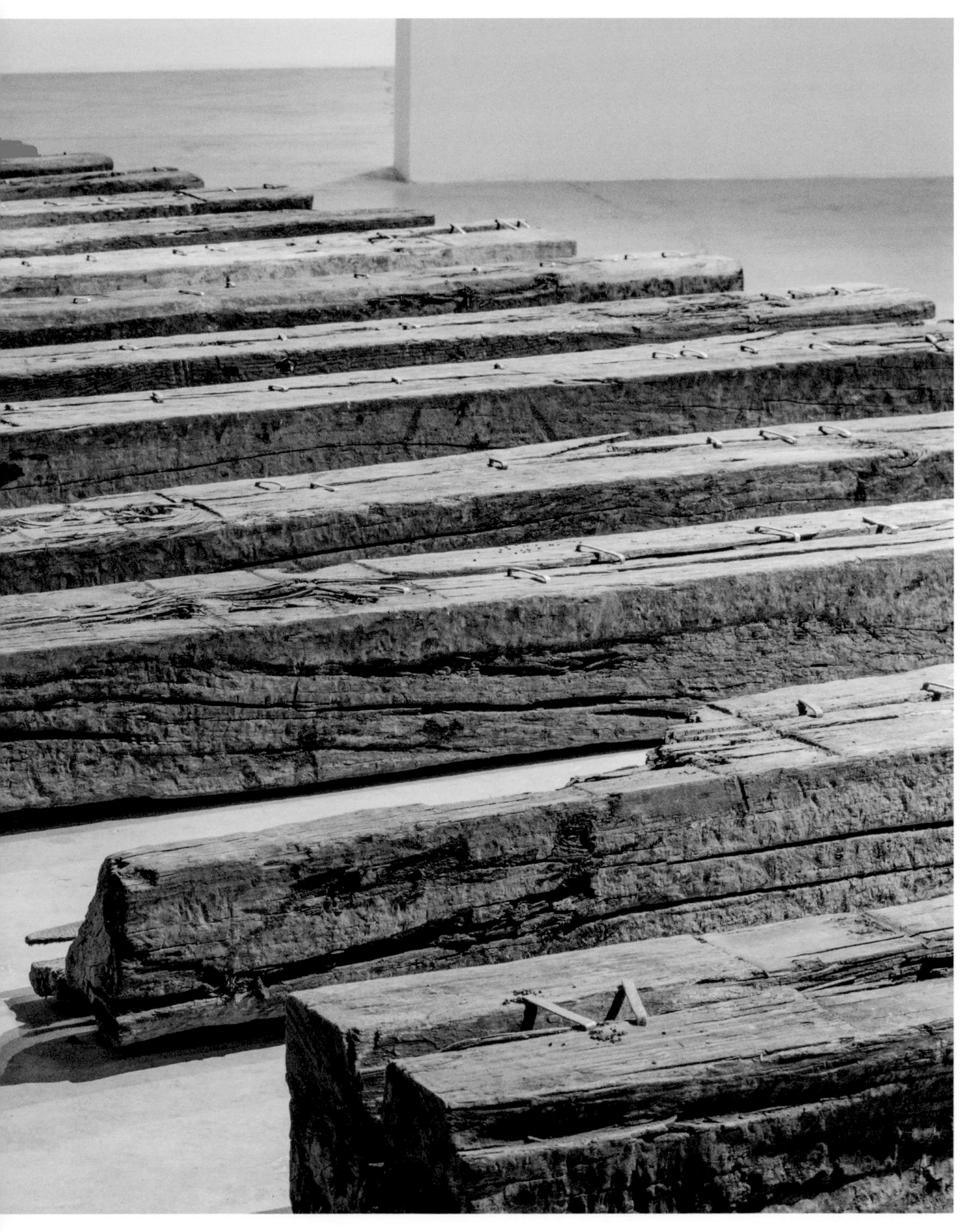

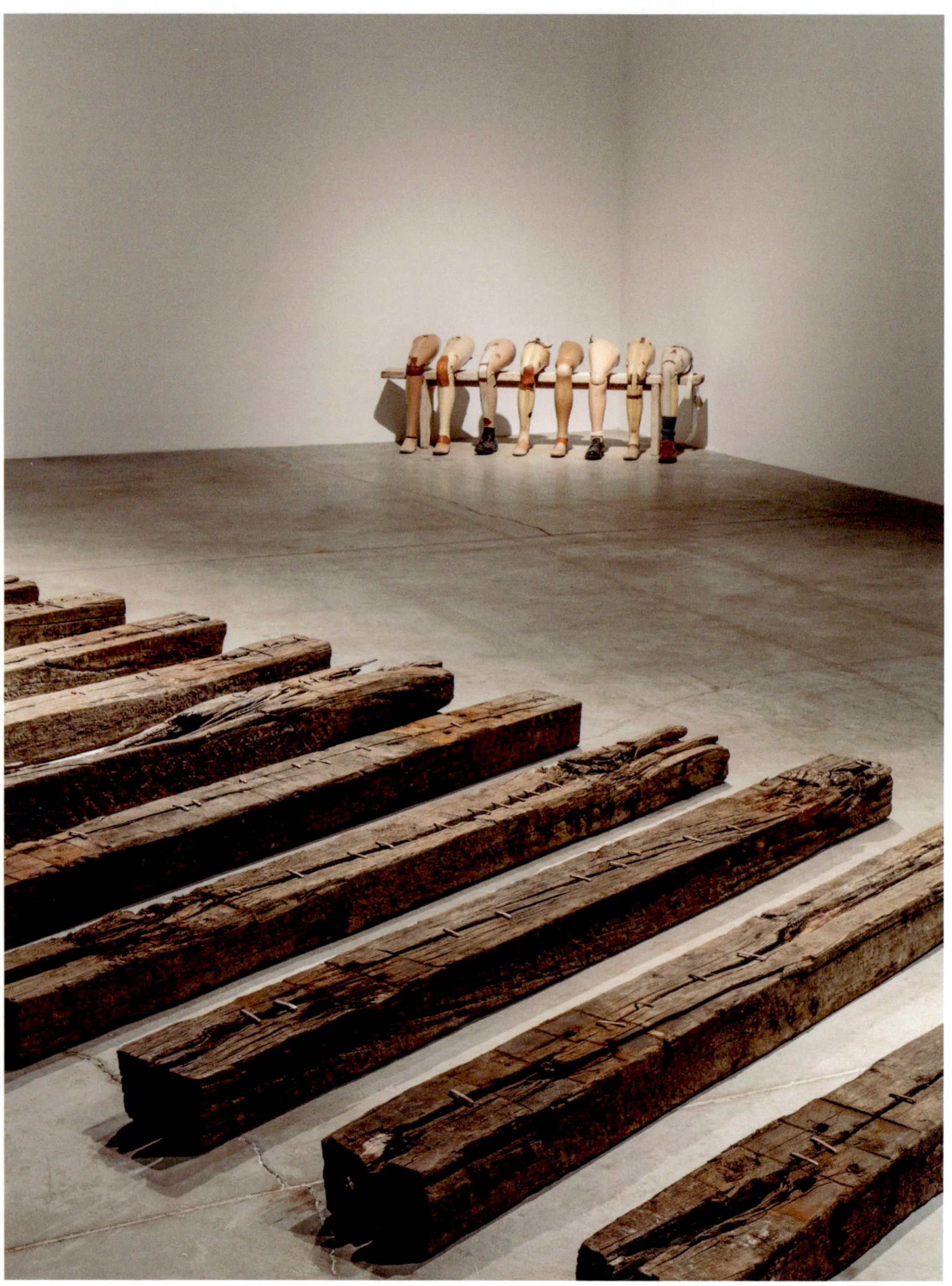

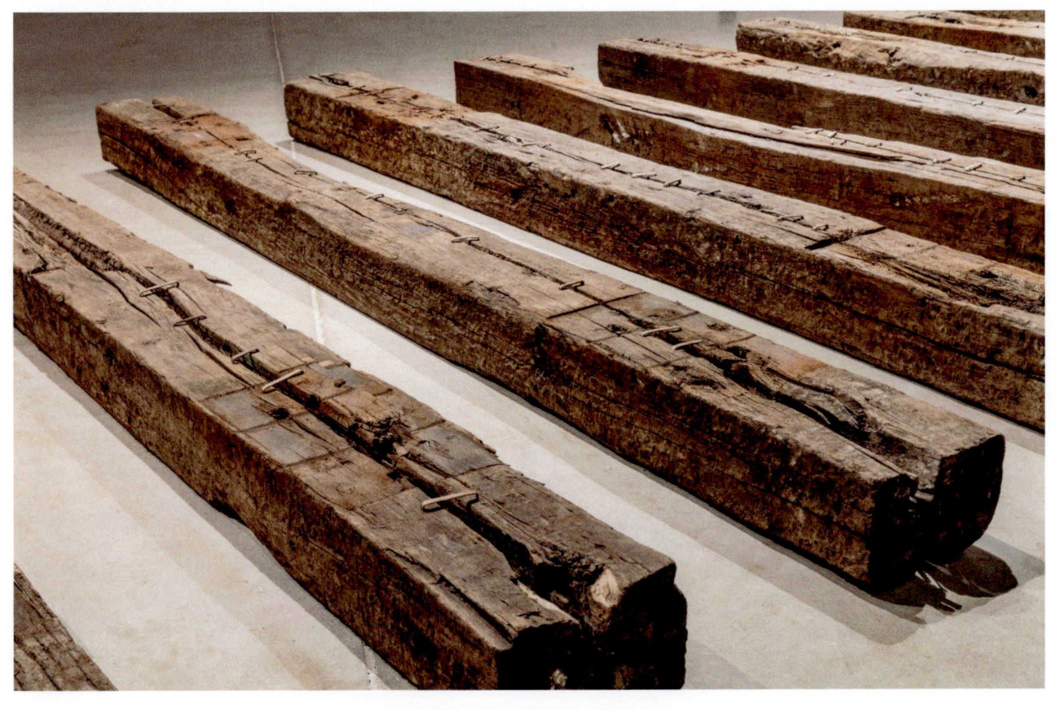

pp. 91-93: *Some Modernity Footprints* [*Algunas huellas de la modernidad*], 2018. Detalles—Details [Cat. 3]   91

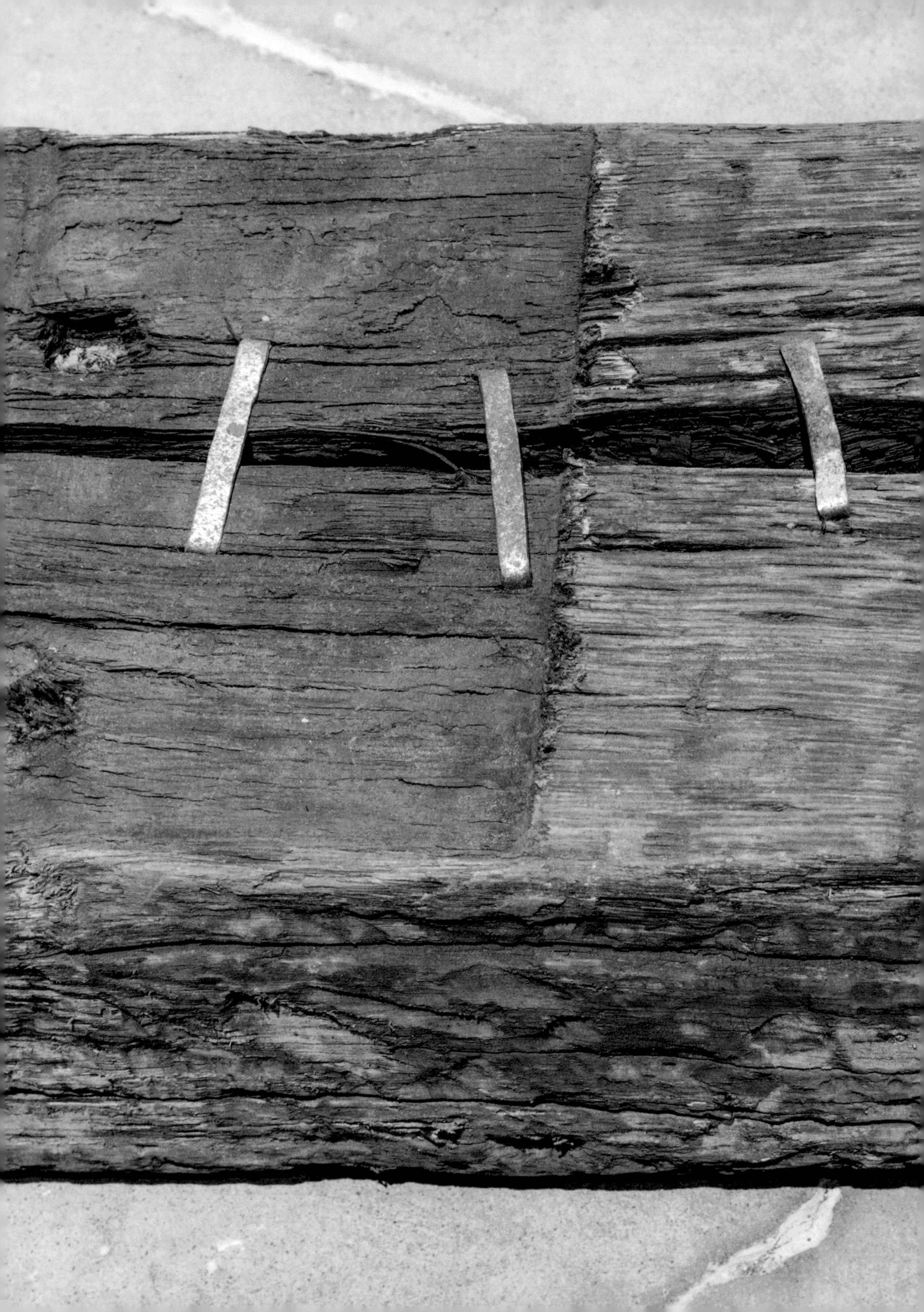

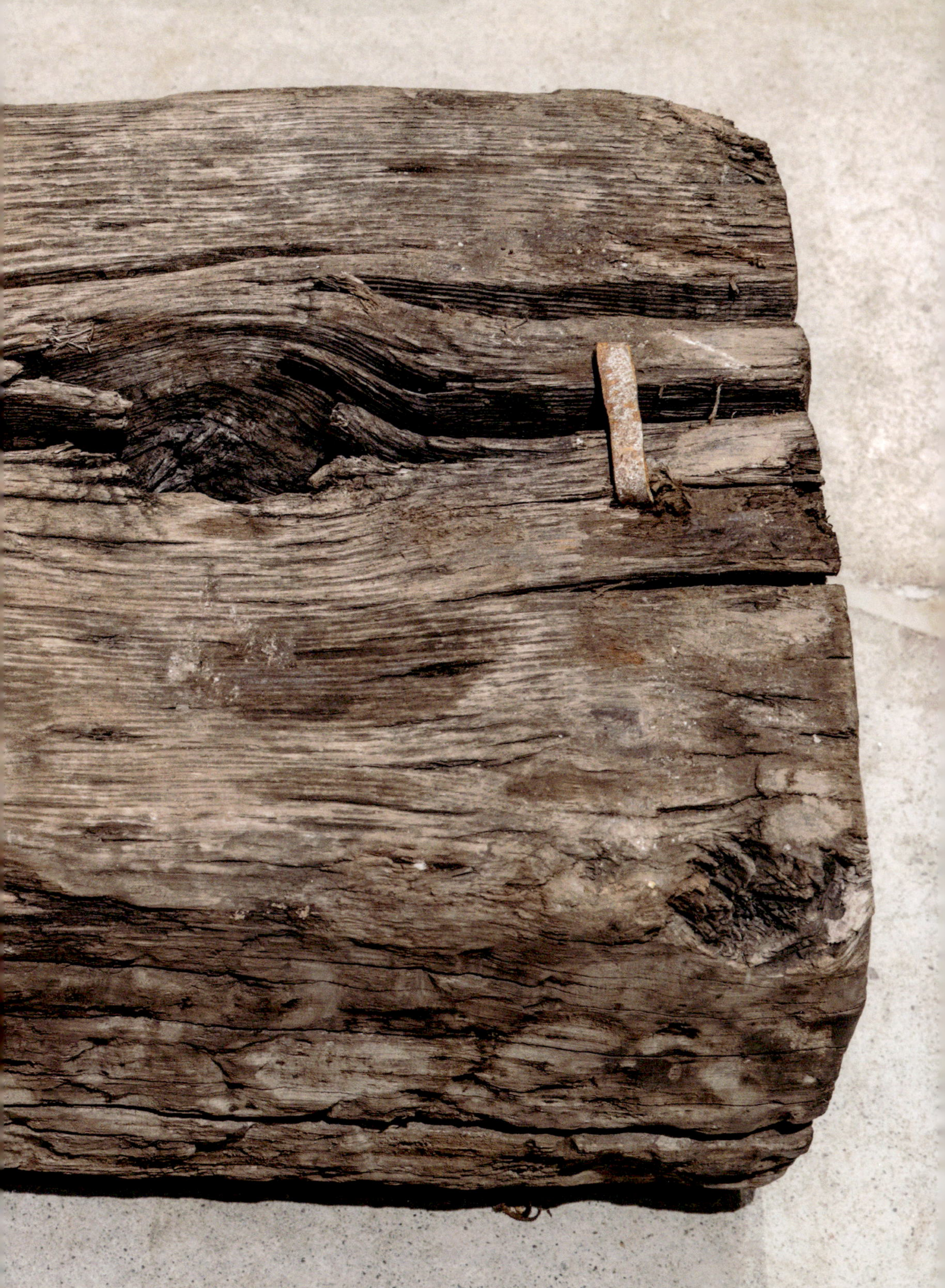

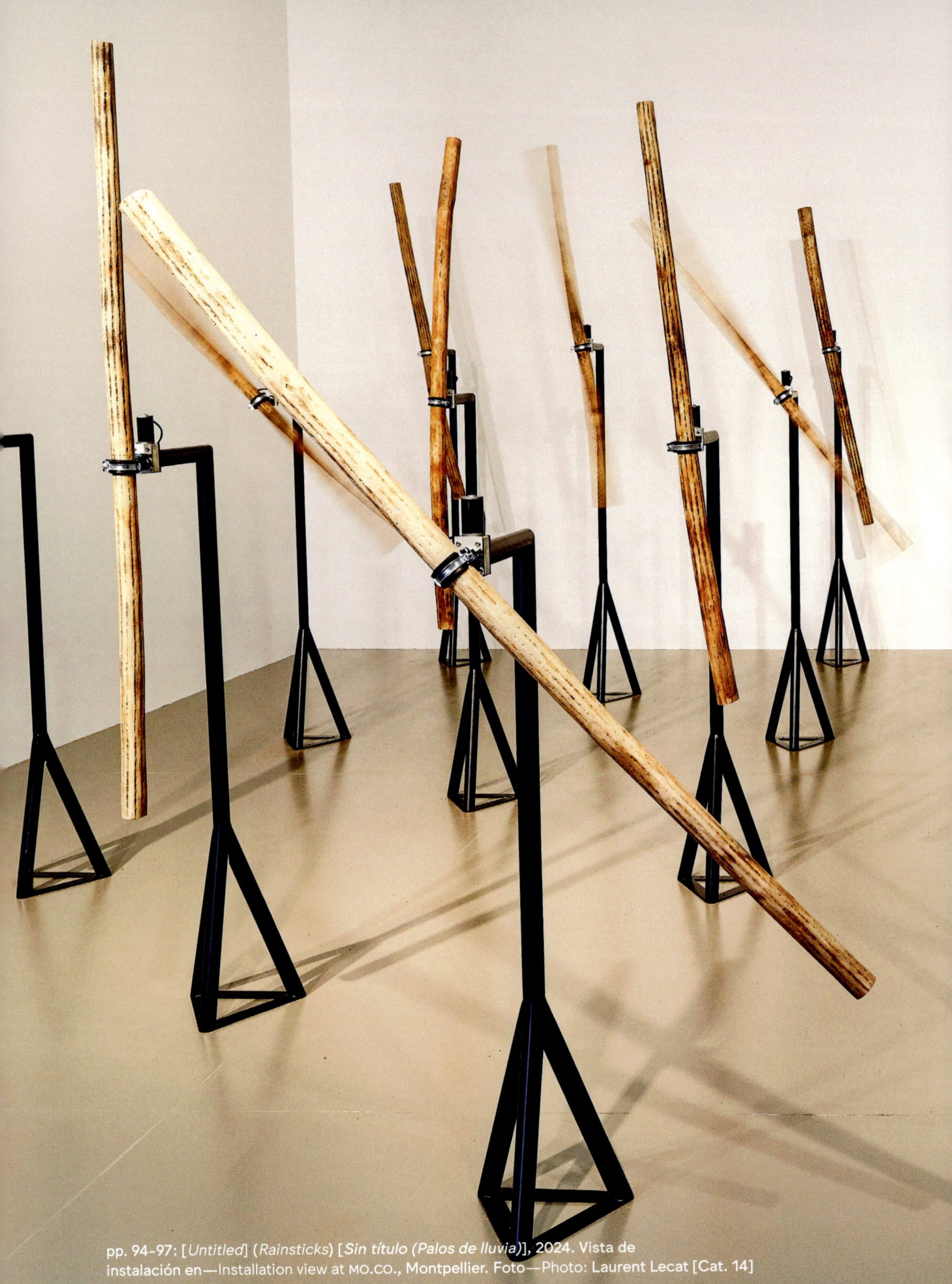

pp. 94–97: [*Untitled*] (*Rainsticks*) [*Sin título (Palos de lluvia)*], 2024. Vista de instalación en—Installation view at MO.CO., Montpellier. Foto—Photo: Laurent Lecat [Cat. 14]

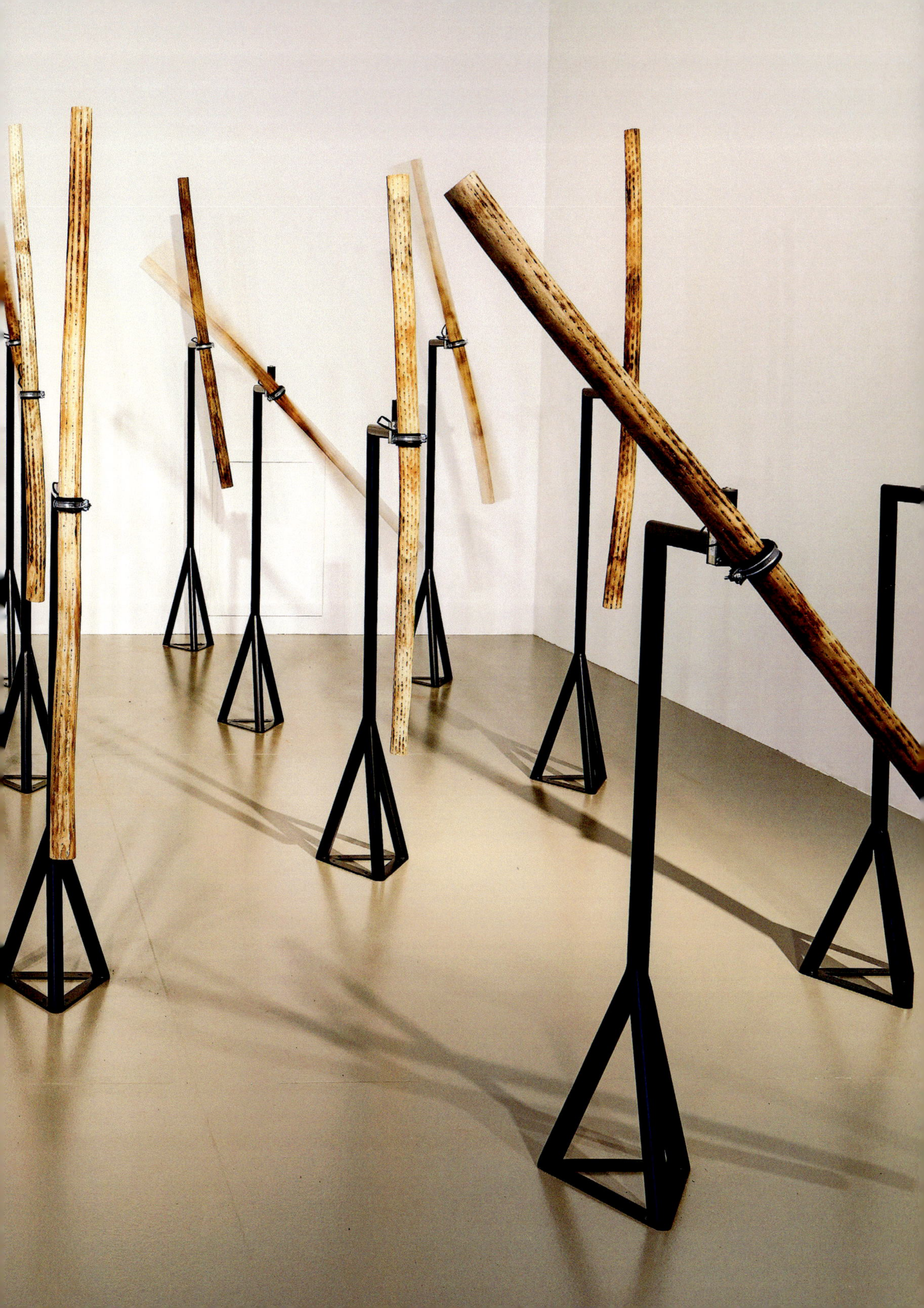

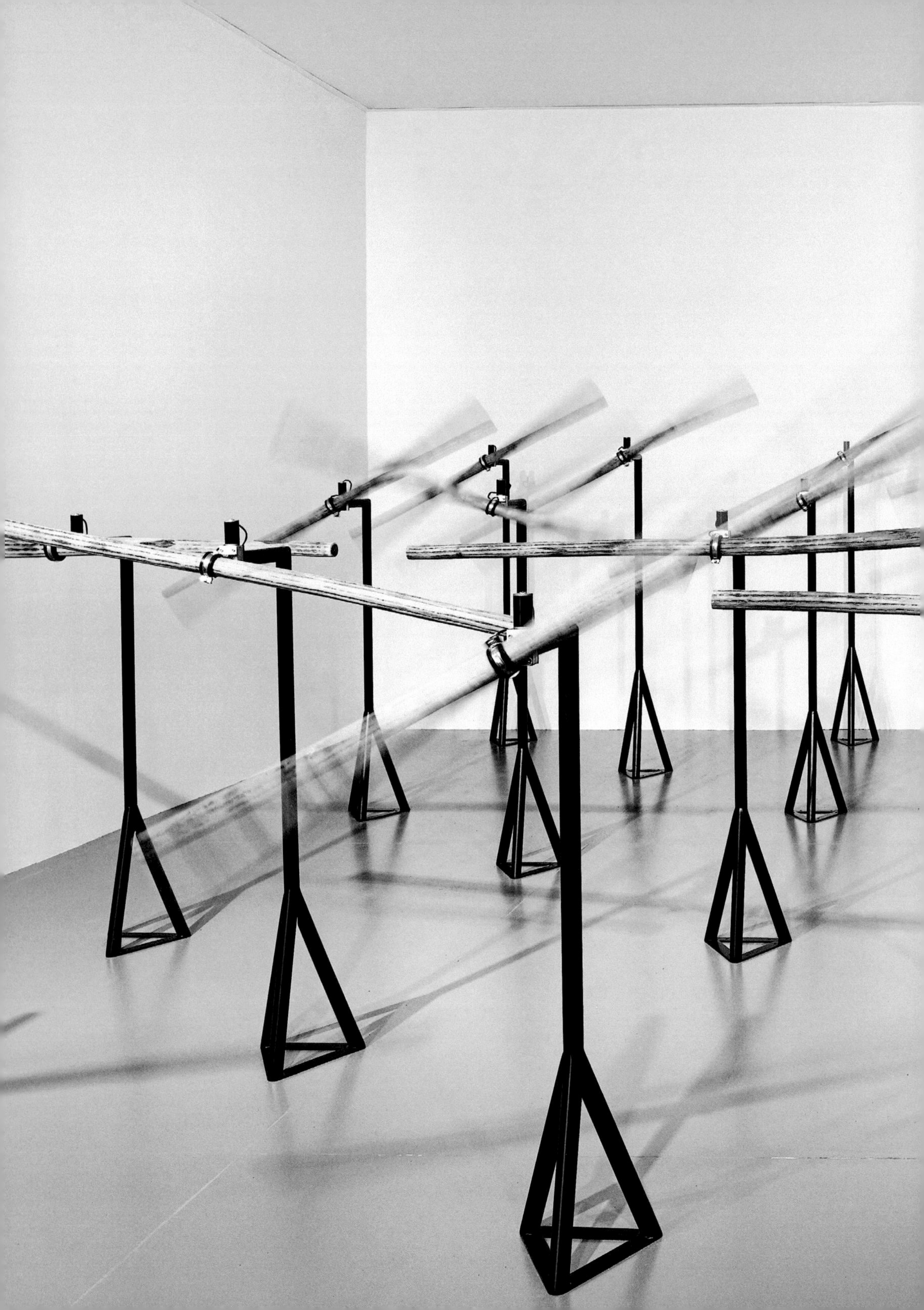

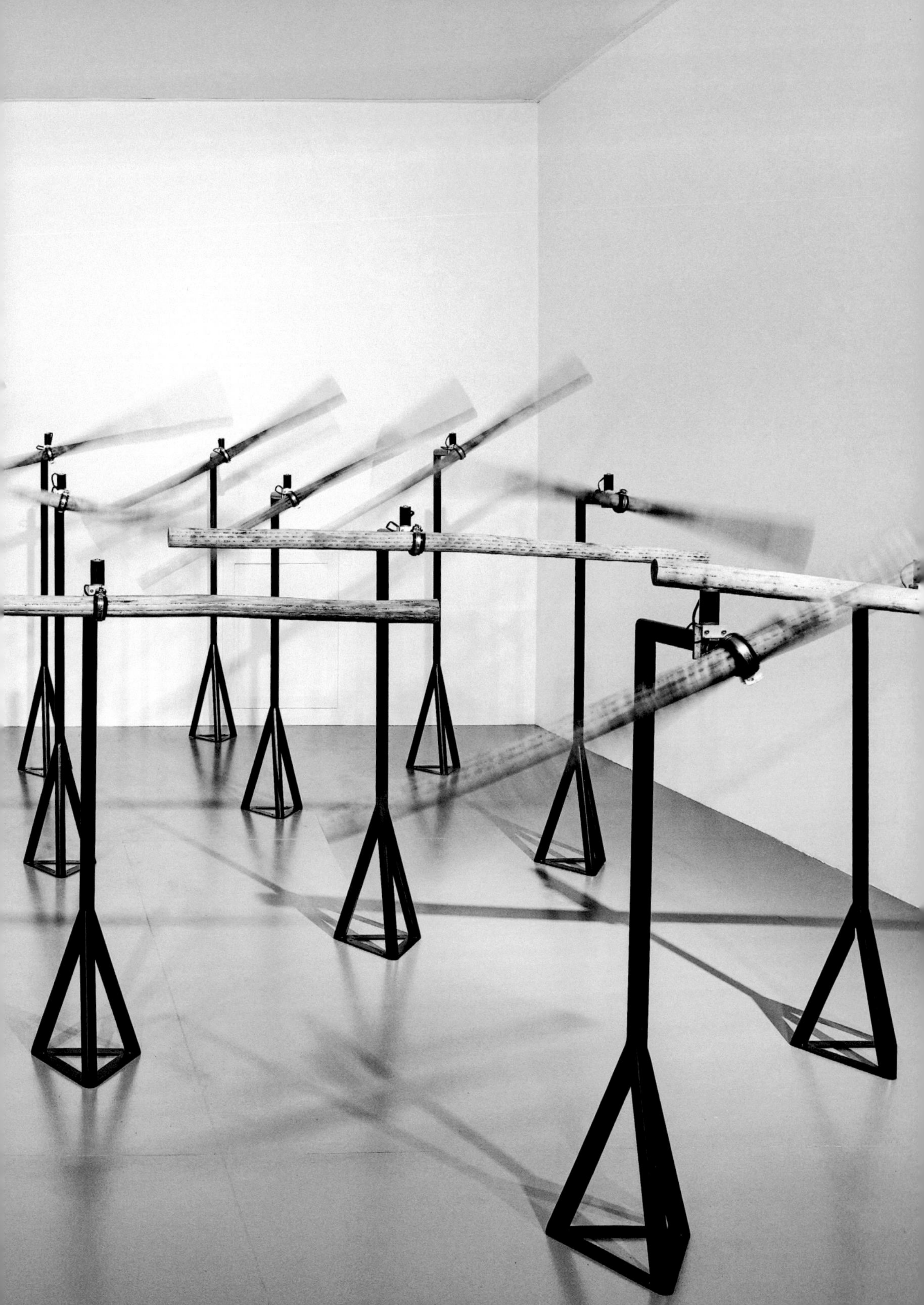

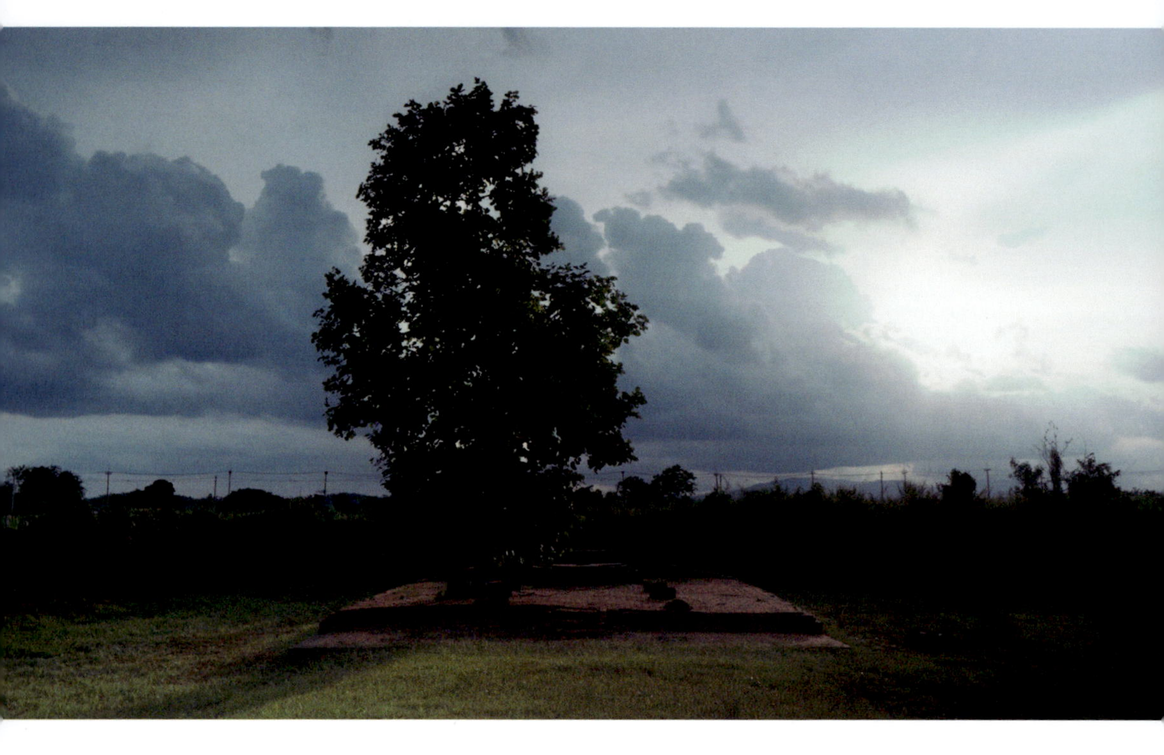

 pp. 98-105: *Pluviality #1* [*Pluvialidad #1*], 2023. Fotogramas—Stills [Cat. 9]

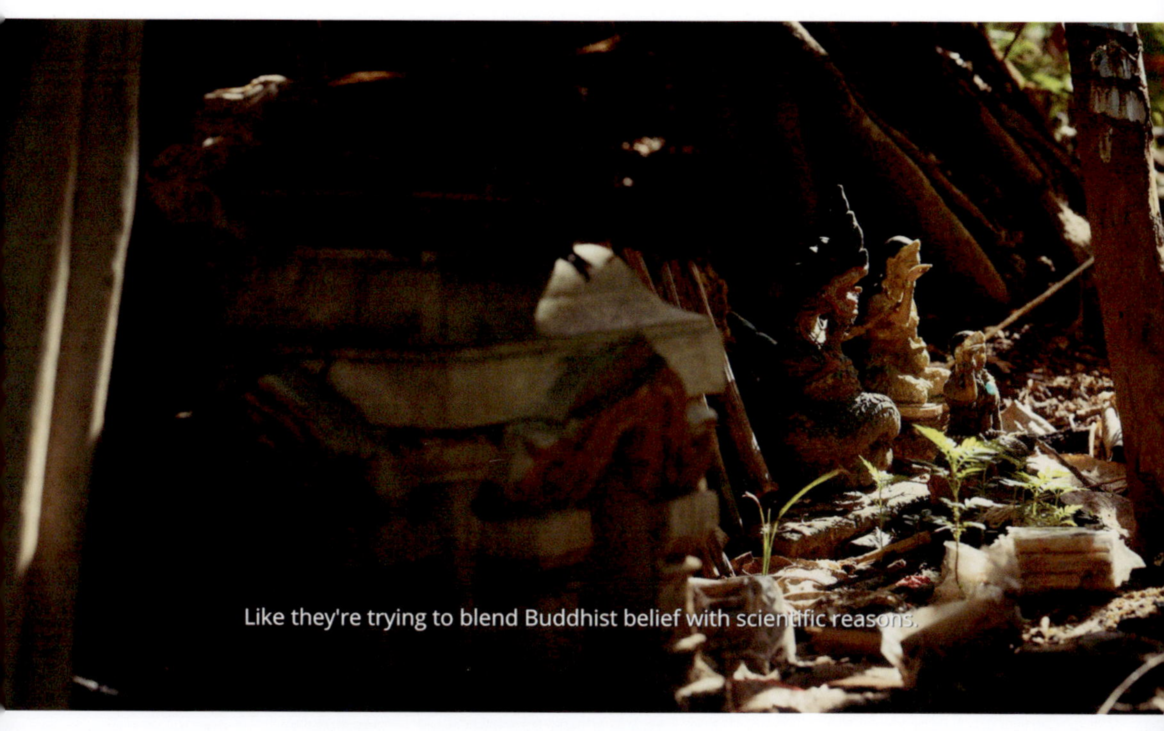
Like they're trying to blend Buddhist belief with scientific reasons.

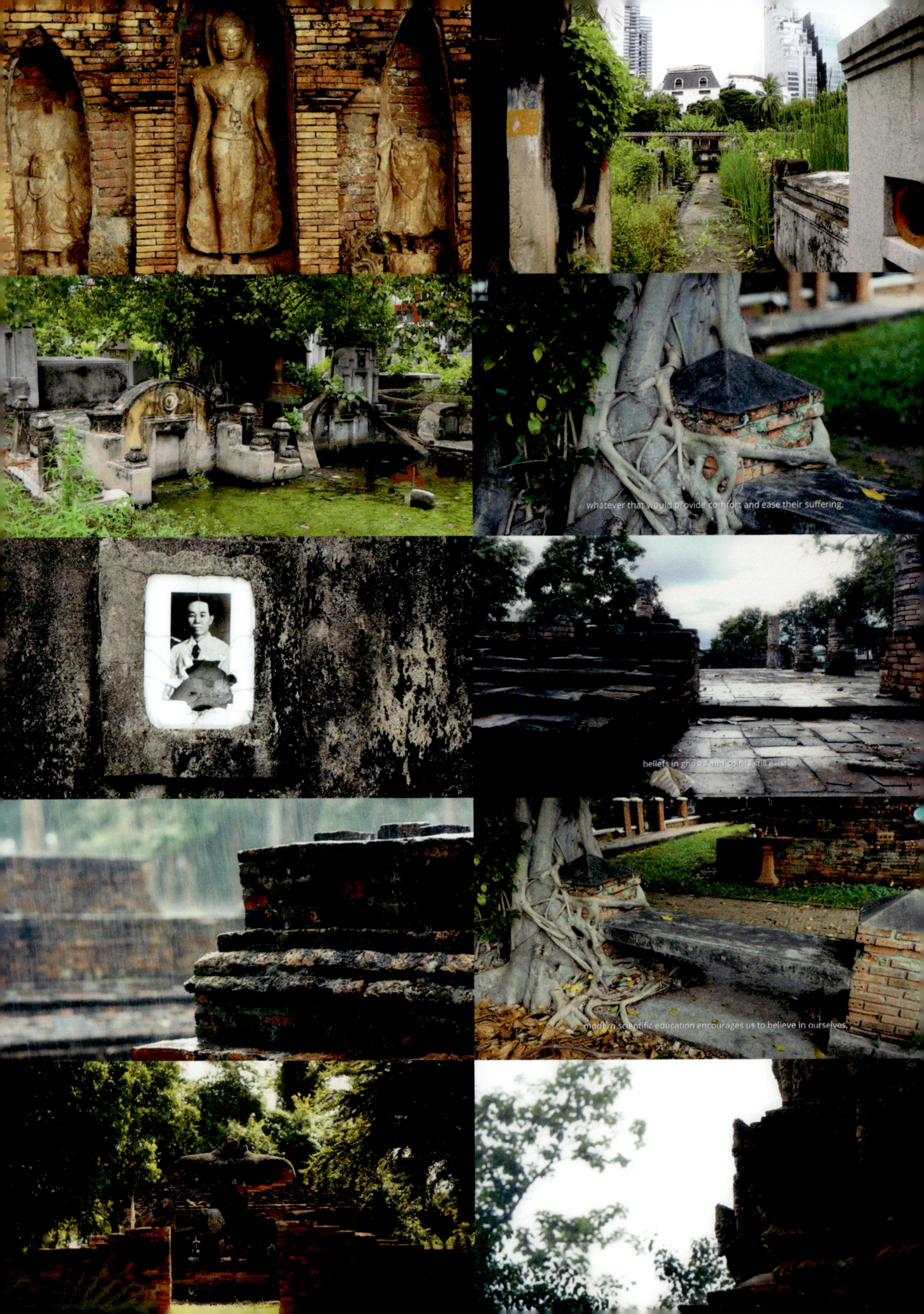
whatever that would provide comfort and ease their suffering.
beliefs in ghosts and spirits still exist.
modern scientific education encourages us to believe in ourselves,

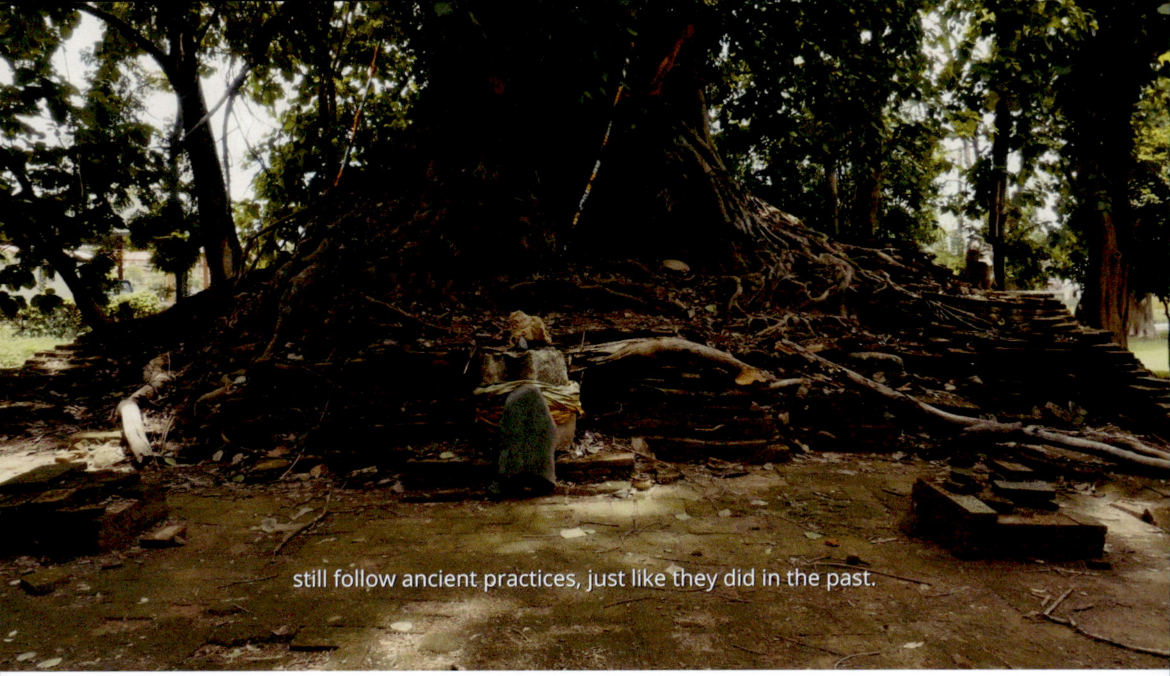

still follow ancient practices, just like they did in the past.

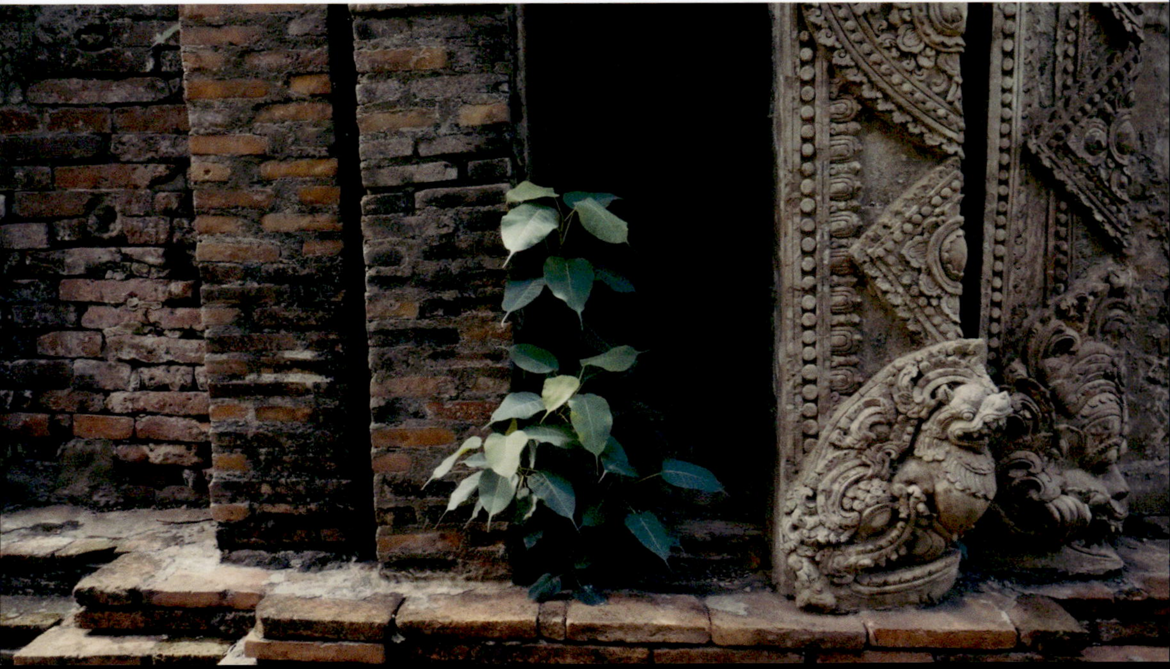

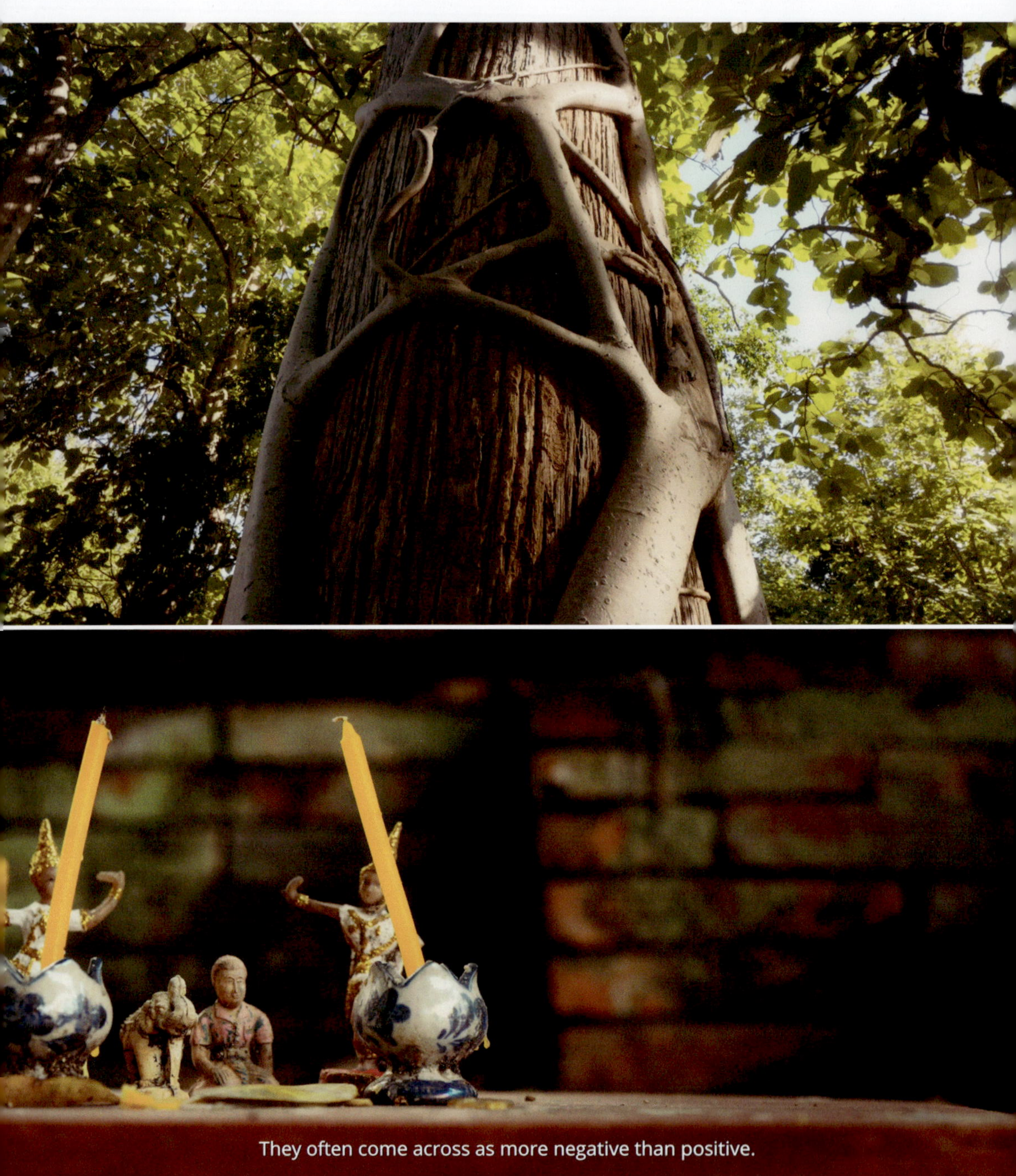
They often come across as more negative than positive.

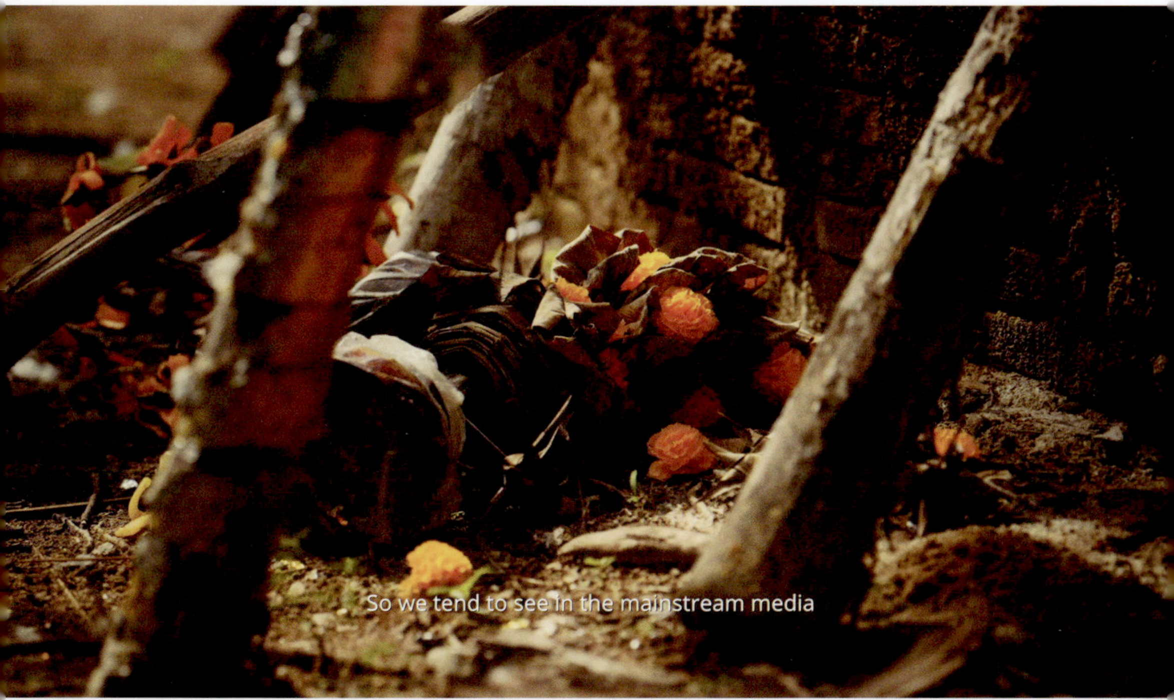

So we tend to see in the mainstream media

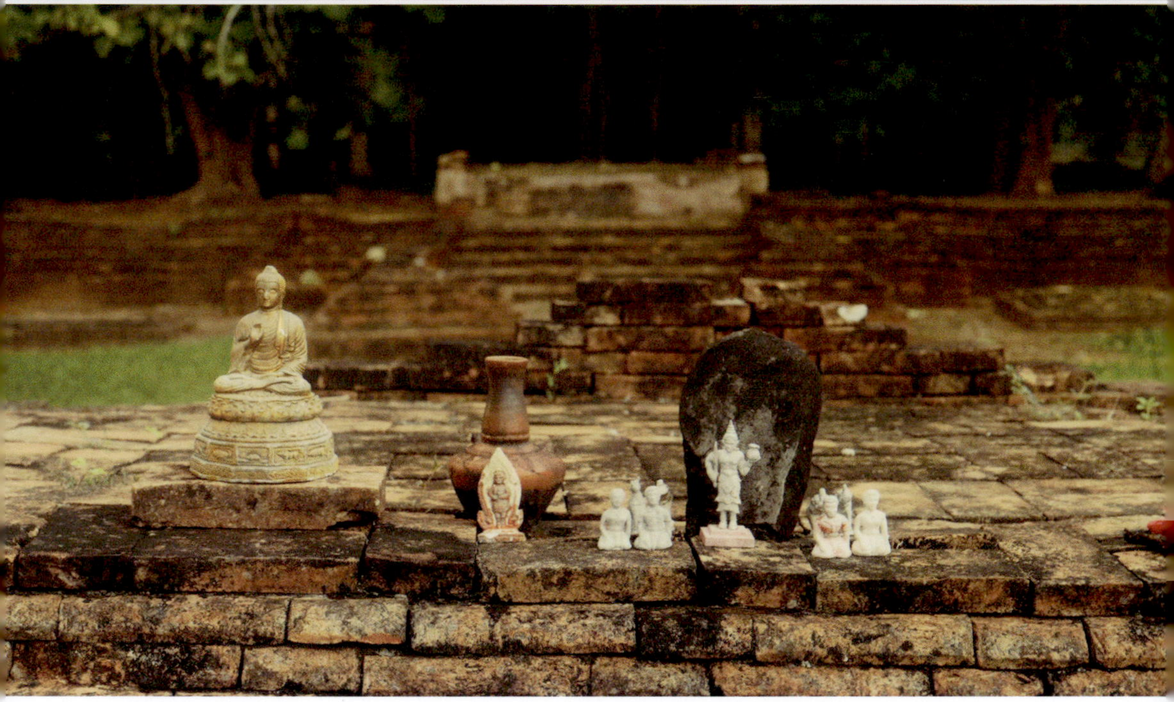

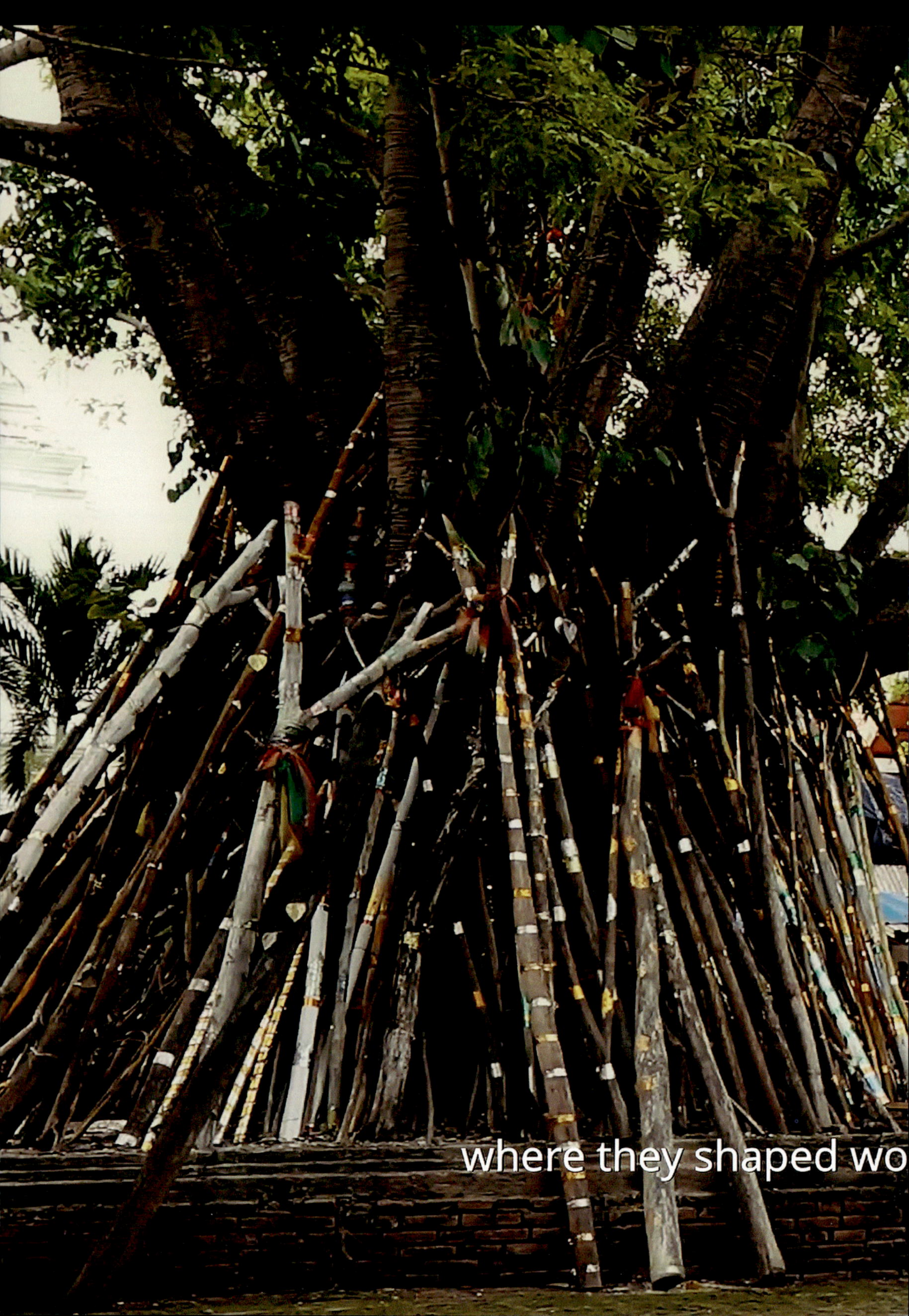
where they shaped wo

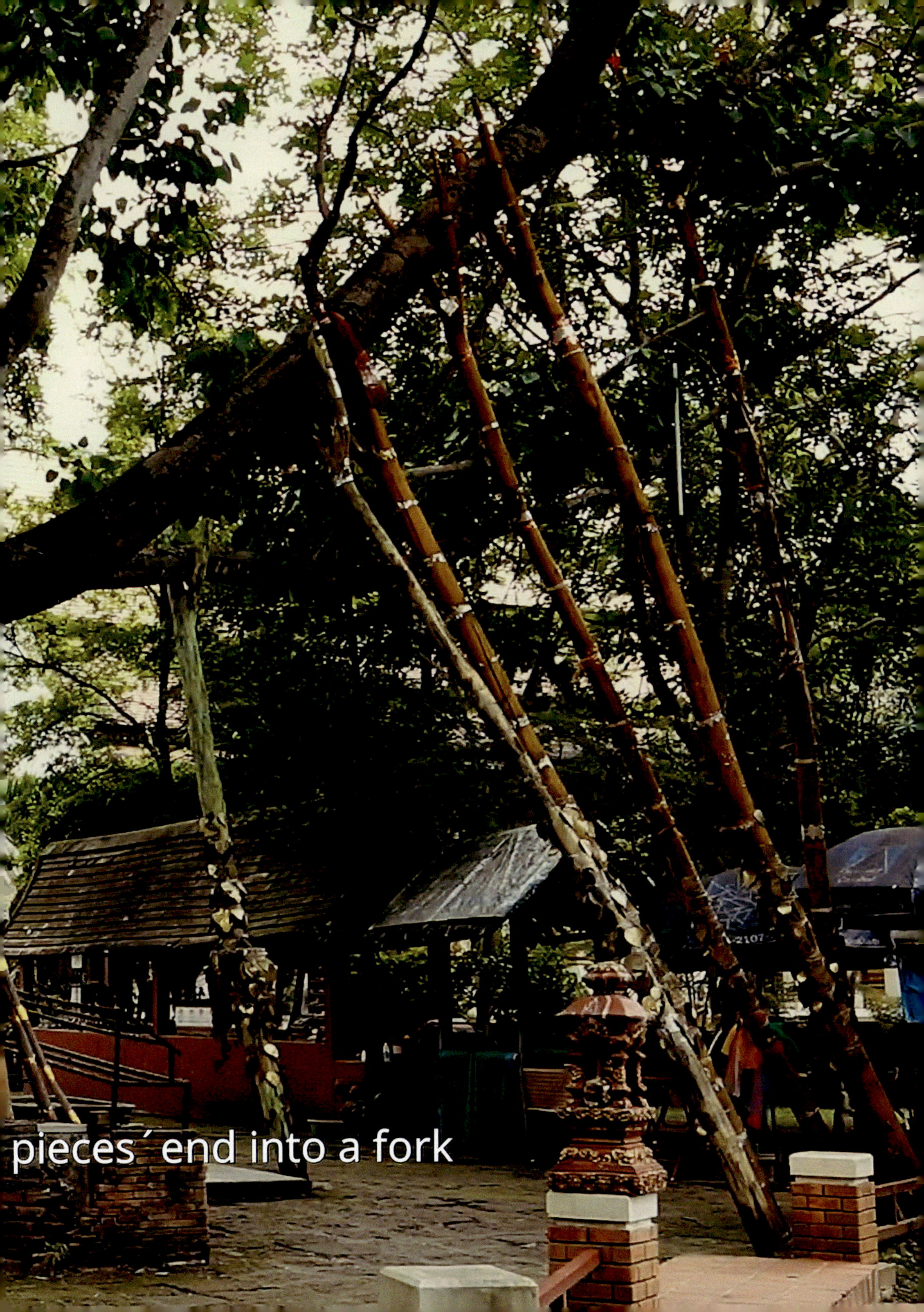
pieces´ end into a fork

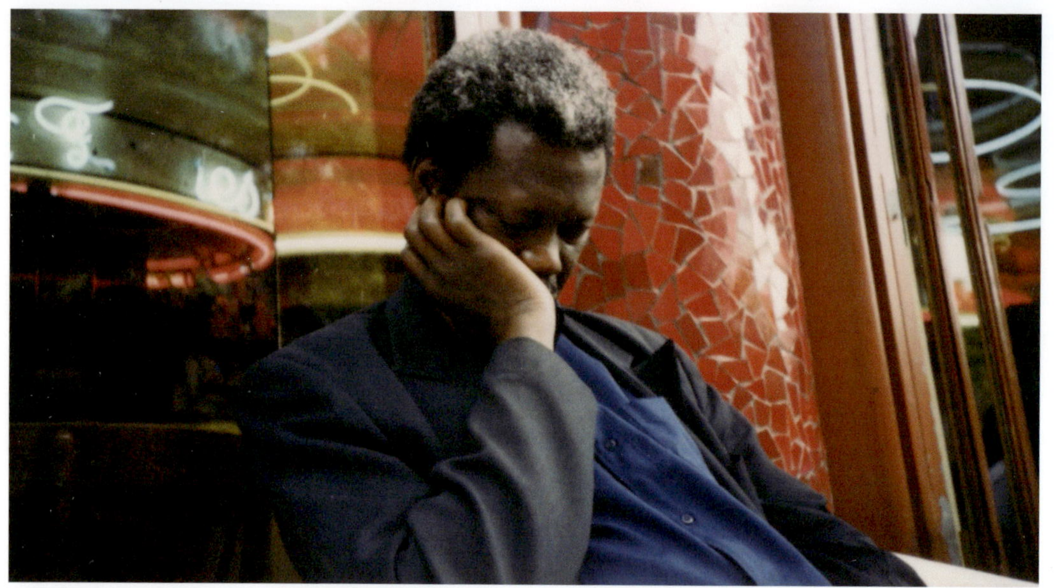

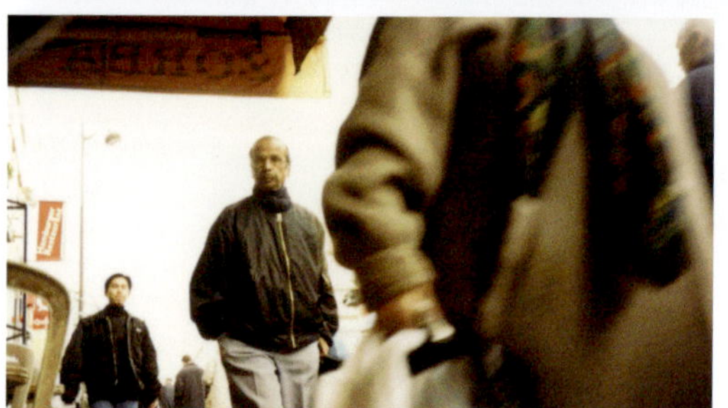

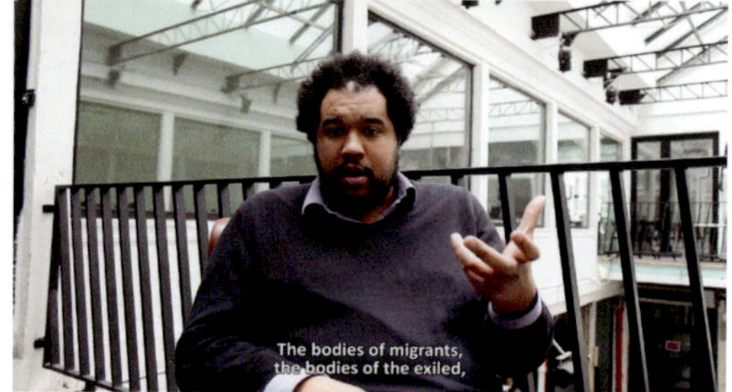

The bodies of migrants,
the bodies of the exiled,

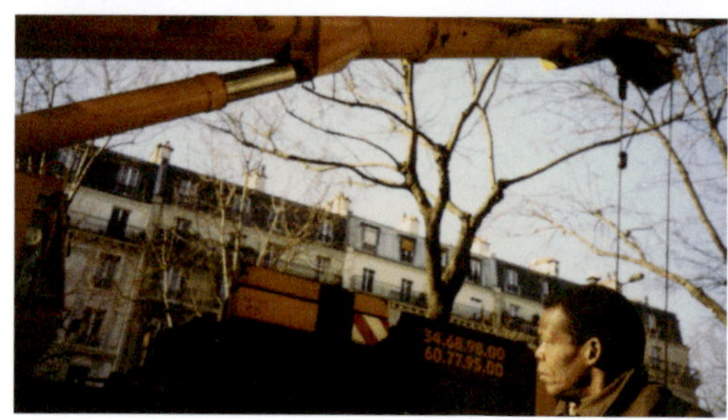

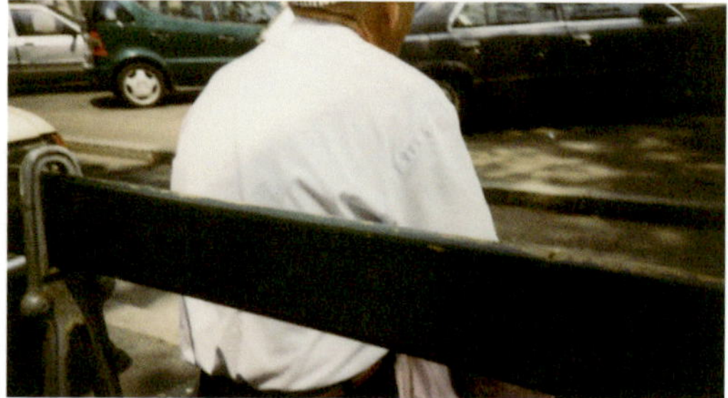

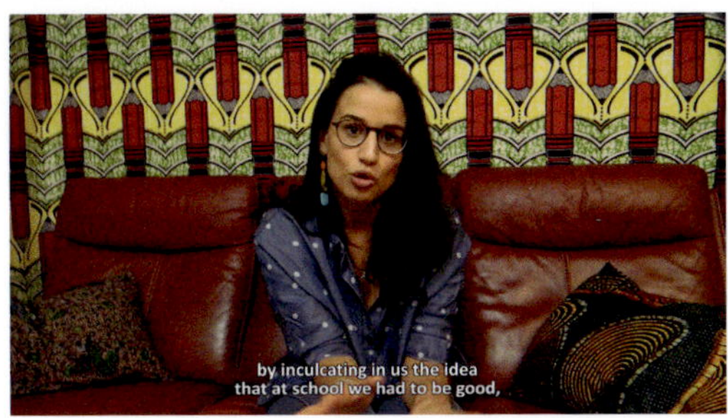

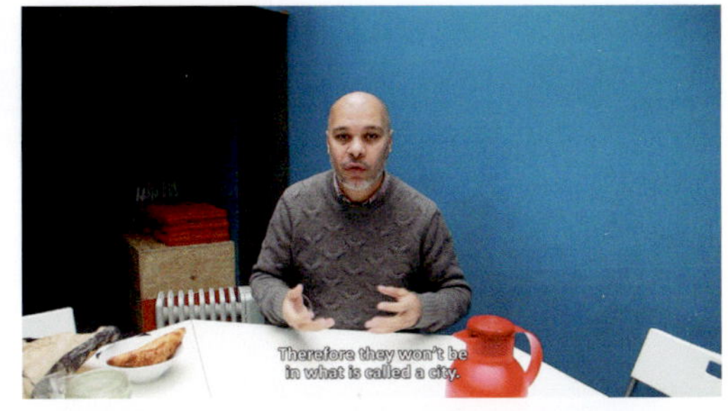

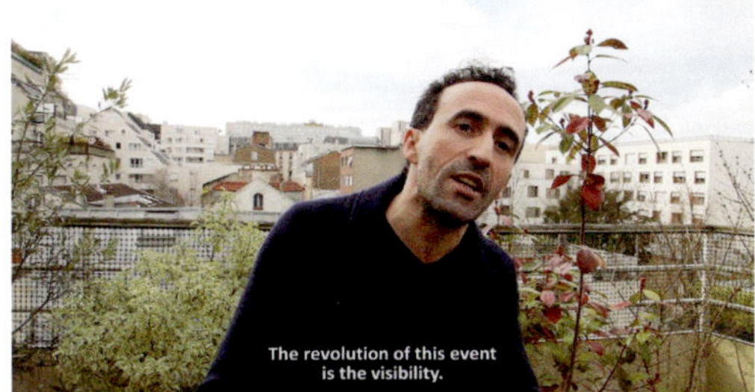

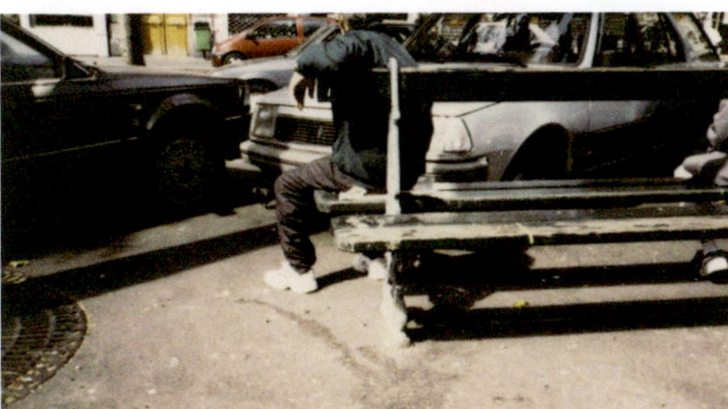

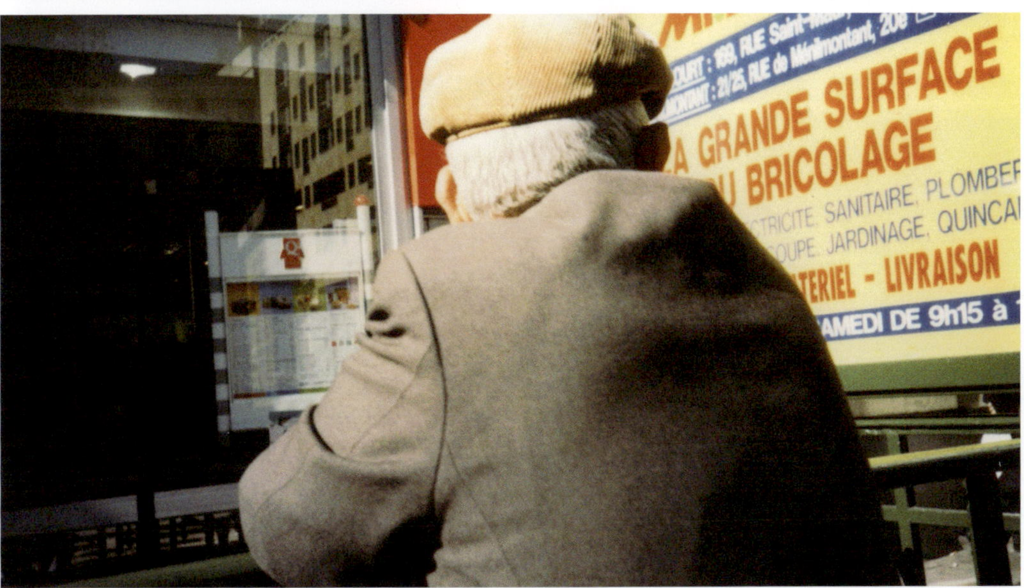

The Body's Legacies, Part 2: The Postcolonial Body [*Los legados del cuerpo, parte 2: El cuerpo postcolonial*] 2018.

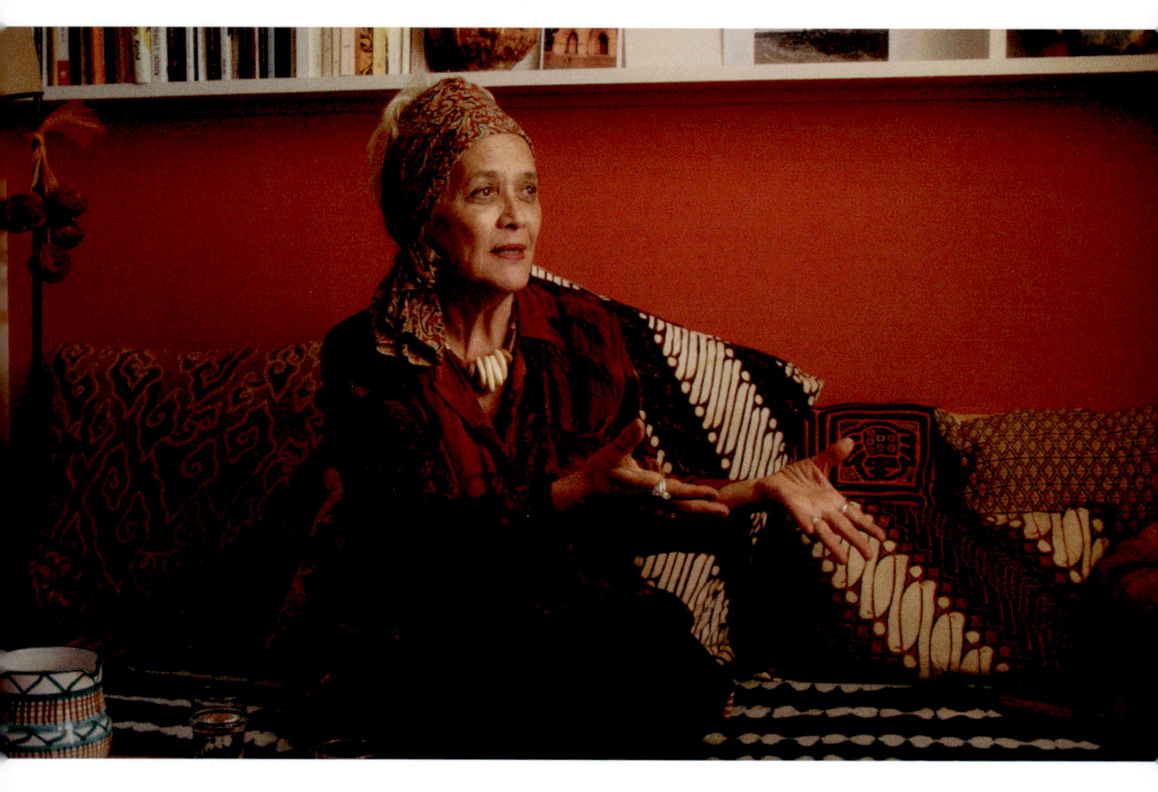

  pp. 108-111: *La Valise Oubliée* [*La maleta olvidada—The Forgotten Suitcase*], 2024. Fotogramas—Stills [Cat. 10]

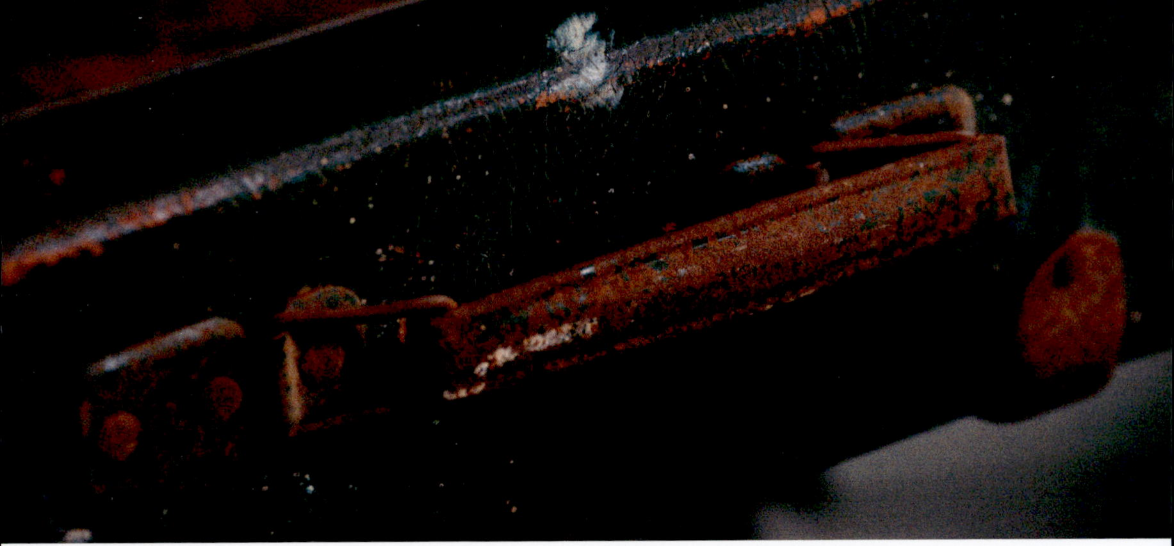

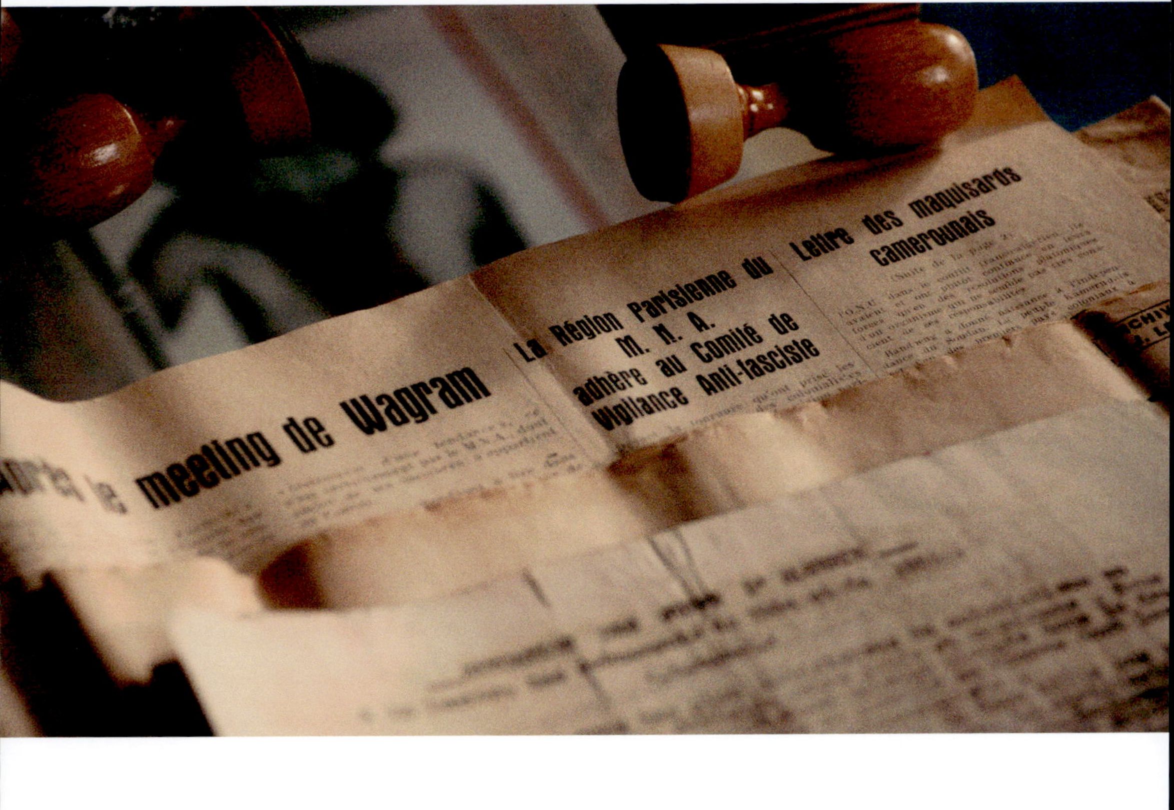

meeting de Wagram

La Région Parisienne du
M. N. A.
adhère au Comité de
Vigilance Anti-fasciste

Lettre des maquisards
camerounais

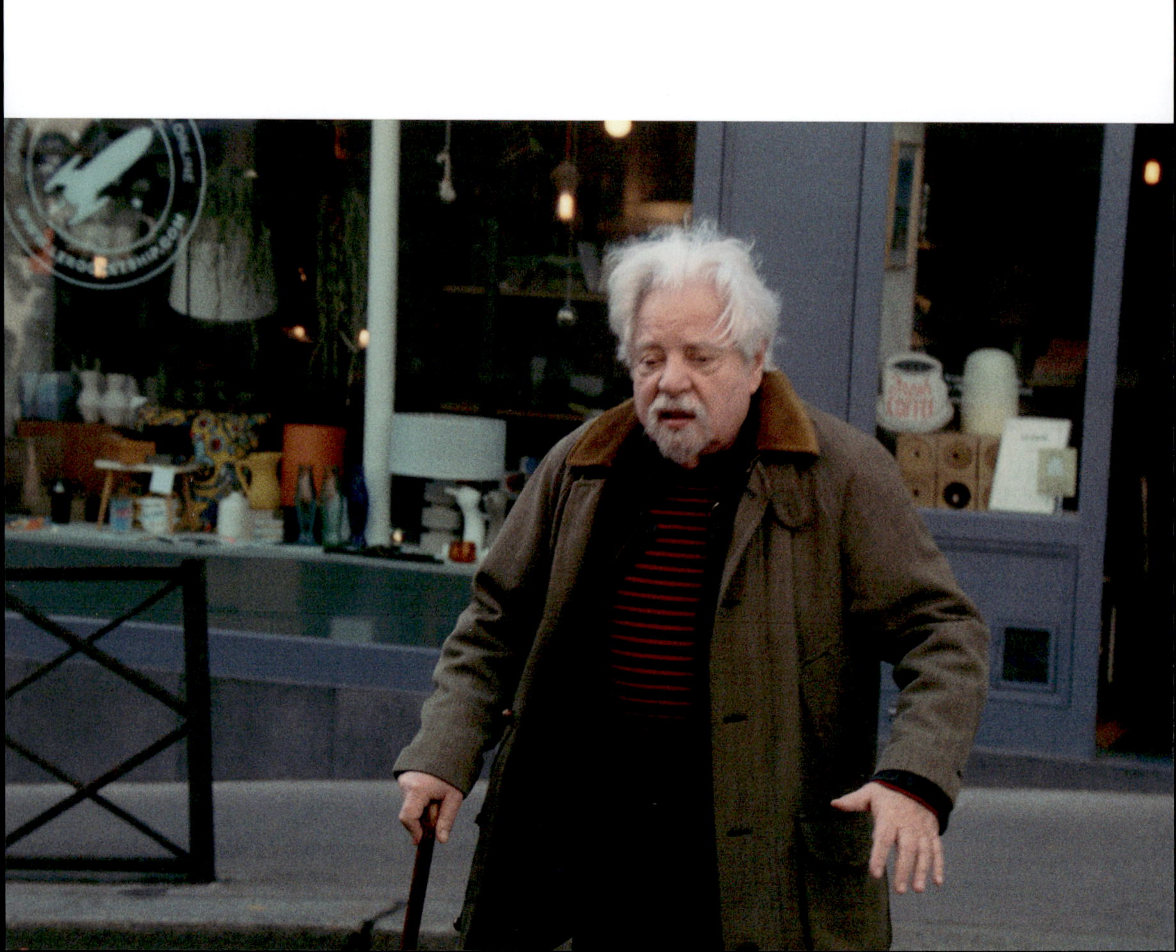

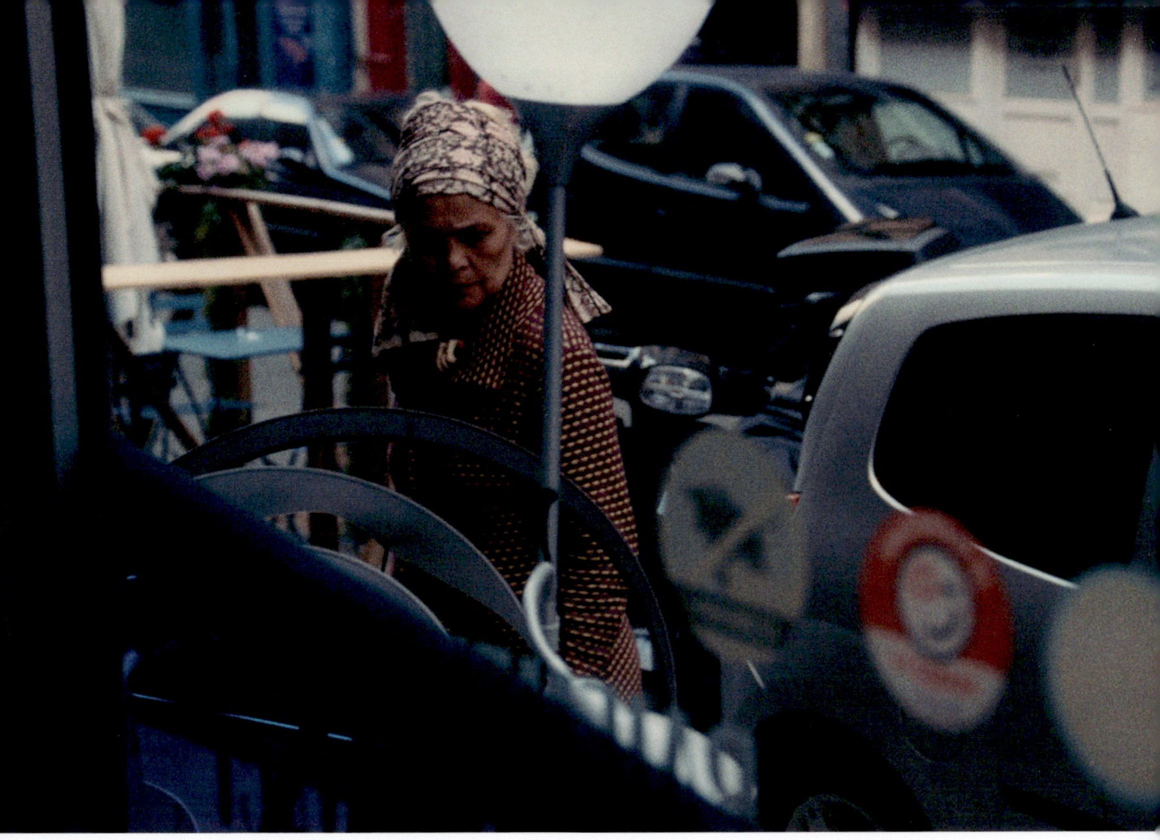

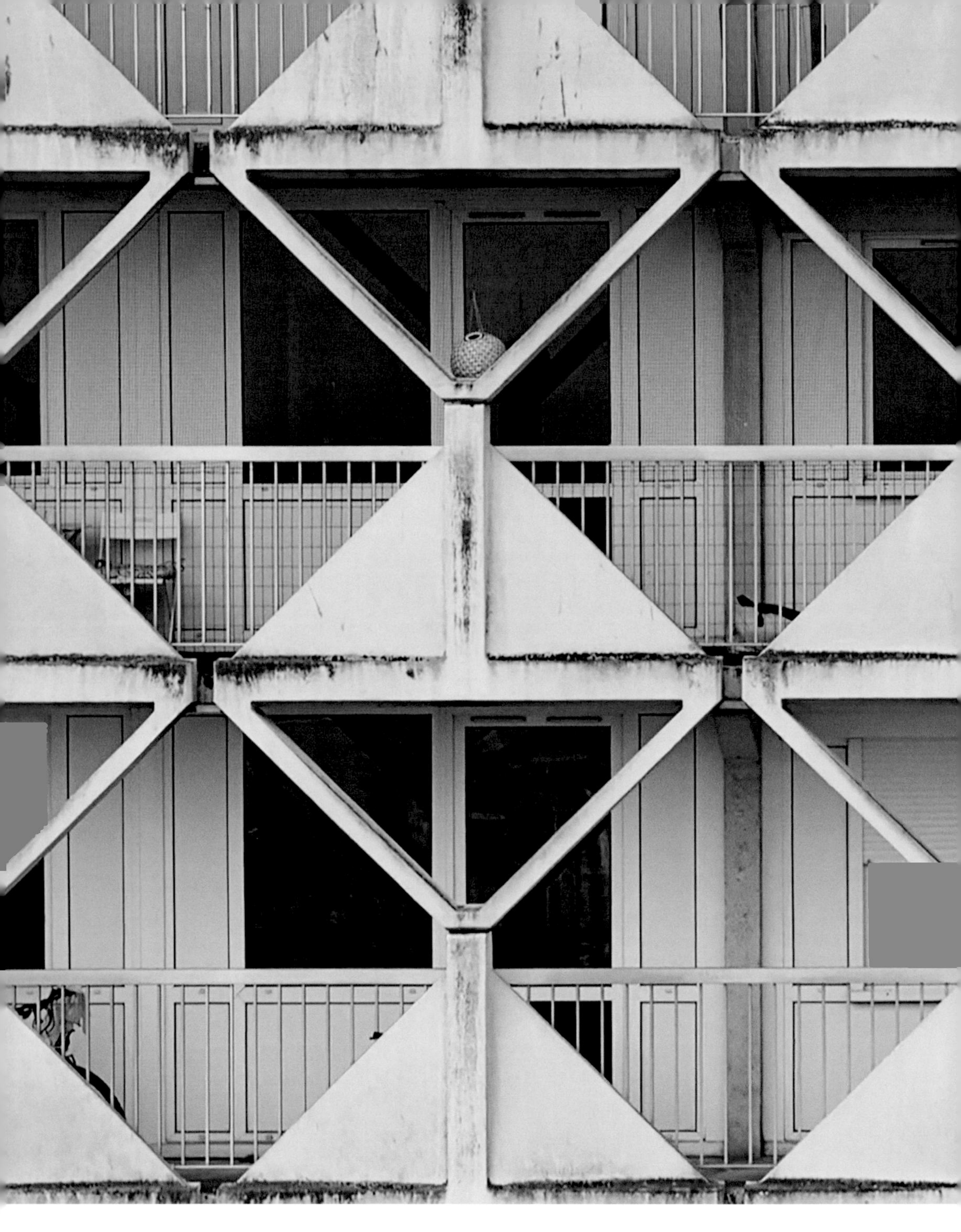

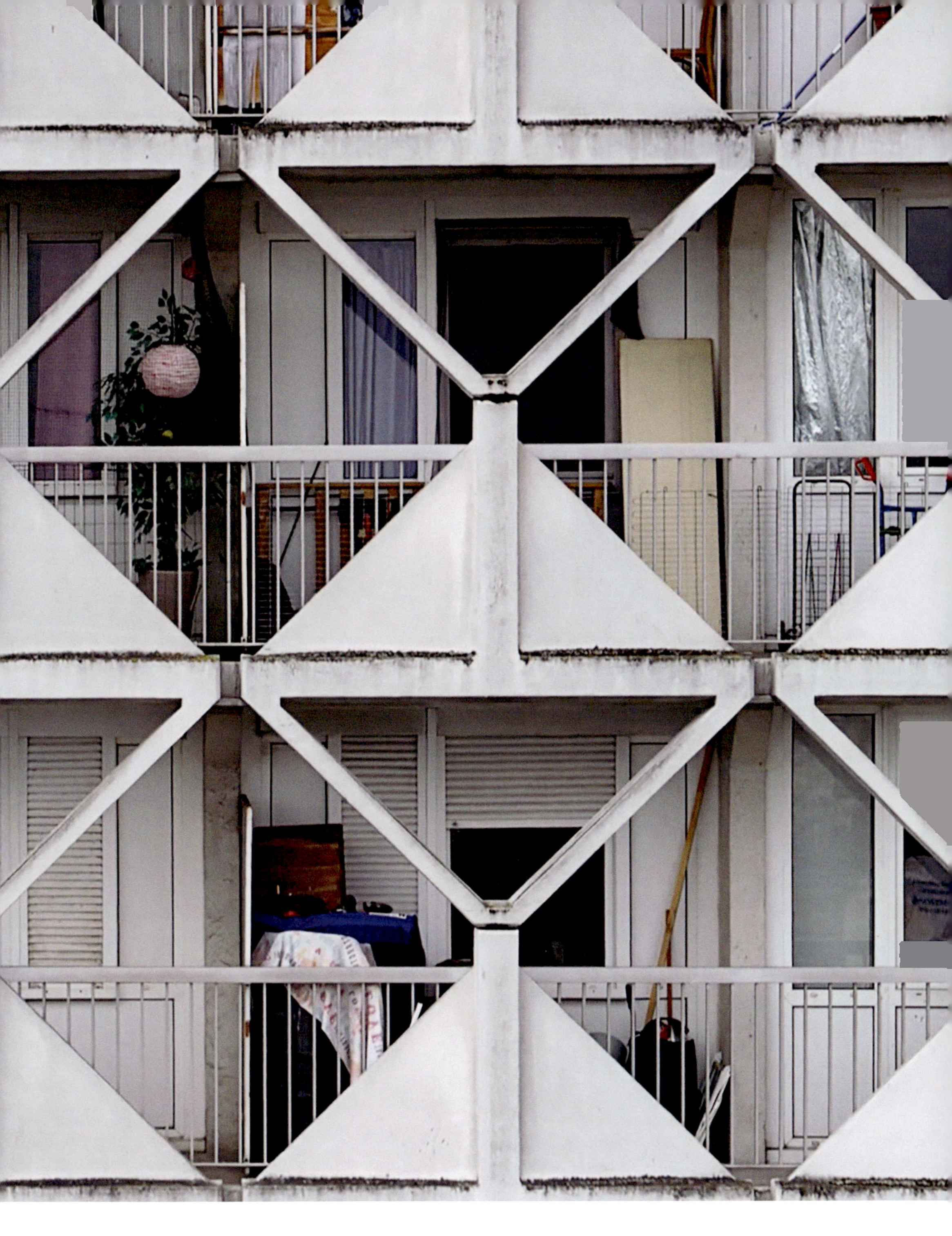

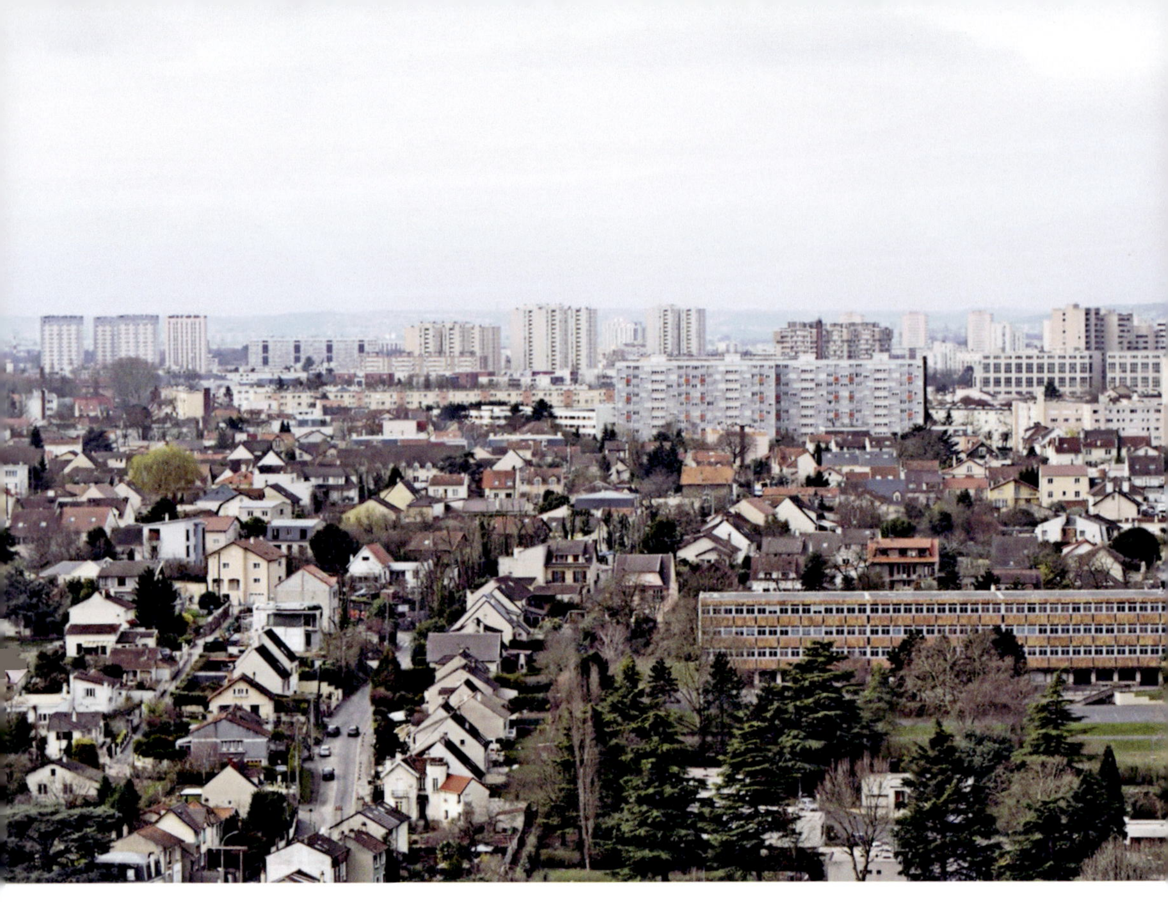

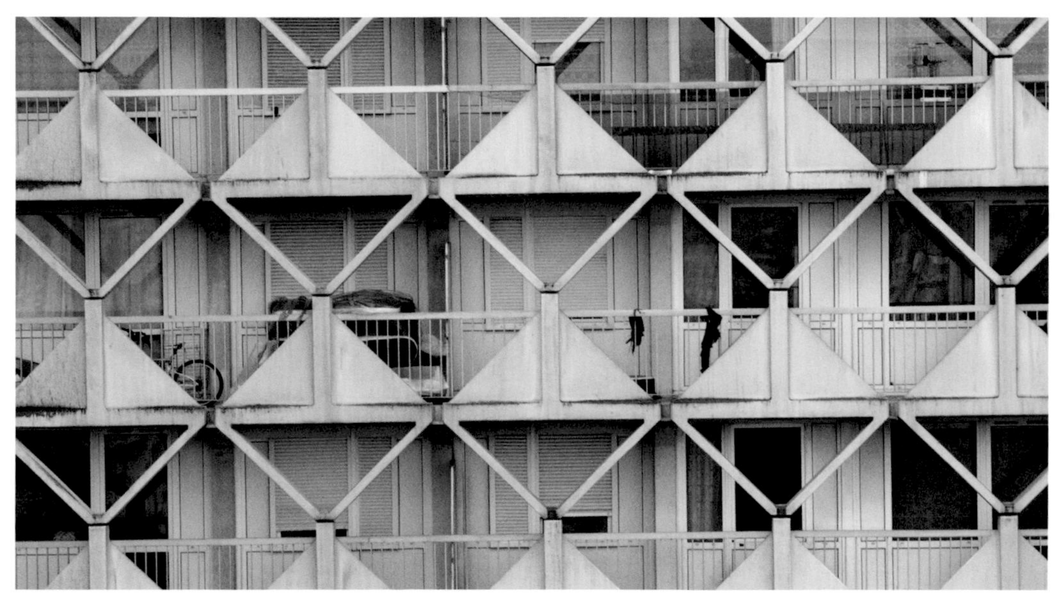

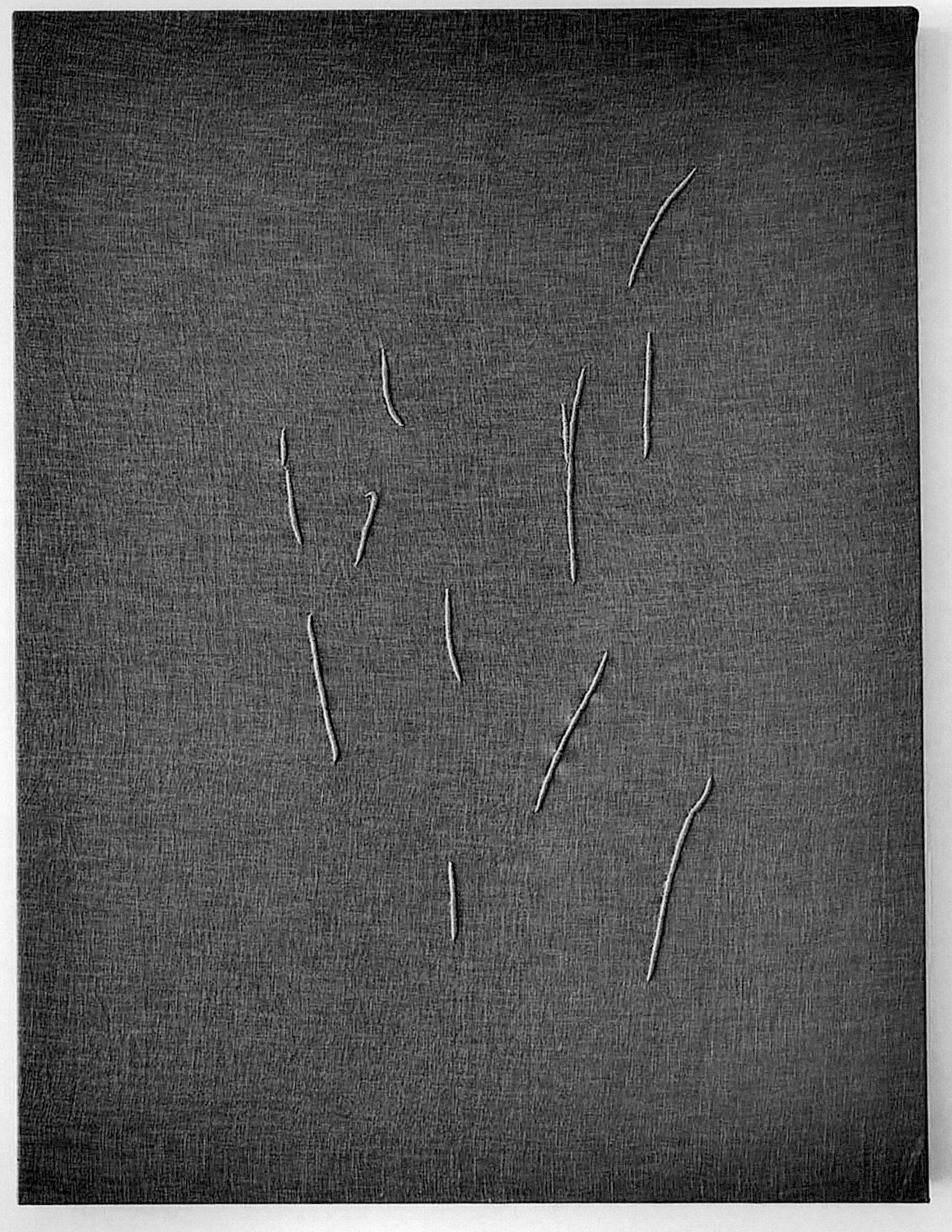

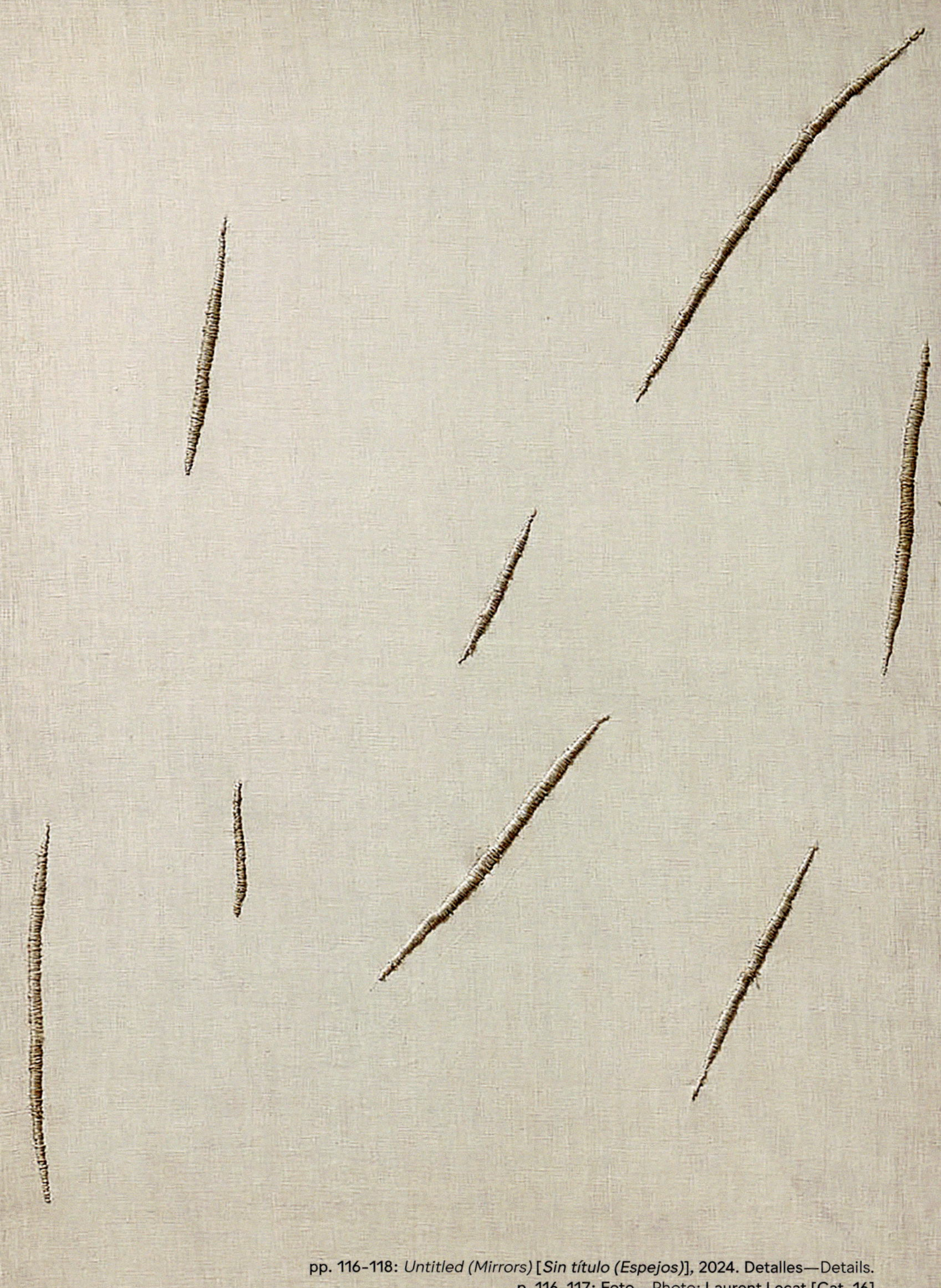

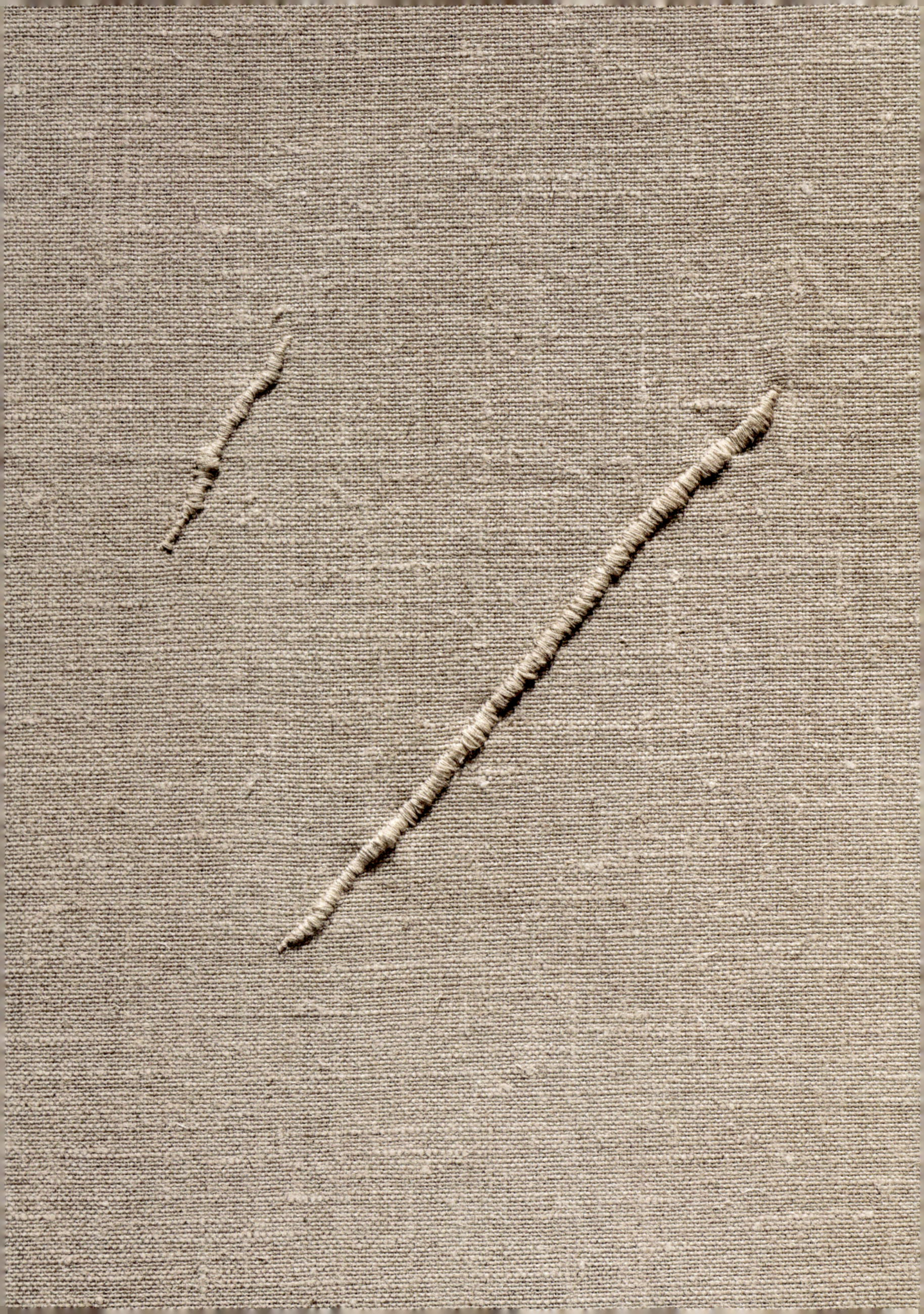

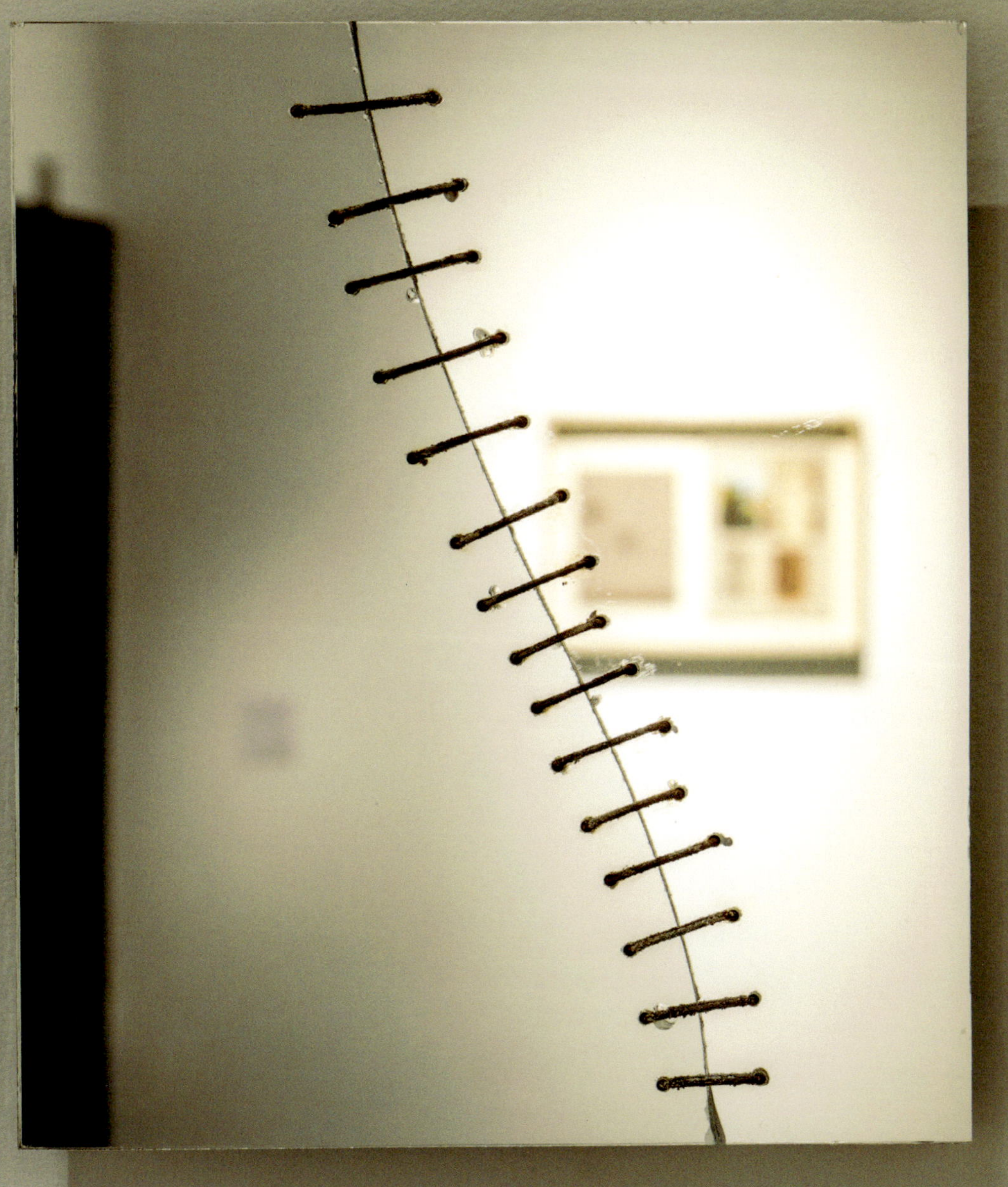

Repaired Broken Mirror [*Espejo roto reparado*], 2024. Detalle—Detail. Foto—Photo: Gui Gomes [Cat. 12]

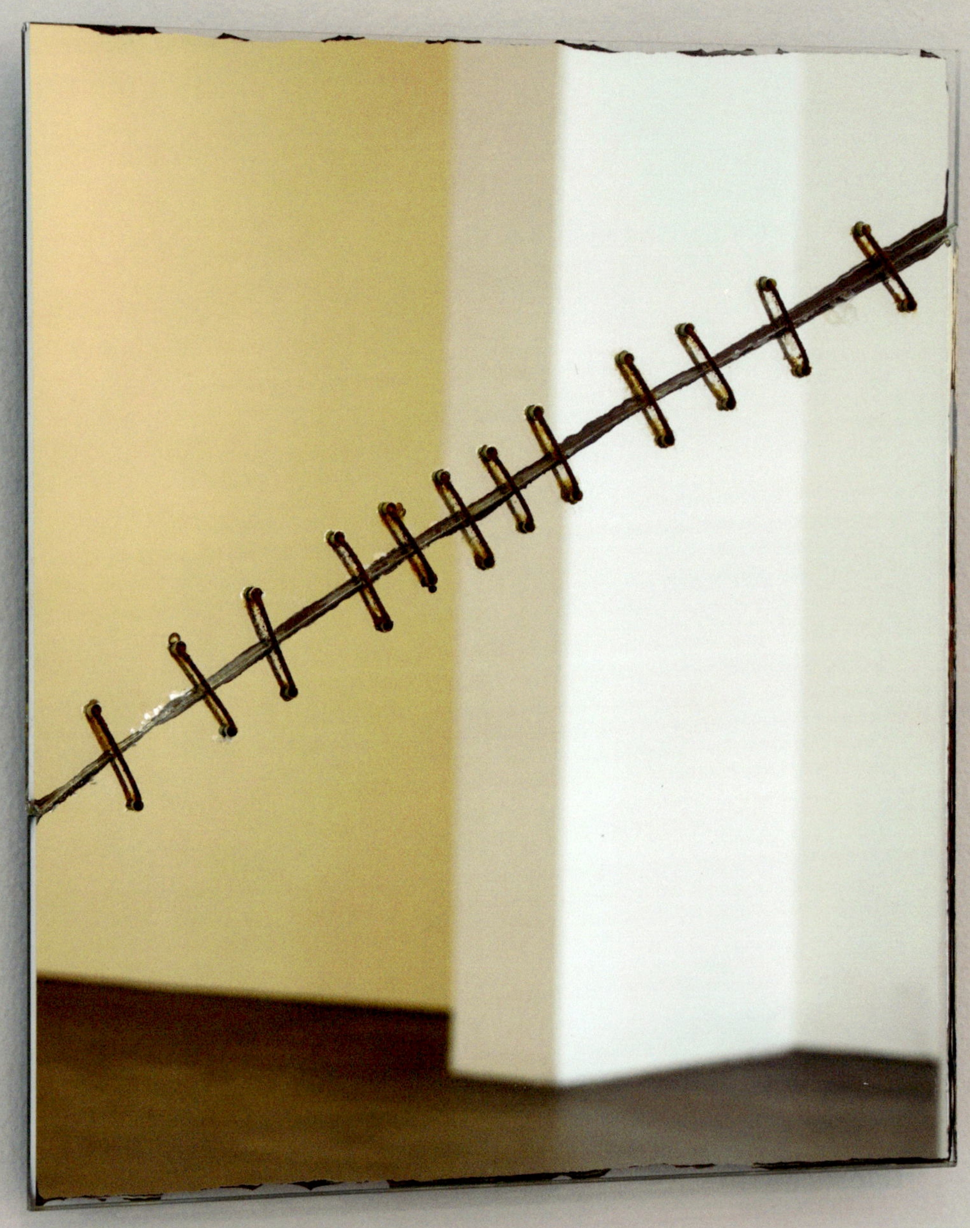

Repaired Broken Mirror [*Espejo roto reparado*], 2024. Detalles—Details.
Foto—Photo: Dirk Pauwels [Cat. 12]

pp. 116–118: *Untitled (Mirrors)* [*Sin título (Espejos)*], 2024. Detalle—Detail.
Foto—Photo: Toni Hafkenscheid [Cat. 16]

A Descent into Paradise

—

Kader Attia

We live in a world where the past is gazed upon in a delirious way, so much so that its interpretations are reinforced by the incessant flow of our spectacularized information society. Because the uninterrupted profusion of information has deprived our perceptions of the world of all humanity, we need to reinvent a common space, where collective and individual attention is preserved as the place where our externalized memories and minds are shared, and nurtured by works of art. In their most unexpected diversity, artworks in the broadest sense—abstract, concrete, political or poetic, but always concerned with embodying this attentional space to be shared between living beings—inspire me with the hope that perhaps our humanity is not a mistake. Or perhaps it is an error after all: an error of time, an error of chance, of the cosmos, or even more spiritually, an error of an immeasurable power, of which the architecture of the universe is a visible part. A power that tried something with our species, knowing from the height of its eternal omnipotence that its attempt would not be conclusive, and transmitted to us its eternal cycle of beginnings, and consequently the question of the legitimacy of our existence. This is the question we keep asking ourselves: why Life? Art, like Sisyphus carrying his burden over and over again, ontologically embodies this eternal questioning, through the hope at the very core of its passage from nothingness to the state of creation. But Art is also a prison, as it forever closes this question. Human beings, through the works they create in all media, continue to eternalize the paradox of life that is self-generating from nothingness, since in the process they destroy the environments that allow them to live.

One of the *Sisyphean* questions that the work of art has always embodied is the verticality of life, through the metaphor of elevation. From the myth of Jacob's ladder, and myths from other cultures, we can see how humans' fascination with this movement that directs us towards the sky is omnipresent throughout the history of human civilizations. A historian friend of mine once told me that when he was visiting Iran as a tourist and wanted to see the ruins of Darius's palace, he witnessed a strange scene. When he arrived in the middle of a steppe with no ruins still standing, the tourist guide suddenly exclaimed, looking up, "Here are the hanging gardens of the palace of Darius!"

Automatically at that moment, everyone peered up at the empty sky with a look of both satisfaction and conviction. As well as being the echo of many myths and beliefs in almost all human societies, vertical elevation has been cultivated so deeply in our psyche that it continues to be associated with the divine. The ladder seen in Jacob's dreams is used by angels to go up and down from heaven to earth. The immense literature that has allowed this myth to assimilate our interpretation of the ascent to heaven as a blessing is just as important as that which, on the contrary, makes us instinctively interpret the descent underground as a descent into hell.

In the *Divine Comedy*, going down to hell, Dante witnesses a strange and interesting scene, if we connect it to our current world, where capitalism reigns globally, even in societies that have been its most fervent opponents.

The passage describes a line of rich people with a bag of money hanging around each of their necks, waiting in purgatory or already on trial. Dante questions one of them who, by way of answer, tells him to get out of there before he gets stuck in that pit. All the while a huge tongue like an ox's sticks out of his mouth, licking his nostrils. This is one of the rare moments when money is described in literature as a sin associated with noble houses, since each purse bears the seal of a house of Tuscan nobility.

Wealth and money may be essential notions of modern power, but this wasn't always the case... In the Middle Ages, it was nobility and the family name that prevailed over other powers. Even in the ecclesiastical hierarchy of the Church, noble origin influenced position. From early modernity onwards, modern capitalism laid the foundations for an unprecedented upheaval of this social order. Money was no longer a sin, as the Church used to repeat, and the power of a family or clan was no longer solely political, but also economic. This change allowed power to diversify, with the wealthy bourgeoisie later rising to the top of the nation. But if Western modernity brings socio-political change by redistributing the privileges of high society, it also carries with it the seeds of the darker sides of human nature, such as greed, selfishness, and violence exercised on a grand scale to exploit the weaker subjects at the base of its social pyramid. This so-called *modern* system in fact continues the feudalism that prevailed in the ancient world, while claiming that the modernization of the world has eradicated this iniquitous violence structured as a hierarchical system of exploitation from the bottom up. In capitalism, the vertical movement of wealth extraction from the bottom up is not trickling down, so as to accumulate as much capital as possible. This extraction of wealth is made possible by a rhetoric of promise that flatters the desire of every human subject through a libidinal economy, via advertising, for example, and its popularization of Utopia in everyday life. The desire to enjoy, i.e. to rediscover the pleasure of the newborn's initial enjoyment, is the driving force behind consumerist capitalism. It alienates human beings by making them believe they live in a free society, where the balance between democracy and free trade regulates everyone's happiness. In this society of happiness, you might think "I consume; therefore, I am." In reality, it is the opposite: the subject *I* is perpetually consumed by capitalism, and has never been the independent being endowed with the freedom to choose that the neoliberal system claims to sell on a daily basis. Whatever the libertarians say—advocating today socio-economic self-regulation through destructive creation—when choosing what you consume is supposed to be synonymous with freedom, then the individualism generated by this ideology is entropic.

Joseph Schumpeter defined creative destruction as recurrent in capitalism, where when the irruption of an innovation considerably reduces the competitive advantages of rival firms and causes them losses or bankruptcy, it provokes by inference the continuous *recomposition* of the mesh of value production. But he did not anticipate the future importance of information as an everyday consumer good, and the endless social polarization that it generates.

Joseph Schumpeter conceived of capitalism as an economic system whose main dynamic, when freedom of trade is assured, is the stimulation of growth through innovation. However, the innovation that digital technology has brought to *free will* is the cause of its destruction. The more news we consume, the less independent we become, since news reports are selected and sent to us on a daily basis according to our algorithmic profile, built up over decades by collecting information about our interactions with the digital universe.[1] Pro-technology liberalism claims that the digital universe is at its prehistoric inception and that it will ultimately self-regulate. Let's hope so, but in the meantime, it's a non-regulated and therefore toxic environment ruled by capitalism as a new market.

Capitalism exploits and destroys, almost unilaterally and constantly, the very thing that gave birth to and nurtured the human species: its environment. Its entropy is such that it has also colonized the other environments it has discovered. It is in this multitude of environments that capitalism controls and exploits the human subject: psychological, political, cultural, temporal, and so on. Reappropriating the interstitial spaces/times of freedom that remain in these environments means taking care of them, repairing them, in the same way that a contaminated natural environment needs to be cared for. But this requires more than awareness. It means reinventing new tools for collective individuation, because the old ones are no longer up to date. Artistic experiments are true laboratories of collective individuation, where we invent together, despite all our differences, even without realizing it. With these new languages, whose proto-grammar can be generated by experiencing works of art, we can focus human attention on the importance of the depth (and not the height) of the ethics required to live together. This is what is currently disappearing in favor of the surface (and baseness) of individualized aesthetics, where the experience of mass media and entertaining culture reinforces the capitalist tale of Paradise on Earth and human being at its center.

—

1— According to Soshana Zuboff, "Surveillance capitalism," *Social Theory Re-wired*, New York, Routledge, 2023, pp. 203-213.

Manufactured Intelligences:
Kader Attia

—

Cuauhtémoc Medina

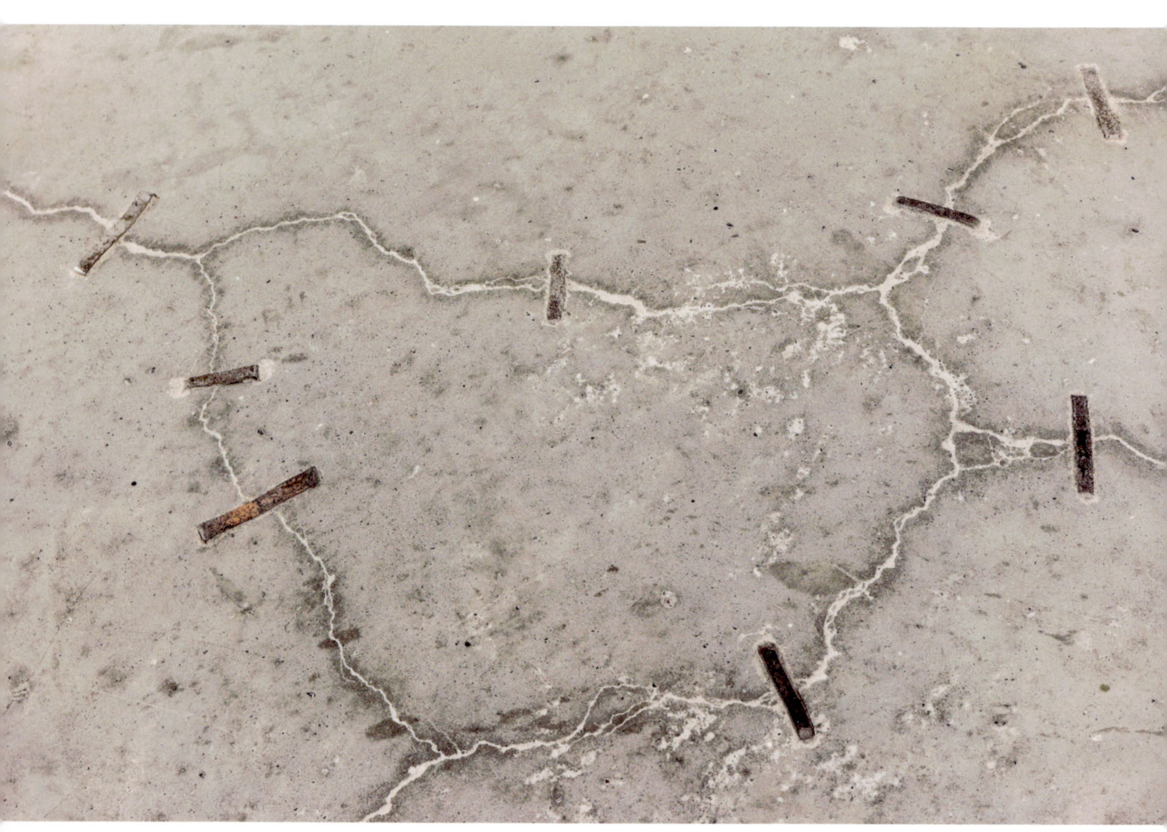

Traditional Repair, Immaterial Injury [*Reparación tradicional, daño inmaterial*], 2014.
Instalación—Installation. Grapas metálicas, cable, concreto—Metal staples, wire, concrete.
Foto—Photo: Toni Hafkenscheid

Like the mirrors and masks he has manufactured for over a decade, Kader Attia's body of work is a kaleidoscopic project. It offers to the viewer, both here and now and in the future, a set of faceted images and concepts, and a flow of diverse, shifting ideas about life and thought in postcolonial modernity, which cannot be summarized, but are pierced by vectors and vanishing points. It matters not whether those images, words, histories, and crystalline apparatuses appear as explicitly documented in the research based on conversations with all kinds of experts and witnesses who testify in his videos, or are encrypted in meaningfully opaque images and objects. Kader Attia's works are expressions of a proudly heterogeneous thought in a constant process of formation; a weaving with an expanding network, made up of inquiries and artifacts that suggest avenues of thought that cut across layers of time and very wide cultural differences. The fact that this complexity boasts a mix of relatively *low* and outmoded technologies (in the cases of his mirror-masks, mixing the shamanic attire of African traditions, the cubist faceting that inspired early twentieth-century European art, and a disco ball's multiplanar reflection of bodies and lights) already entails, in itself, taking a stance.

Kader Attia is an artist who strives, even with his smallest gestures, to infect viewers with a very particular state of euphoria, critical arousal, and reiterated curiosity. In that sense, he embodies the exact opposite of the dogmatism and resentment stereotypically attributed to critics of western hegemony. It would not be misguided, in my view, to note something that viewers of Attia's works can verify firsthand for themselves: their resounding "no" to melancholy. His art expresses the rare possibility of joyful critique, devoid of both illusions and catastrophizing; the aspiration to document and manufacture profane enlightenments.

Among the works that best exemplify that possibility is the installation *Continuum of Repair: The Light of Jacob's Ladder* (2013)[1], a labyrinth of objectified knowledge, offering up glimpses of a mysticism of times, myths, and scientific events. At first glance, the work is presented to the viewer as an architecture of books, or better put, as a library-citadel. Four walls of metal bookcases are piled with books of an encyclopedic variety; a display—in a sense obsolete—of the physical accumulation of information

—

1— See the work on pages 56-65 of this publication.

that, until a few decades ago, was the dominant medium for objectified memory: the printed word. The construction materializes the concept of the era of *plant-based memory* that, as Umberto Eco argued, glossing Victor Hugo: "comprises the most colossal building of modern times," an "anthill of intelligences" that expands "in endless spirals: humankind's second Tower of Babel."[2] Inside that enclave, selected to suggest a multifaceted, accumulated knowledge, Attia commissioned the building of a cabinet encircled by a display case, illuminated with books and instruments from the history of western science. On one side of it, Attia placed a library ladder that enables the viewer to contemplate a genuine abyss: the progression, duplicated ad infinitum by a set of mirrors on the roof and interior of the cabinet, of a library that joins the underworld to the heavens.

This staging of the nightmare of the overabundance of information, which has deeply defined western culture,[3] is marked by an image, which, like a ghost, may or may not be evident to the viewer. The line of reflections of neon tube lights in the abyss of books should evoke the vision from Jacob's dream in Genesis: "a ladder set upon the earth, the top of it reaching to heaven; and the angels of God were ascending and descending on it."[4] Attia came to that passage after seeing an engraving in a Bible; the scene of the ladder among the clouds that started out from Jacob's dream and reached God was represented in a rather naïve way. He subsequently made a model of the box of reflections, thinking about physicist Serge Haroche's Nobel-prize-winning[5] experiment that succeeded in studying individual photons within a reflecting box, which enabled him to manipulate individual quantum systems. The apparatus in his installation is thus a product of a cultural short-circuit that connects a figure from science to a well-known vision from a religion of the book. For the artist, this also involves a

—

2— Umberto Eco, *La memoria vegetale e altri scritti di bibliofilia*, Milan, Tascabili Bompiani, 2011, p. 30.

3— See Xavier Nueno, *El arte del saber ligero. Una breve historia del exceso de información*, Madrid, Siruela, 2023.

4— From the New Revised Standard Version.

5— Audrey Garric and Pierre Le Hir, "Serge Haroche: Il y a une contradiction entre le temps des politiques et le temps de la recherche'", *Le Monde*, October 11, 2012. Available at: https://www.lemonde.fr/sciences/article/2012/10/11/ serge-haroche-il-y-a-une-contradiction-entre-le-temps-des-politiques-et-le-temps-de-la-recherche_1773818_1650684.html.

progression from "the very elementary to the endless complexity," a synergy of observation and intuition.[6]

The mysterious duplication produced by facing mirrors has been a constant feature of Attia's work, from *Holy Land* (2008)—an installation of ogival mirrors simulating windows of boats on the beach of Fuerteventura, on the Canary Islands, which refer to the ticket to death of thousands of Africans immigrating to Europe—to its use as a means for making amputees' phantom limbs appear in the video *Reflecting Memory* (2016). Attia's mirrors are not a medium or a material, so much as an object of thought: a way for ghosts and for the very idea of *reflection* to become visible. As I noted above, one particularly important series in his body of work comprises the pieces titled *Mirrors and Masks* (2024),[7] in which Attia wraps copies of Dogon masks with a mosaic of mirror fragments, which reflect back at viewers their image as a cubist assemblage, an operation that underscores the transcultural character of the origin of modern painting in Picasso's appropriation of the construction of the African masks.[8] It is hardly trivial that Kader Attia has confessed to always feeling a bit scared by "the depth of two mirrors facing each other."[9] His are enlightenments that depend on contemplating the sublime record of a depth: the affirmation that the edges of the world are much more extensive than modern colonial instrumental reason would care to admit.

Over the past ten years, Kader Attia has put particular emphasis on retracing the imbrication of different modes of knowledge and traditions—animist and shamanic, psychoanalytic and literary, traditional and transplanted—in relation to the therapeutic, political, and cultural challenge entailed by the brutal experience of postcolonial trauma. In the video *Shifting Borders (Catharsis: The Living and the Dead Are Looking for Their Bodies)* (2018), Attia explored the memory of the violence of the massacres at the hands of the military regime in Gwangju, Korea, in

—

6— The story of the work's origin appears in "In Conversation: Kader Attia and Magnus af Petersens," in Kader Attia, *Continuum of Repair: The Light of Jacob's Ladder*, London, Whitechapel Gallery, 2014, pp. 24–25.

7— See the work on pages 50-55 of this publication.

8— "Kader Attia and Raph Rugoff in Conversation," in *Kader Attia: The Museum of Emotion*, London, Hayward Gallery Publishing, 2019, p. 17.

9— Idem.

1980, alongside the significance of traditional shamans' interventions to relieve the trauma of deaths and disappearances, which stem from thousand-year-old precolonial healing techniques.[10] In parallel, that same year, Attia conducted a series of interviews with therapists, philosophers, and activists, about the assault and sexual abuse of Théo Luhaka, a young French Congolese man, at the hands of the French police: *The Body's Legacies, Part 2: The Postcolonial Body* (2018).[11] This piece explores the misunderstanding between the hegemonic and immigrant populations over the meaning of police violence, the inability of white French people to understand the continuity of colonial practices in Algeria, and the brutality of the forces of order. Even the videos about Luhaka's assault get subjected to this parallelism, making a shared interpretation impossible. As the decolonial activist Louisa Yousfi affirms: "Without an accompanying discourse, the image is not enough." The bodies of formerly colonized people are still caught between the ghosts of colonial stereotypes and the false pretension of integration.

The range of Kader Attia's exploration is extraordinary: he presents the viewer with a beautiful meditation on the marks made by the rain on the surface of the temples in Chiang Saen, Thailand, and their relationship to that country's hybridization of shamanism and Buddhism, and then with the instrument of emotional control that links the faces of politicians and dictators to singers and actors, in the theatricality of political and social domination in today's societies (*The Field of Emotion*, 2018).[12] For Kader Attia, those faces make it possible to testify to the gesture as a trace of the silence that surrounds the traumas of modern history, and the way in which they flow back upstream in apparent contradiction to the belief in science, in terms of the communitarianism, isolationism, radicalism, and fundamentalism that define modern society. For Attia, the radicalization of modern politics, from the "call of the ghost of the caliphate," acts in the Muslim social body as a sort of phantom limb. Phenomena like anti-Semitism, Orientalist fantasies about Muslims, as well as the traditionalist fantasies of reparation of extremist identities, and nationalism, are forms of that denial, which strengthens the colonization of the

—

10— Ibid, p. 22.

11— See the work on pages 106–107 of this publication.

12— See the work on pages 76–87 of this publication.

world by triumphal capitalism, in the rise of passions that characterizes contemporary politics and entertainment. Attia could not be more precise in this regard: "Our contemporary world is haunted by the wounds of the past."[13] The only effect of such striving for oblivion is that social traumas haunt us in the form of fascisms and contemporary fantasies of restitution.

The world that Attia explores—the postcolonial world, with its growing hybridization of technological societies and animist ways of knowing, and the constant transcultural invention entailed by the collision of cultural diversity and coloniality—is not, as the surrealists thought (after Baudelaire), *a forest of symbols*. It is really a displaced, dispersed warehouse of subjective possibilities; a territory of frequently clandestine and disavowed transactions between human and non-human beings, and between ghostly presences and truncated symbols. Whence the need to start off from a growing collection of objects and testimonies, documents and images, ruins and symbols, which Attia recovers as fodder for his work, and which he then stages in the museological spirit taken on by his works themselves. As Noémie Étienne has pointed out, his work places us before a reversal of colonialism's classic model of universalist representation: "It is as if he has dismantled the stands of a Universal Exhibition and put them back together in his own way."[14] The concept that has guided both Kader Attia's process of collecting specimens and evidence, and the radial point of his works, is also a key operator in postcolonial societies: the quest for techniques, practices, and experiences of *repair and reparation*.

After working on the concept of *cultural reappropriation*, Attia realized that the process of colonial mimicry that occurs between the dominated and the western dominators, in addition to having a value that is, to a certain point, reciprocal, is centered conceptually on the pretension of a certain material and symbolic repair: the elaboration of highly refined techniques and processes related to the breakage of objects no less than of bodies and social relations. For Attia, *repair* is much more than the way that societies subjected to historical trauma seek to mend objects, architecture, bodies, concepts, and spaces, once colonization, the state, and

—

13— Kader Attia, "The Field of Emotion," 2018. Available at: http://kaderattia.de/the-field-of-emotion/

14— Noémie Étienne, "Bodies, Spaces and Artifacts: Montage and Reparation as Forms of History," in *Kader Attia,* Zürich, Musée Cantonal des Beaux-Arts de Lausanne-JRP/Ringier, 2015, p. 73.

the goal of domination have broken their original integrity. For Attia, repair is life itself in the historical sense, for objects, ways of life, and bodies alike. Repair involves "improvements, translations, and always the shift from one space-time to another that sublimates, surpasses, and creates the conditions for development. Reparation is life."[15] Kader's search is not merely erudite; it contains a persuasion about the historical power of art: "I have always been fascinated by the concept of reparair, the idea that human beings are on an extraordinary adventure, but full of injuries. Those injuries need to be repaired. How? [...] As far as I'm concerned, the arts have an incredible ability to change the world and its systems from the indies, through a very slow motion process."[16]

Like the Cuban anthropologist Fernando Ortiz's concept of *transculturation,* Kader Attia's notion of *repair* is an instrument for finding value in the terrible and bewildering creativity that the experience of exile, oppression, and violence undergone by cultures and individuals subjected to colonization and modernization could not help but mix; in Fernando Ortiz's words, "the loss or uprooting of a previous culture, which could be defined as a partial deculturation [and furthermore] carries the idea of the consequent creation of new cultural phenomena,"[17] emerging from a process of oppression and violence. These perspectives are full of ambivalence: they are guided not only by the conviction that Walter Benjamin articulated—that cultural achievements are indissociable from the evidence of brutality—but by the ethical and political conviction that it is necessary to oppose one of the main features of western modernization: the establishment of oblivion, instituted amnesia, the hiding of the traces of violence:

In the 20th century, Western, modern world, when an object was broken, you had to repair it by removing as much of the injury as possible, then giving aback to the object its original status[...] It's erasure and denial of the injury; it's a denial of time, of history.

—

15— "Kader Attia in Conversation with Briggitte Derlon and Monique Jeudy-Ballini, 'Seeing the World from a Different Perspective.'" Ibid, p. 129.

16— "Rachel Kent in Conversation with Kader Attia," in *Kader Attia,* Rachel Kent (ed.), Sydney, Museum of Contemporary Art Australia, 2014, pp. 21–22.

17— Fernando Ortiz, *Cuban Counterpoint: Tobacco and Sugar,* Harriet de Onís (trans.), Durham, Duke University Press, 1995, pp. 102–103.

> It's also the fantasy of controlling as much of the universe as we can. The traditional object, repaired roughly [...] had a life, and it's still alive, and it has a history, and is living with this wrinkle, if I may.[18]

The corollary of this vision of the tensions between western modernity and non-western traditions is of an ethical and aesthetic order: "the duty of memory." For Attia, his work leads to a big lesson: "the great tragedy of contemporary society is amnesia. Constant, permanent..."[19] For Attia, "Reparation is an oxymoron that also includes the wound: to deny it is to maintain it."[20]

It is a cliché—and often an attack, too—to point out the materiality of contemporary art has incorporated intellectualized contents. It is not unusual to find artistically decorated poetic practices that have been instilled with theory, or to understand works themselves as critical interventions. Ours is a time when one hopes that artists might resuscitate, at least in part, the battered figure of the public intellectual, and offer us an experience of an era defined by a surfeit of words and images, rather than exhibiting their own intelligence or erudition, as evidenced by their texts and conversations. Attia performs the rare job of producing, collecting, framing, and highlighting artifacts, images, materials, and even figures of thought that indicate an unexpected, heterodox intelligence, situated in the objects and works themselves.

At a time when the new cognitive capitalism threatens to unseat our creative and intellectual labor with the automation of a universal plague called *artificial intelligence*, perhaps one possibility for the artist would be to counter-attack with works that appear as manufactured intelligences: works that would not be the product of a mere accumulation and selection of ways of knowing, but rather media through which we would produce a sensible understanding. If the low technology of the art object is capable of anything, it is accommodating the complexity of experience: giving us access to a much more profound historicity and temporality than that of the communications media, social networks, and political discourses.

—

18— "Rachel Kent in Conversation with Kader Attia," op. cit., pp. 22 and 27.

19— "Kader Attia in Conversation with Briggitte Derlon and Monique Jeudy-Ballini," op. cit., p. 132.

20— Kader Attia, "The Field of Emotion," op. cit.

The radical thrust of this process is that the art object does not appear as a communicative residue, but rather as a kind of objectified intelligence. As he himself has declared: "as an artist, you also investigate your philosophical reflection with materials."[21] The phrase "as an artist" specifies the characteristics of an *activity* whose product is a thinking object.

It is not that Attia translates concepts from the established intellectual field into works of art; quite the contrary. In a practice that is heir to a multitude of cultures, but that also winks at a surrealist and postcolonial inheritance, Attia produces enlightenments constituted in and out of materializations: artifacts that do not illustrate thoughts, but rather constitute materialized, visual versions of thoughts themselves. Crucially, this doing/picking up/assembling/imagining does indeed objectify intelligence: "Works of art—written, painted, performed—are mirrors, for better or for worse, of histories past, present, and future."[22]

As suggested by the beautiful bunch of collective and personal histories explored in the film *La valise oubliée* [*The Forgotten Suitcase*] (2004), much of what had initially been conceived under the still-murky figure of *objective chance* in surrealism is rather the way in which *grand history* collides with personal histories, to the point that they are now necessarily intertwined with each other. Attia presents the case of three hidden or lost suitcases, which for various reasons usher into the present highly complex testimonies from Algeria's anticolonial struggles, which come to us now as unexpected deliveries: a collection of documents by the controversial lawyer Jacques Vergès, who defended Algerian independence fighters and was also an anticolonial agent himself; a suitcase that anticolonial activists left more than half a century ago in the hands of the artist Jean-Jacques Lebel, at a time when he and other allies served as clandestine pro-independence couriers; and finally, a suitcase with photographs of Attia's own family, which the artist regarded as a mysterious fetish in his mother's home. Like light from distant stars, those suitcases are emissaries from an ever more unreachable time, and at the same time a way of puncturing the superficiality of the historical perspective of today's struggles. It is noteworthy how the memories that those testimonies awaken allude to a whole range of highly complex

—

21— "In Conversation: Kader Attia and Magnus af Petersens," op. cit., p. 24.

22— Kader Attia, "The Field of Emotion," op. cit.

questions: the absurd labeling of anticolonial dissidents as *terror-ists,* the mixture of the discourse of revolutionary emancipation and the practice of violence with women and children, the story of the collaboration between European and colonial activists that the purism of present-day activism has been unable to digest. For Attia, artworks' power of reflection is reparative, insofar as it offers a catharsis of historical pain while also questioning power in the present:

> The work of art plays a crucial role in the reparation process. Besides the fact that it constitutes itself a reparation, it also questions a political horizon touching all the categories of society. It is always discussed, even hated, but never meaning-less. Why? Because it incarnates the field of emotion! It is both a projection and a necessary mirror of society that seeks to exorcise its evil in order to find inner peace...[23]

Of course, this process lacks the sheen of calculation and pre-dictability of the instrumental view of modern reason, for it has more to do with understanding that the fantasy was more a symptom than a desirable outcome. Even works apparently defined by their contemplative value, like the installation made up of rainsticks activated with a mechanical artifact that evokes the passage and rhythm of time *Untitled (Rainsticks)* (2024), suggest the possibility of experience to repair our battered existence. For Attia, there is no contradiction whatsoever in combining enchant-ment with critique and reflection with contemplation. This prac-tice takes up the oxymoronic character of the splicing-together of cultures that colonial modernity has bequeathed to us, while at the same time exploring the potential of crossings and mixtures for understanding an increasingly paradoxical present—a time that, as Attia himself suggests, can no longer aspire to ascend Jacob's ladder, following the angels of the heavenly promise. He urges us to accept our arrival at the supposed paradise of western modernity as a fall. Only in repairing that wound would we be able to find some kind of promise in that violent descent.

—

23— Idem.

Whose Dreams Are We Dreaming?

—

Kader Attia
Rolando Vázquez

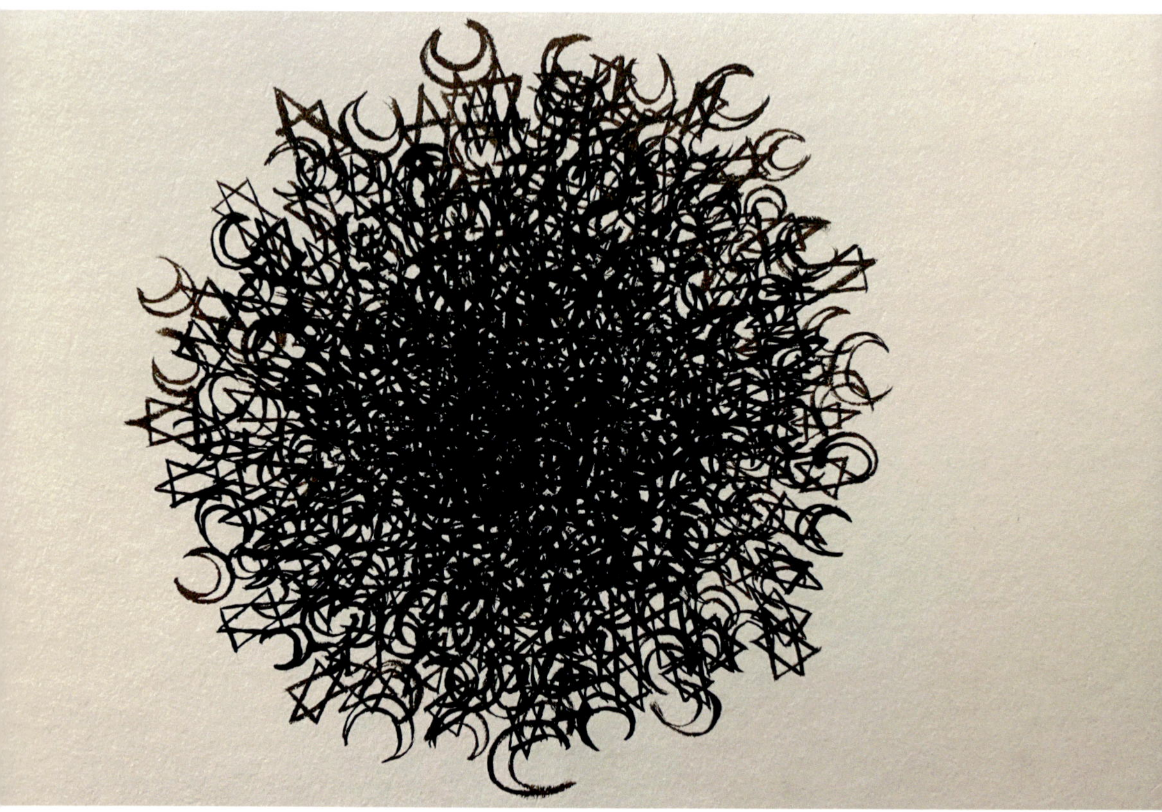

Estudio para la pieza *Sin título (Big Bang)*—Preparatory drawing for the work *Untitled (Big Bang)*, 2024.

Rolando Vázquez (RV): Could we start with the question of the function of art today, taking into consideration a quote by Souleymane Bachir Diagne[1] and his warning against the dangers of anti-colonialism and deconstruction: Que le discours anticolonial ait souvent été lui-même une réponse piégée, c'est-à-dire un essentialisme colonial, la pensée critique s'emploie à le montrer. Mais il faut se garder d'une furie de la déconstruction qui ne verrait plus partout qu'une logique coloniale toute-puissante, insidieuse et ventriloque-dictant elle-même toujours les réponses qu'on lui oppose.[2]

Kader Attia (KA): Bachir Diagne is right when he's questioning the trap of becoming essentialist in the critique of colonialism. Unfortunately, anti-colonial critique has frequently gotten lost in a dead end that is locked in the past, unable to mirror the current process of occupation, exploitation, murder, and control of the free will of the mind that is happening within neoliberal techno-liberalism and the capitalist regime. A scholar I really love, Shoshana Zuboff, who wrote *Surveillance Capitalism* (2019), compares the discovery of behaviors by the engineers of Google in 2003 creating an algorithm called UPI "user profile information" that collects all the data available, to the so-called *discovery* of Christopher Columbus, when he arrived in the Caribbean Islands. The claim that they "had discovered a world" gave the colonizers the authority to control, by killing the people as subjects to the Spanish crown, pretending that there was nothing in the land before they arrived. The idea of administering so-called *virgin lands* reemerges in digital colonization.

Shoshana Zuboff points out that in the *collection of data*, it is taken for granted that all the data was there before. However, we need to understand that in order to harvest, you have to cultivate the field, you have to plant the seeds, and thus the danger we face is the transformation of the cognitive and elementary functions of autonomy, such as free will... Today, sometimes we

—

1— Souleymane Bachir Diagne, "Penser/faire l'Afrique" in Souleymane Bachir Diagne and Jean-Loup Amselle, *En quête d'Afrique(s): Universalisme et pensée décoloniale I*, Paris, Albien Michel, 2018, p. 207.

2—"Critical thought gets used to show that anticolonial discourse has itself often been an entrapped response, which is to say, a colonial essentialism. But it must be guarded from deconstruction, which would only see everywhere an insidious, all-powerful, ventriloquial colonial logic—itself always dictating the responses to which one opposes it. " Idem.

should wonder when making a decision, if it is really ours, or has been induced by algorithmic governance.

Sometimes when you have to walk through an art installation, it is crucial to stay consciously alive and not become a proxy of the algorithmic governance that is imprisoning us in all these billions of devices that now exist all around: cell phones, watches, etc. Many museums are now providing "virtual reality" experiences, where you put on a 3D helmet and then walk through the galleries where you can see whatever object, artworks, etcetera. I mean, you can visit a virtual museum with a helmet lying on your sofa at home! I care a lot about seeing whether a new work offers us the capacity to resist this vanishing experience, the disappearance of the social experience that is Art.

As an artist, it is particularly important not to fall into the trap of essentialism when it comes to anti-colonial critique. One of the crucial questions that each artist has to ask themselves is: "Why bring a new artwork into the world, into the endless ocean of the culture industry of exhibitions and biennials we have ended up in nowadays?" The artistic experience, as far as I'm concerned, has to be *physical,* in terms of *space/times.* That's why I'm willing to produce installations, sculptures, and performances, although physical experience also happens with film or paintings, because all art practices are time-based media in the end. But what I care about here is how to continue what has been defining us as social animals, the gregarious instinct. The fact that, from the cave, even within the caves, the earliest human beings were gathering into communities to create together... This gregarious instinct, for me, is what is saving us today from the fragmentation of society produced by the digitization of society and information. The fact that when you want to see a film, or especially an exhibition, you have to go with your body into a space to experience the artwork physically with other bodies and minds.

It's not about liking or disliking an artwork... Even when you don't like an artwork, you are experiencing the artwork physically. And not only the artwork, obviously: you are experiencing your social character as a human.

The language that you are using is sometimes not easy to understand, because it brings a new insight to the question, to the emotion, to the poetry. I am not talking here about idiomatic language specifically, but in a more abstract way about the language of art... If you invent a new language, you are confronted

with misunderstanding from the audience, or even by getting
lost in translation yourself, trying to make sense, even if time and
space delay this moment, as the need to understand or feel the
new language is not immediate.

Artists have this capacity to create elliptical reflections, and
that's when it helps the social network, which cannot postpone
the relevance of what they are witnessing as an artwork for ever.
I'm just warning that if we don't care about the new work we
are creating, we're just producing nothingness and missing the
point of the collective individuation that each new language is
enhancing socially. And I think the question of being a contemporary artist is how to create an awareness of the fact that we are
just one layer in terms of a vertical scale of history. We are just
one cloud in a sky of events. And that's why practicing art keeps
us going back and forth from one field of knowledge and thinking
to the other, and from the past to the future, etc.

RV: It's crucial to ask "why?" in relation to the work of art today,
and if we are merely complicit or just reproducing the culture
industry and making individual careers. But we could also con-
sider the work of art as a site of struggle over our life-experience.
That's why we like to use the term *aesthesis* instead of *esthetics,*
because with *aesthesis* we are not naming just the canon of
the arts or a philosophy or a regulation of the beautiful and the
sublime. With *aesthesis,* we are naming our experience of the
world and it allows us to engage with how our experience of the
world is being hijacked and appropriated by different systems. We
are concerned with the regulation and incorporation of human
experience.

Aesthesis is not simply imposing things from the outside,
but is incorporated into our own bodies. We are incorporated
into the algorithm and the algorithm is incorporated into us, it is
embodied in us. Our ways of experiencing the world are increasingly the outcome of our being incorporated into systems.

Here we find a big answer to the question of *what form* of
doing art; namely, for opening that space to understand and
contest the hijacking of our life experience, to denounce and to
struggle against that pervasive control of experience that circulates through our own bodies, that takes hold in our bodies.

Another key site of the struggle over our understanding and
experience of the world is language. We know from the history
of colonialism that the power of naming, from naming territories

and geographies to the language we use in everyday life, is also
the power of erasing the lives of others and the worlds of others.
Algorithms are in themselves functioning as a language that we
cannot hear anymore; it is not a language of conversation among
us. It's no longer language as that political space between persons
who can speak and be heard, to follow Hannah Arendt. We live in
a world that is mediated by a numerical language that is beyond
human understanding.

Art is one of the practices that can challenge this situation
and bring us into relation with basic forms of experience that are
recovering relational forms of sensing and being in the world.
It can give us insights to escape from a level of alienation that
seems to have brought Marx's theory to its completion; but with
an important shift and extension, namely the extension from the
extraction of labor, to the extraction of experience, the expansion
of control from the worker to the consumer.

Of course, essentialism in anti-colonial critique is dangerous
but I also worry about the *accusation of essentialism* being complicit with the colonial agenda. Indigenous thinkers, like zapatistas
or the Amasir, or authors such as Léopold Sédar Senghor, speaking
about the work of art from the Global South, introduce non-Western
ontologies and philosophies. Their affirmations cannot be dis-
carded as essentialized; they speak of worlds that are beyond the
Western enclosure, of worlds that have other roots, other temporalities. And so, we need to be aware that the accusation of essentialism carries the danger of replicating or reinforcing colonial
difference and reinforcing erasure, making the West the only place
that can be non-essentialist, or the only epistemic location that is
really deconstructive and really post-structural, etc.

An instance of this discrediting of other knowledges can be
found in the common use of the term shamanism. When you
distinguish between *world religions* and *shamanic practices* you
put them outside the conversation, they become essentialized
and thus discredited. Of course, there is serious and important
work from Mircea Eliade and many others, about shamanism.
Nonetheless, it seems to me that the relational worlds that have
a direct connection to the mountain or the river and that are
referred to as "shamanisms," contain powerful answers for a
world that is leading to the destruction of Earth.

KA: In that respect, it is interesting to the sort of succession of
trends in contemporary art during the last fifteen years. First of

all, unfortunately, most of what were supposed to be curatorial choices have been market oriented. Deleuze said it very well, "capitalism is the quasi cause of its failure." So, we have to understand that capitalism has the capacity to create anything, even critics against itself, and transform it into a cause of new accumulation. So, to make a long story short, as a French Algerian, there was a trend to classify me within the so-called *Arab scene*. But I'm not Arab. My father is Arab, my mother, she's Berber. As an artist, I'm neither. Then there was the so-called *Afro scene*, particularly the African American scene, which started with a very, very powerful impulse from the North American market. Bringing forgotten major artists out of the shadows, some already very well-known and others totally unknown, but still extraordinary. But unfortunately, a wave of less interesting works has become the last front of the art market, for which what matters isn't blackness but the circulation of funds.

We are in a situation where, in the name of decolonization, instead of focusing on the quality of art and an artist, the criterion of visibility is the black body as an object instead of a subject, which made philosophers like Norman Ajari very critical of its success. As he states in my film *The Body's Legacies, Part: 2. The Postcolonial Body,* Ajari has always been skeptical of the codes of the hip-hop culture of entertainment, where you have these overexposed bodies, athletic bodies of men and women dancing and acting, which remind him of the preparation of the slave bodies on the slave ships before docking on Rhode Island, or as soon as the ships were arriving in North America, to be sold on the slave market. They used to be covered with a liquid of nitrate silver, making the bodies shiny and glittery, so that the acquisition of the bodies by their future masters in the slave trade would be an enjoyment for the owner. So, this overexposure of the body objectifies rather than subjectifies the human being to be sold as a product and therefore dehumanized. The focus on the so-called *indigenous art scene* continues the colonial legacy by another excess of objectification of the so-called *indigenous subjects* into a bankable product... obscuring really interesting indigenous artists and activists, whose borders between magic and reason are so flexible, and who use a language that is yet not mainstream, that capitalism has a hard time controlling.

This raises one of the most important challenges that confront artists: how much control you have to exert in the creation of your work, and on the contrary, how much you have to explore the uncontrollable in your production. It took me years, probably decades, to leave a significant space/time for the unexpected, when and where a mistake happens in my work in progress. Working with your mistakes is very difficult...

Because, in the end, the same way that we are also living through a moment of this critique of anti-colonialism, we have to be aware that when we do create artworks or books or any artistic creation, it is important to re-create a distance from the epistemic chains of colonial governance.

Mimicking shamanism in a museum is not a way to decolonize a museum but to enhance colonial difference. On the contrary, re-inventing the conversation between the audience and otherness means reinventing the space/time where a new common language can be woven together... This is what we have been calling *collective individuation.*

We do create something to endure, like all the traces that we are producing: they will not die forever. On the contrary, they are intersecting with other traces produced by other subjects, through time, within other forms of perception, and will generate new traces. And this core attention in the very long term, culturally coinvented perspectives and new positions, are there to unlock the certainties we've been living with but know that they are not enough anymore, because the world evolves so fast and endlessly. And that's why I come back to Bachir Diagne: the whole point is to be able to self-critique what we actually advocated for decades as anti-colonial thinking, in order for anti-colonial discourse also to be decolonial against itself, to be able to unlearn from itself too.

Otherwise, we will remain locked inside the catechism of colonial grammar and its order of things...

RV: This is the paradox of the uses of deconstruction: it reinforces colonial difference and creates the other as essentialist, because it is not on the side of deconstruction. It is a paradox because deconstruction is supposed to eliminate all essentialisms and all dichotomies, but its political effect can be that of producing the other as essentialist.

I would like to talk with you about the role of art, with two terms that I borrow from Édouard Glissant: transparency and opacity. When the curatorial world creates *(s)cenes*—arabocene, anthropocene, etc., including the new materialist scene, it furthers the demand for incorporation and transparency, where by the spectator and the cultural industry can extract profit from this legibility and exposure.

Opacity offers a response to this mechanism. When you speak about opening to the unexpected, to mistakes, I don't think it is random: it is about entering that space of opacity that has not been consumed by the regime of transparency and commodification. It's the same for language. When language is reduced to a dominant grammar and a dominant vocabulary, to that surface of what I call the surface of representation, then it's a language that is separated from the consciousness that there are always things in excess, that time is always in excess of the surface of the present. You were referring to that when you said *we are just one layer.*

We can recognize how there is one of these layers, which we might understand as the layer of Walter Benjamin's *empty present.* It is a layer that is almost fully regulated by the control of presence, the control of experience. But by recognizing that this is just one layer, we can realize that on the other side of colonial difference, there's a plurality of temporalities under erasure. When we're speaking of the unexpected, I would like to read the term *mistake* in the sense of the miraculous; as what challenges logic can fracture that surface of the order of things, and hence appears as *a mistake.*

The event of the unexpected tells us that is still possible to fracture the surface of the established order of things and indicates that there are other layers of experience, other memories that can be activated. That's a key place where the struggle for experience and the struggle for language lie. That's why it's important to speak about decolonial aesthesis, because it implies becoming conscious of colonial difference, the control of experience, and representation. It implies recognizing the things that are under erasure and that have the capacity to re-emerge, to configure alternative constellations, and to challenge the order of the present in unexpected ways.

KA: Thanks for this quote: "What challenges logic can fracture that surface of the order of things, and hence appears as *a mistake.*"

The idea of fragmenting the surface, as the uppermost layer on which we exist, brings a specific work to my mind. I have been inspired by the myth of Jacob's ladder in the Bible. Jacob was sleeping under trees, and he had a dream in which he saw a ladder coming from the sky to Earth, on which angels were going up and down. This is an image that has always been touching for me because my father used to work in construction, and used

ladders a lot, but also because of the political and social implications of the ladder, metaphorically, and the tangible quality
of a dream described by biblical mythology. I'm fascinated by
the mind's capacity to produce a dramaturgy like a movie in our
brain, as a kind of projection inside our brain when we dream.
So, I projected Jacob's ladder using two mirrors facing each
other, between which there was a florescent light stick. It produced what we call in French a *mise en abîme:* which is an infinite
regress of reflections of the neon light stick, reproducing an endless ladder. The whole installation was situated on top of a little
wooden library full of objects from the 18th and 19th centuries,
which were used for astronomy and for microscopy. For example,
there was a telescope and a microscope joined together by their
lenses, almost stuck together, one looking up, the other down,
and an iconic representation of Jacob's ladder on the shelves.
Climbing the wooden stairs on one side of the library, the viewer
could discover the representation of the ladder created by the
neon light stick endlessly multiplied between the two mirrors.
Looking at it there was always a vertiginous feeling of falling. For
me, the superficial layer we're talking about here is the mirror
as modernity's illusion of control based on the narcissism of the
individual that it has created.

But I like the idea that art can help break the surface layers of
the world, to hack it up, particularly the regime of understanding
the world, as we systematically take our perceptions for granted,
which are actually biased by the regime of coloniality, as auton-
omous governances. Scientists are looking for proof of their
hypothesis with experiences. Art provides access to a space/
time of thinking the impossible possible. It has this capacity to
actually ask questions, without answering them. That's why it can
play with the metaphor of opening the mind to other layers of the
existence. Art as a practice and form of thinking is a pathfinder, so
much so that even some scientists sometimes can also call on Art
in their research or reflections.

I was very inspired by a quantum physicist Serge Haroche,[3] a
Nobel laureate from France fifteen years ago. He said that a good

—

3— Audrey Garric and Pierre Le Hir, "Serge Haroche: 'Il y a une contradiction entre
le temps des politiques et le temps de la recherche,'" *Le Monde,* October 11, 2012.
Available at: https://www.lemonde.fr/sciences/article/2012/10/11/serge-haro-
che-il-y-a-une-contradiction-entre-le-temps-des-politiques-et-le-temps-de-la-
recherche_1773818_1650684.html.

scientist must have curiosity, intuition, imagination, which means being a good artist.

> La première qualité, c'est la curiosité. Il faut avoir, chevillés à l' âme, la curiosité, le besoin de comprendre et de savoir. La deuxième, c'est l'imagination, être capable à partir de situations connues d'en imaginer de nouvelles qui peuvent être sources de résultats inattendus. Ensuite l'intuition: savoir associer des idées apparemment différentes, voir leurs points communs et voir à quoi cela peut conduire. Et il faut aussi avoir de la chance, même si celle-ci n'est pas suffisante. Pour conclure, je dirai que certaines de ces qualités sont les mêmes qui sont nécessaires à un bon artiste.[4]

Serge Haroche (Ecole normale supérieure, Collège de France) and David J. Wineland (National Institute of Standards and Technology) won the Nobel Prize because they have designed an experiment in which to catch a proton particle inside a spherical mirror trap. To the question of where the proton went after so many back and forth trips from one side of the sphere to the other, Haroche answered "We do not know. It vanished into the unknown universe."

It was very poetic questioning of the scene of reality. The ethnographic museum is the negation of art, for it disables the objects from seeing us, to quote Bachir Diagne. I am always surprised at what we are like when we go through galleries. And you know, either in contemporary art or the so-called ethnographic and archeological museum, the relation we have with the object is always like a *sense unique* [one-way only] lens. Maybe the kind of back and forth with it is...

RV: A Cartesian relation.

KA: What makes you say that, Rolando?

—

4— "The first quality is curiosity. You need to have curiosity, the need to understand and the need to know. The second is imagination: being able to take known situations and imagine new ones, which can lead to unexpected results. Then there's intuition: knowing how to combine seemingly different ideas, see what they have in common and see where it might lead. And then there's luck, even if luck isn't enough. To conclude, I would say that some of these qualities are the same as those needed by a good artist."

RV: Well, because it is in the metaphysics of the west that Descartes will announce a basic separation between the subject and the object, thus defining an active subject that looks at the object. That basic dichotomy between subject and object establishes a material world that is separated from us and that we can own. It corresponds to the metaphysics of capitalism, which sees the world as an object for a subject who possesses it through the gaze or through property.

There is an important aspect in thinking about the reflection and the layer. The logic of the algorithm or artificial intelligence is that layer that is on the surface of the now, and that is dominated by a logic of multiplicity as repetition. When I think about, for example, ancestral materialities, or an object that can look back, I see something that is operating beyond that layer of repetition and recombination. A key term used by Bachir Diagne's work on Léopold Senghor is the notion of *rhythm*. For me, rhythm is like this ladder that goes into time and that creates a resonance beyond the surface of the present, whereas multiplicity and repetition, or recombination, remains on the surface of representation. It remains trapped in the present, in what can be owned, and in the realm of representation. But rhythm has more to do with the temporality of listening, with resonance, and with entering other layers of time that cannot be reduced to the surface of the present.

In a film, you can press the pause button and you have the still image. There is something in the surface of the now. But in music, if you press pause, there is no music. There is only music in the resonance of time.

Our modern civilization is based on that surface of representation and on repetition, multiplicity as repetition and recombination, but it has lost the rhythm of life, that resonance, that vibration that lies in opacity, in the unexpected as the emergence of things that exceed what has been established.

When objects can speak back, when we can enter in resonance with the temporalities of objects, then we suddenly can have that consciousness of ourselves as just passing. This is particularly true in ethnographic museums, where being with ancestral objects is being before a deep temporality that carries knowledges and aestheses that exceed us.

Artists know very well that power circulates not only in the economy, in the state, or in the knowledge system, but also in our bodies, determining how we feel and experience the world. The role of art when it comes to decolonial *aesthesis* is precisely to wrest us away from that control of experience, and engage other forms of sensing, other forms of being together, or of learning each other, of feeling each other, of remembering, of dreaming. One of the questions I ask is: whose dreams are we dreaming? If we dream to acquire power, the recognition of capital or the state or to have a career in the culture industry, well, those are not our dreams, those are dreams that have been inserted into us by the very same system that we criticize.

Decolonial *aesthesis* marks a field of struggle that has not been named directly, and that exceeds the field of political economy, and looks at how power governs our experience of the world, our sensing of the world. How can we open other spaces of sensing that are not artificial, are not inventions, that are forms of sensing capable of recovering what has been denied, what is under erasure, and that can emerge in just and alternative ways?

KA: The position from which the author, the reader, the artist, the audience, the critic, the social subject is actually the tool of the colonial encyclopedia and episteme that coloniality maintains every day. Decolonial *aesthesis* indeed calls for the need to emancipate yourself from the clutches of modern/colonial epistemology. That's why I found it important to care about art, because art frees us ethically and aesthetically, particularly because it involves the uncontrollable within art practices. There are some concrete examples, I experience each time more and more. In some of my work, like the sculpture I'm making of injured faces soldiers from World War I, these busts of injured faces are made with very raw tools. They are very approximate ways of sculpting the details of a proper eye or nose. It's impossible to be precise. Even if I use five sizes of blades, I always work from a photo portrait, sometimes from a published drawing, which are precise, but the outcome is never precise. It might sound strange but it's very close to my collage practice, in term of impreciseness... When an artist works on collage, at the end of the day, your desk is covered with hundreds of pieces of paper. In general, I leave my studio very late, go to a dinner with friends or my family, and come back eventually to the studio around midnight, and work again until three o'clock at the latest, trying to finish or to improve this collage. Quite often, because of this distance in space and time, you discover the juxtaposition of two pictures that occurred by chance. It's not you. It is not an Aby-Warburgian rational juxtaposition, it's completely by chance. And I come back the next day after to see whether I was drunk or too tired, and day after day thereafter, if it's still relevant. To what kind of order this form of unexpected creation belongs, I have no idea, but it's not what I was looking for. (The use of the English term *looking for* here is strong as this experience involves the gaze with *looking*.)

RV: I would venture to say that it's not just by chance, but it is a way of entering that space of resonance, that space where things can come together, and beyond the oppression of rationalism and beyond the erasure of coloniality. And suddenly, things can come together that are resonating in their movement. It is the emergence of realities that are not inventions, they are not just accidents. They are actually emergences that show that a different reality is possible, that another way of sensing is possible, other forms of perception, beyond rationalism and against erasure. And that's why decolonial *aesthesis* cannot just be reduced to anti-colonialism. It's that search for that movement of emergence that is key here, and that carries possibilities of repair, of hope and justice, inasmuch as it is a political possibility.

KA: Many discoveries, important scientific discoveries for instance, have been done by *mistake*. But if we call them mistakes, it's because we did not grasp or control their process of creation, or so we believe. Another obsession of modern colonial thinking…. Rhythm is the perfect term, because either you are in the right rhythm or not, it's always related to another entity you are interreacting with, rhythm is a dialogue, sometime a multilogue. Resonance is the perfect image of this back and forth movement between the tangible and the intangible.

RV: The metaphor I like to use is the image of the sea. I tell my students that the surface of the sea can be seen as the surface of representation, but we know that it only takes its form, because there is a depth, an infinite amount of layers that are in movement. These layers are not visible in the present of the surface. We need to strive to enter into resonance, to listen, to recognize that rhythm that precedes us.

KA: From the messy desk, you isolate your attention but it is also attracted by an irresistible force toward this area where you found an interesting conversation between two pieces of paper: it has a lot to do with listening indeed, something we don't know, or so we believe… As far as I'm concerned, I think more and more that it's like binding two points of the universe that were separated but to which an agency of existence moves us magnetically to rejoin, as a repair…

RV: For me it's about turning from the power of representation to developing the capacity of reception. What does it mean not to be trained to have power over representation, like the creator, the director, the artist, who have this sovereign power of representing the world? What would it mean to have the power of reception, to be host, to listen to the temporality of things, to enter into resonance? This implies undoing the subject, the subject as a sovereign unity. You have to relinquish the sovereignty of the subject to allow for that resonance to shape what you are doing.

KA: Indeed, with all its political implications. When you go into the sea or a lake, you walk inside the water, feel the sand, and slowly you lose the sense of the floor. We have to reinvent this non-knowledgeness in creation, in order to escape the regions of the colonial episteme.

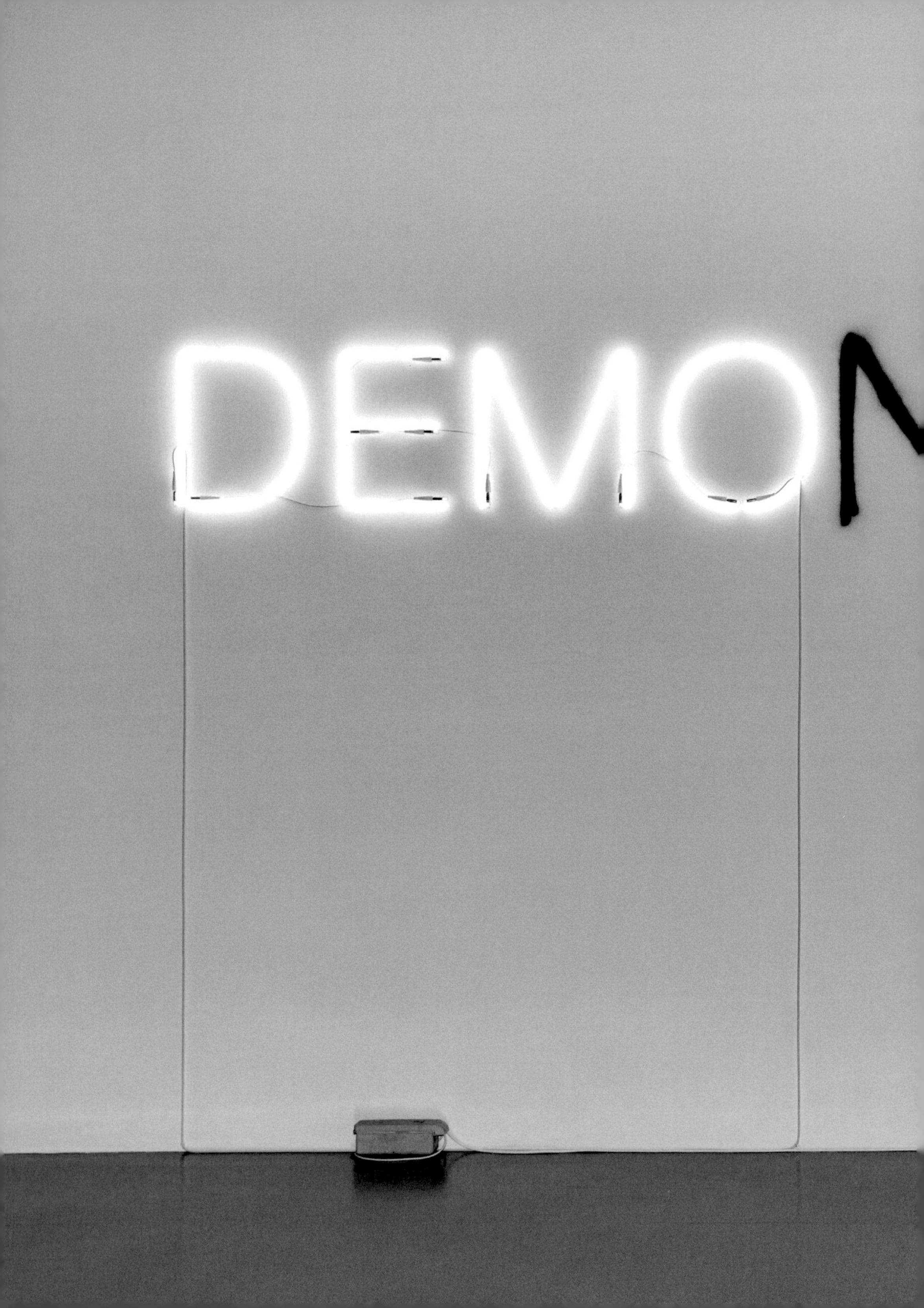

DEMON

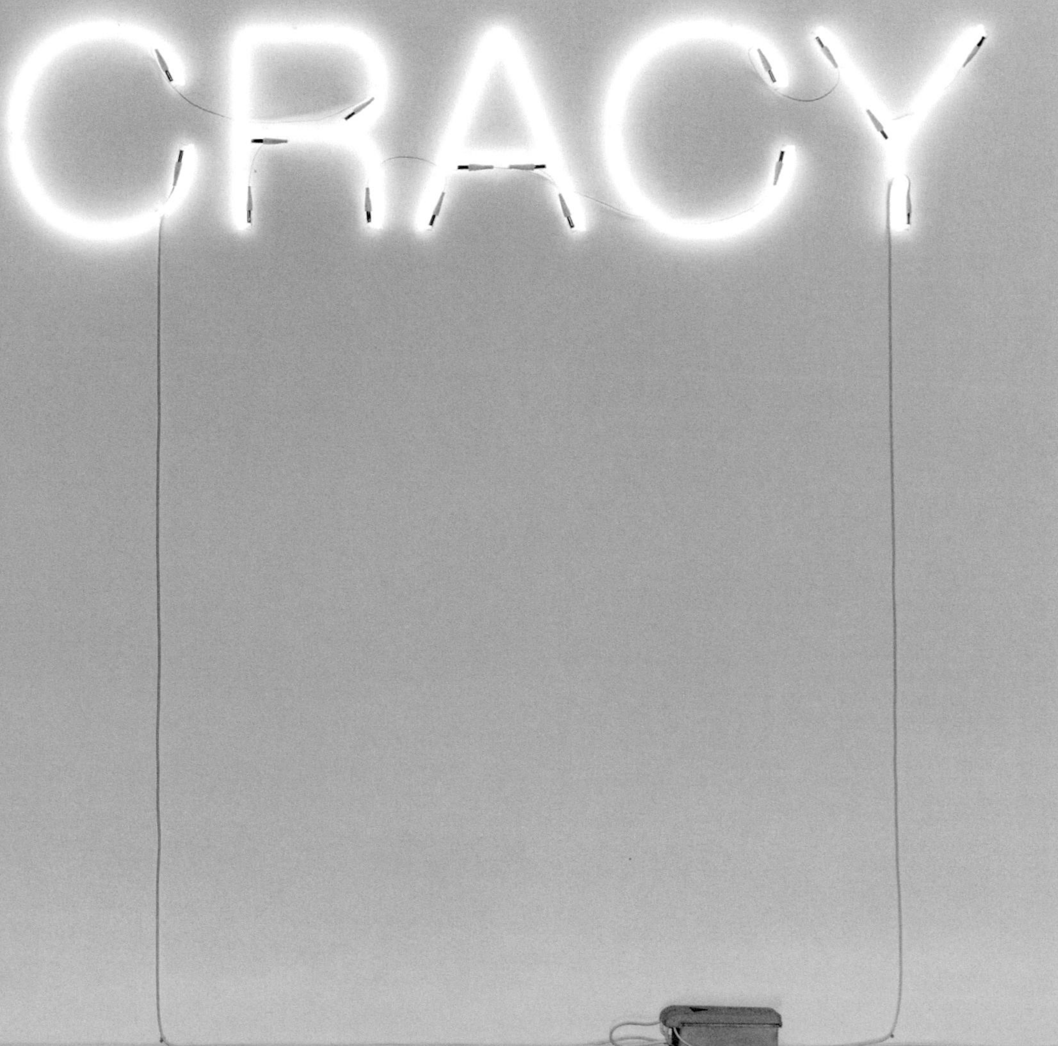

Demo(n)cracy [*Demo(nio)cracia*], 2009. Escultura—Sculpture. Luces neón, pintura—Neon, paint. 49 × 480 cm. Vista de instalación en—Installation view at MO.CO., Montpellier. Foto—Photo: Laurent Lecat. Cortesía del artista—Courtesy of the artist

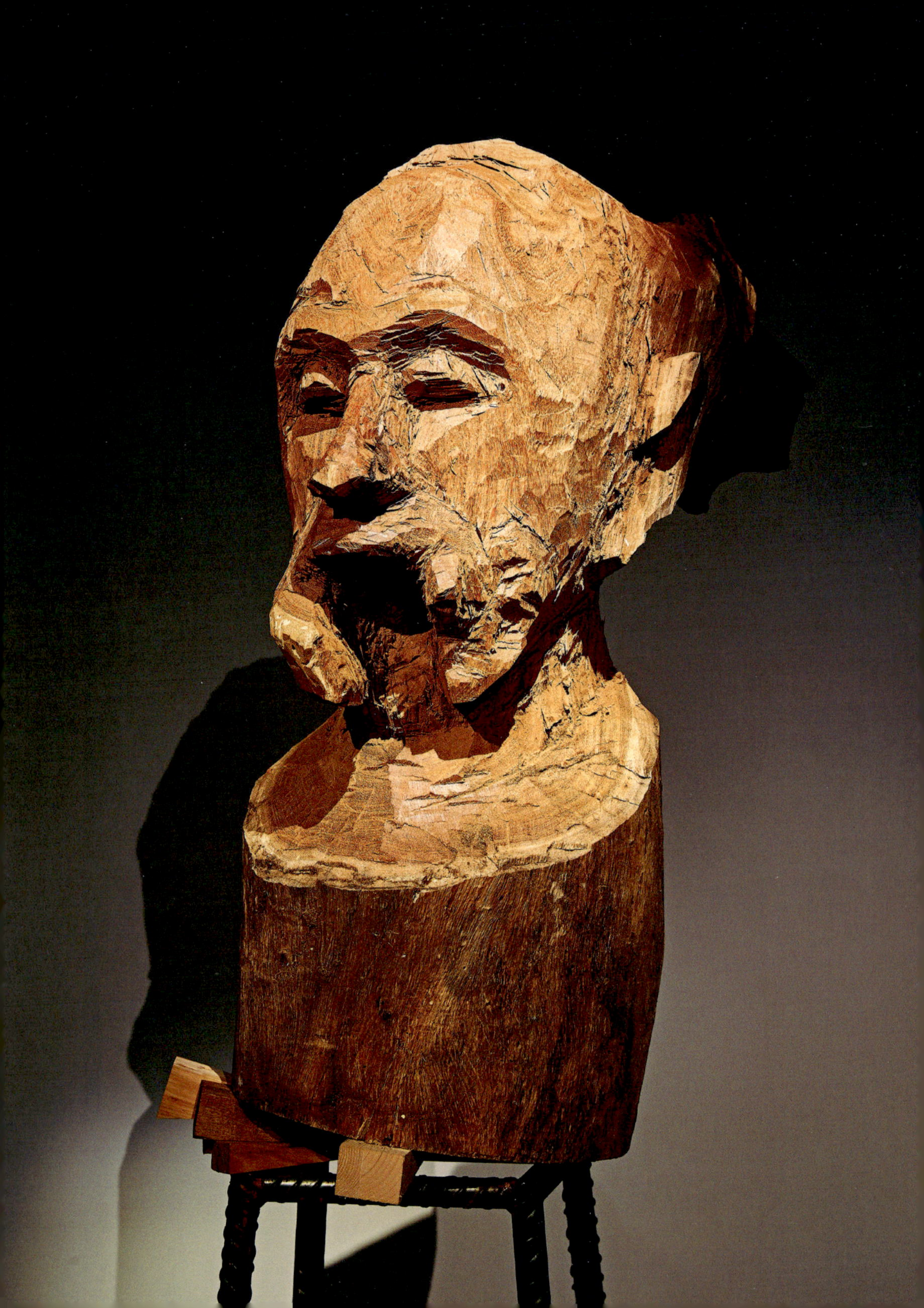

Semblanza

Artist Biography

Kader Attia
Dugny, 1975

Kader Attia es un artista multidisciplinario que se inspira en las experiencias vividas por dos identidades culturales dispares: la argelina y la francesa. Desde este lugar de intermediación cultural, la práctica de Attia cuestiona las complejidades sociopolíticas enraizadas en historias de colonialismo y ofuscación cultural. En su práctica, Attia elabora instalaciones poéticas y ensamblajes escultóricos para investigar las implicaciones emocionales de largo alcance de la hegemonía cultural occidental y los sistemas coloniales de poder para las subjetividades no occidentales, centrándose especialmente en el trauma colectivo y las nociones de reparación. Su obra forma parte de las colecciones de la Sharjah Art Foundation, el Centre Georges Pompidou de París, el Museo Jumex de Ciudad de México, la Tate Gallery de Londres, el Museum of Modern Art de Nueva York y el Solomon R. Guggenheim Museum de Nueva York, entre otros. Ha realizado numerosas exposiciones individuales en importantes instituciones, como el Leopold Museum de Viena, el Solomon R. Guggenheim Museum de Nueva York, el Museum of African Art, de la Smithsonian Institution, en Washington, D.C., el Museum of Modern Art de Nueva York, la Tate Modern de Londres y el Manarat Al Sadiyyat de Abu Dhabi, entre otros. Attia ha sido galardonado con el Premio Joan Miró, el Premio Yanghyun, el Premio Marcel Duchamp, el Premio de la Bienal de El Cairo y el Abraaj Capital Art Prize.

Kader Attia
Dugny, 1975

Kader Attia is a multidisciplinary artist who draws upon the lived experiences of two disparate cultural identities: Algerian and French. From this place of cultural intermediacy, Attia's practice interrogates sociopolitical complexities rooted in histories of colonialism and cultural obfuscation. In his practice, Attia employs poetic installations and sculptural assemblages to investigate the far-reaching emotional implications of western cultural hegemony and colonial systems of power for non-western subjectivities, focusing particularly on collective trauma and notions of repair. His work is part of the collections of Sharjah Art Foundation; Centre Georges Pompidou, Paris; Museo Jumex, Mexico City; Tate Gallery, London; Museum of Modern Art, New York, and Solomon R. Guggenheim Museum, New York, among others. He has held numerous solo exhibitions at major institutions, including the Leopold Museum, Vienna; Solomon R. Guggenheim Museum, New York; Museum of African Art, Smithsonian Institution, Washington, DC; Museum of Modern Art, New York; Tate Modern, London and Manarat Al Sadiyyat, Abu Dhabi, to name a few. Attia was awarded the Joan Miró Prize, the Yanghyun Prize, the Prix Marcel Duchamp, Cairo Biennale Prize and the Abraaj Capital Art Prize.

Culture, Another Nature Repaired [*La cultura, otra naturaleza reparada*], 2024.
Serie de esculturas—Series of sculptures. Busto de madera, soporte de metal—Wooden bust, metal stand.
Detalle—Detail. Foto—Photo: Laurent Lecat

Catálogo
—
Catalog

La presente lista está organizada cronológica y alfabéticamente. Las piezas son cortesía del artista, a menos que se indique lo contrario.
—
The list below has been ordered chronologically and alphabetically. The pieces are courtesy of the artist, unless stated otherwise.

1. *Continuum of Repair: The Light of Jacob's Ladder* [*Continuo de reparación: La luz de la escalera de Jacob*], 2013
Instalación—Installation
Vitrina de madera, espejos, luces de neón, estanterías metálicas, libros, libros antiguos, grabados, herramientas científicas—Wooden display case, mirrors, neon lights, metalic cases, books, old books, engravings, scientific tools
Con el apoyo del—With the support of Fondo Vicente Rojo, Centro de Documentación Arkheia, (DGAV, UNAM) Estudiantes de Bibliotecología voluntarios—Volunteer Library Science Students: Nick Brito Toriz, Arianna Sofía Jardon Rojas, Nicole López Bárcenas, Sonia G. Ortega Almaraz, Xally Aixa Sánchez Astivia
Copia de exhibición hecha bajo supervisión del artista—Exhibition copy made under the artist's supervision
Cortesía de—Courtesy of Irene Panagopoulos Collection

2. *L'Empreinte de l'Autre* [*La huella del Otro—The Other's Footprint*], 2016-2024
Instalación—Installation
Empaques de papel maché de productos manufacturados, estantes metálicos, soportes de madera—Papier-mâché packagings from manufactured products, metal stands, wooden plinths
Medidas variables—Variable dimensions

Cortesía del artista—Courtesy of the artist, Galerie Nagel Draxler, Lehman Maupin

3. *Some Modernity Footprints* [*Algunas huellas de la modernidad*], 2018
Escultura—Sculpture
Durmientes de ferrocarril de madera, grapas metálicas—Wooden railroad ties, metal staples
Cortesía del artista—Courtesy of the artist, Lehman Maupin

4. *The Field of Emotion* [*El ámbito de la emoción*], 2018
Instalación en pared—Installation on wall
Impresiones láser en blanco y negro—Black and white laser prints
Medidas variables—Variable dimensions

5. *La Tour Robespierre* [*La Torre Robespierre*], 2018
Videoinstalación, color, sonido—Videoinstallation, color, sound
02'14''
Coproducida por—Coproduced by Musée d'Art Contemporain du Val-de-Marne

6. *The Body's Legacies, Part 2: The Postcolonial Body* [*Los legados del cuerpo, parte 2: El cuerpo postcolonial*], 2018
Video, color, sonido—Video, color, sound
42'22''
Cortesía del artista—Courtesy of the artist, Kunsthaus Zürich, Videosammlung 2019, Galerie Nagel Draxler

7. *Disparation* [*Desaparición*], 2022
Video, color, sonido—Video, color, sound
47' 36''

Coproducida por—Coproduced by Gropius Bau y—and The Wellcome Foundation

8. *Untitled* [*Sin título*], 2022
Instalación—Installation
Crucifijos de culturas colonizadas no occidentales—Crucifixes from colonized non-Western cultures

9. *Pluviality #1* [*Pluvialidad #1*], 2023
Proyección a dos canales—Two-channel projection
Video, color, sonido—Video, color, sound
20'49''
Coproducida por la 3a. Bienal de Tailandia y James H.W. Thompson Foundation—Coproduced by the 3rd Thailand Biennale and the James H.W. Thompson Foundation
Cortesía del artista—Courtesy of the artist, mor charpentier

10. *La Valise Oubliée* [*La maleta olvidada—The Forgotten Suitcase*], 2024
Video, color, sonido—Video, color, sound
25'
Producido por—Produced by Le Fresnoy-Studio national des arts contemporains

11. *Mirrors and Masks* [*Espejos y máscaras*], 2024
Esculturas—Sculptures
Réplica de máscara antigua africana, espejos, pigmento, pegamento, soporte de metal—Replica of a wooden African mask, mirrors, pigment, glue, metal base
Cortesía del artista—Courtesy of the artist, Galerie Nagel Draxler, Lehmann Maupin, Regen Projects

12. *Repaired Broken Mirror*
[*Espejo roto reparado*], 2024
Escultura—Sculpture
Espejo, grapas metálicas—Mirror,
metal staples
60 × 40 cm
Cortesía del artista—Courtesy of
the artist, Galerie Nagel Draxler,
Lehmann Maupin, Regen Projects

13. *Untitled* [*Sin título*], 2024
Escultura—Sculpture
2 prótesis vintage, zapatos y sillas—
2 vintage prosthesis, shoes, chairs
90 cm × 25 cm cada una—each one
Medidas variables—Variable
dimensions

14. *Untitled (Rainsticks)* [*Sin título
(Palos de lluvia)*], 2024
Instalación—Installation
21 palos de lluvia, motores, bases
de metal—21 rain sticks, rotating
motors, metal stands
Medidas variables—Variable dimensions
Producida por—Produced by MO.CO.

15. *Untitled* [*Sin título*], 2024
Collage
Cartón, fotografías vintage, fotocopias e impresiones en plata—
Cardboard, vintage photographs,
photocopies, silver print
84 × 87 × 7 cm (enmarcado)—
(framed)

16. *Untitled (Mirrors)* [*Sin título
(Espejos)*], 2024
5 lienzos reparados—5 repaired
canvases
4: 40 × 30 × 3 cm
1: 80 × 60 × 3 cm
Cortesía del artista—Courtesy of
the artist, mor charpentier, Lehmann
Maupin

Créditos de la exposición
—
Exhibition Credits

Curaduría—Curatorship
Cuauhtémoc Medina · IIE
Alejandra Labastida

DIRECCIÓN GENERAL DE ARTES VISUALES (DGAV)

Directora—Director
Tatiana Cuevas Guevara

Asistente ejecutiva—
Executive assistant
Angélica Hernández Reyes

Secretaria técnica—
Technical secretary
María Gabriela Gil Verenzuela

Planeación y estadística—
Planning and data management
Guadalupe Vázquez Arroyo

MUSEO UNIVERSITARIO ARTE CONTEMPORÁNEO
Curador en jefe—Chief curator
Lucía Sanromán

Curadoras adjuntas—
Adjunct curators
Alejandra Labastida Escalante
Virginia Roy Luzarraga
Jaime González Solís

Curadora de la colección artística—
Artistic collection curator
Pilar García

Asistente curatorial—
Curatorial assistance
Ana Romandía Gómez

CENTRO DE DOCUMENTACIÓN ARKHEIA—ARKHEIA DOCUMENTATION CENTER

Curadora de acervos documentales—Archive collection curator
Elva Cristina Peniche Montfort

Biblioteca—Library
Catalina Aguilar González

Asistente—Assistant
Mónica Núñez Hernández

SUBDIRECCIÓN DE COMUNICACIÓN—COMMUNICATIONS DEPARTMENT
Ekaterina Álvarez Romero

Comunicación digital—
Digital media
Ana Cristina Sol Sañudo

Difusión y medios—
Publicity and media
Francisco Domínguez Morales

Prensa—Press
Eduardo Lomas

Identidad gráfica—Visual identity
Andrea Bernal Castillo

Luis Israel Trejo Lecona

Editorial—Editorial
Vanessa López García

Roberto Edmundo Barajas Amieva
Yerem Mújica Toscano

SUBDIRECCIÓN DE CONSERVACIÓN Y REGISTRO—CONSERVATION AND REGISTRAR DEPARTMENT
Julia Molinar Cruz

Asistente ejecutiva—
Executive assistant
Beatriz Angulo Molina

Registro—Registrar
Elizabeth Herrera Cisneros

Asistente—Assistant
Mariana Arenas Alarcón

Registro de obra—
Artwork registrar
Manuel Magaña Muñoz

José Cortés Trejo
Carlos Oregón Loyola
Isidoro Peña Flores

Restauración—Restoration
Alejandra Lechuga Álvarez

SUBDIRECCIÓN DE EXHIBICIÓN—EXHIBITION DEPARTMENT
Joel Aguilar Fernández

Asistente ejecutiva—Executive assistant
Edith Ocampo Uribe

Diseño y producción museográfica—Museographic design and production
Cecilia Pardo Rojo

Triana Jiménez Serrano
Santiago Blanco Olachea

Museógrafos—Exhibition
Enrique Castillo Hernández
Javier Lira Solís
Víctor Vidal
Alberto Villaruel Palma

Informática y medios audiovisuales—IT and audiovisual media
Salvador Ávila Velazquillo

Técnicos—Technicians
Antonio Barruelas Pérez
Edgar Carbo Tapia
Mario Hernández Acosta
Alberto Mercado Pérez

Servicio social—Interns
Fabiola Fernández Ayala
Diego Sandoval Rivera

SUBDIRECCIÓN DE PROGRAMAS PÚBLICOS—PUBLIC PROGRAMS DEPARTMENT
Julio García Murillo

Programa académico—Academic program
Guillermo García Pérez

Coordinación de seminarios académicos—Coordination of Academic Seminars
Alejandra Monroy Mena

Programa pedagógico—Pedagogical program
Natalia Millán

Comunidades—Communities
Miriam Barrón García

Mediación—Mediation
Aidee Vidal

Logística de programación—Programming logistics
Karina Abigail Martínez García

Auditorio—Auditorium
Mauricio Cueva Bobadilla

SUBDIRECCIÓN DE VINCULACIÓN—OUTREACH DEPARTMENT
Gabriela Fong Mercado

Procuración y alianzas estratégicas—Fundraising and strategic alliances
Ma. Teresa de la Concha Guijarro
Diego Rafael Torres Cano
Ana Paula López Nieto

Amigxs del MUAC—Friends of MUAC
Andrés Zafra

Comercialización—Retail Sales
Alexandra Peeters Muñoz-Najar
Juan Carlos Rojas

Finanzas—Finance
José Vázquez Rodríguez

UNIDAD ADMINISTRATIVA—ADMINISTRATION AND FINANCE
Daniel Correa Huitrón

Bienes y suministros—Purchansing
Mirella de la Rosa Velasco

Asistente ejecutiva—Executive assistant
Guadalupe de la Luz Jiménez

Mantenimiento y seguridad—Maintenance and safety
Roberto Arreortua Ramírez

Jimena Mancilla Aguilar
Mauricio Galván Flores

Personal—Staff
Antonio Espinosa de los Monteros

Presupuesto y contabilidad—Budget and accounting
Diana Molina Rosario

Luis Ángel García González

Servicios generales—General services
Germán González Baez

Agradecimientos
—
Acknowledgements

MUSEO AMPARO

Director Ejecutivo—Executive
Director
Ramiro Martínez Estrada

Directora Administrativa—
Administrative Director
Martha Laura Espinosa Félix

Colecciones y Exposiciones—
Collections and Exhibitions
Carolina Rojas Bermúdez

Comunicación—Communications
Silvia Rodríguez Molina

Mantenimiento General—General
Maintenance
Agustín Reyero Muñoz

Instalaciones—Facilities
Maintenance
Héctor Manuel González Castillo

El Museo Universitario Arte
Contemporáneo, MUAC, y el Museo
Amparo agradecen a las personas
e instituciones cuya generosa
colaboración hicieron posible la
exposición Kader Attia. *Un descenso
al Paraíso.*
—
The Museo Universitario Arte
Contemporáneo, MUAC, and Museo
Amparo whish to thank the people
and institutions whose generous
assistance made possible the
exhibition *Kader Attia: A Descent
into Paradise.*

Delphine Borione, Embajadora
de Francia en México
Matthieu Boyce, Agregado Cultural
de la Embajada de Francia en México
Jean-François Guéganno, Consejero
de Cooperación y Acción Cultural de
la Embajada de Francia y Director
del IFAL en México

Hélène des Rieux, Kamara Sassi,
Xavier Trusch

Fatima Attia, Alexia Fabre, Gridthiya
Gaweewong, Numa Hambursin,
Sabrina Kassa, Karima Lazali, Andrey
Lazarev, Danièle Lebel, Jean-Jacques
Lebel, Jackson Pearce White,
Rasha Salti, Tatiana Titli, Françoise
Vergès, Stephen White

Eva Albarran & Co., MO.CO.
Montpellier, Jim Thompson Art
Center, Le Fresnoy, Stephen White
& Co., Studio des Arts
Contemporains, Musée d'Art
Contemporain du Val-de-Marne,
Whitechappel Gallery Archive

Esta exposición recibió el apoyo de
Trampoline, Asociación de apoyo a
la escena artística, París—This exhibition was supported by Trampoline,
Association in support of the French
art scene, Paris

Publicado con motivo de la exposición *Kader Attia.
Un descenso al Paraíso* (8 de febrero al 4 de julio, 2025)
MUAC, Museo Universitario Arte Contemporáneo. UNAM,
Universidad Nacional Autónoma de México, Ciudad de
México, y el Museo Amparo, Puebla (23 de agosto, 2025
al 4 de enero, 2026).
—

Published on occasion of the exhibition *Kader Attia.
Descent into Paradise* (February 8 to July 4, 2025)
MUAC, Museo Universitario Arte Contemporáneo. UNAM,
Universidad Nacional Autónoma de México, Mexico City,
and Museo Amparo, Puebla (August 23, 2025 to January
4, 2026).

Textos—Texts
Kader Attia, Cuauhtémoc Medina · IIE, Rolando Vázquez

Dirección editorial de la colección Folios—
Editorial Direction of Folios Collection
Ekaterina Álvarez Romero · MUAC

Edición—Edition
Vanessa López García · MUAC

Gestión editorial—Editorial Management
Roberto Barajas Amieva · MUAC

Coordinación editorial—Editorial Coordination
Yerem Mújica Toscano · MUAC

Corrección—Proofreading
Martín del Castillo Padilla, Christopher Fraga

Traducción—Translation
Christopher Fraga, Jaime Soler Frost

Asistencia editorial—Editorial Assistance
Melinna Guerrero, Brenda Rivera Ramírez

Diseño maestro—Master Design
Periferia Taller Gráfico

Formación—Layout
Alejandra Guerrero Esperón

Preprensa—Prepress Technician
Gabriela Latapí Ortega

Kader Attia. Un descenso al Paraíso se terminó de imprimir y
encuadernar el 2 de enero de 2025 en los talleres de Artes Gráficas
Panorama S.A. de C.V., Avena 629, col. Granjas México, 08400, Iztacalco,
Ciudad de México. Para su composición se utilizaron las familias
tipográficas Jungka y Space Mono. Impreso en Domtar Lynx White 216 g
y Couché de 150 g. La supervisión de producción estuvo a cargo de
Alejandra Guerrero Esperón y MUAC. El tiraje consta de 1 500 ejemplares.
—

Kader Attia: Descent into Paradise was printed and bound on January
2, 2025 in Artes Gráficas Panorama S.A. de C.V., Avena 629, col. Granjas
México, 08400, Iztacalco, Mexico City. Typeset in Jungka and Space Mono.
Printed on 216 g Domtar Lynx White and 150 g Couché paper. Production
supervision was done by Alejandra Guerrero Esperón and MUAC. This edition
is limited to 1500 copies.

—